▲共生庵全景

▲共生庵前の美波羅川堤の桜並木

共生庵

▲藍の型染めのれん（奈津江作）
（できごと第 45 号）

自作サンルーム▶
（できごと第 50 号）

▼長男夫婦の薪ストーブ

▲トトロ（できごと第 51 号）

◀ツリーハウス

▲共生庵の看板「吾唯足知」

◀２代目ピザ窯

▲現代農業文庫（できごと第 84 号）

動植物たち

▲共生庵のシンボルツリー「ユリノキ」

▲ユリノキの花

▲ムベ

▲ナシ

▲サルナシ

◀アケビコノハの幼虫

こげ丸▶

▼ココネ（心音）

農

▲収穫のとき

田植え▶

▲みんなで収穫作業１

▲みんなで収穫作業２

◀手堀りを楽しむサラワク客人

小麦の麦踏み（らぶ＆ピース 援農）▶

◀そばの種まき（大正めぐみ教会
ファミリーキャンプ）

炭焼きを終えて▶

作る

▲ワークショップで作った木のスプーン（できごと第 67 号）

共生庵の唐箕▶（できごと第 79 号）

◀丸太小屋作り（らぶ & ピース、できごと第 80 号）

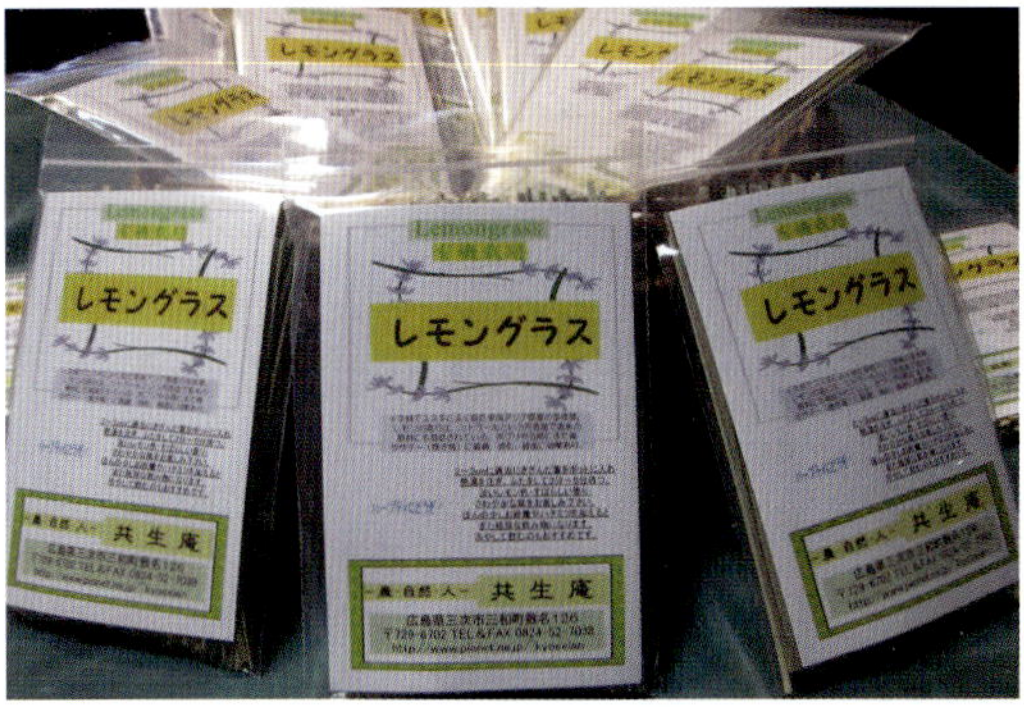

◀レモングラス（ハーブティ）
（できごと第14号）

竹で食器を作る来訪者▶

◀共生庵の３代目ピザ窯

寛ぐ

▲ワラの中にもぐる来訪者
（できごと第 83 号）

ハンモックでくつろぐ来訪者▶

◀星座観察

▲自作アルプホルン（できごと第 23 号）

◀キッチンロケットストーブで調理する来訪者

▼大正めぐみ教会ファミリーキャンプで流しそうめんに舌鼓（できごと第 61 号）

学ぶ1

▲JICA（国際協力機構）研修員、
ユリノキの紅葉とともに

フォトランゲージ・ワークショップ▶
（できごと第 95 号）

▲韓国「農都生協定住牧会」の方々と囲炉裏を
囲んで（できごと第 46 号）

▲ロケットストーブマニュアル本共同執筆者レ
スリー・ジャクソンさんと（できごと第 93 号）

◀ JICA 研修員の方々と
（できごと第 93 号）

PHD 研修生を囲む会▶

◀ JICA 研修員と共に

学ぶ2

▲PHD 研修生を囲む研修と交流の夕べ

PHD 協会研修生を囲む会▶
（できごと第 100 号）

◀原爆語り部 森瀧春子さんの話を聞く JICA 研修員たち

◀ JICA 研修員の方々と薪割り

日本キリスト教団▶
西中国教区臨床牧会研修

▲サラワク・クチン友好協会スタッフ来訪(第 58 号)

▲ロケットストーブ普及協会メンバー(第 78 号)

▲著者近影

十字架のない教会

共生庵の歩み

荒川純太郎
荒川奈津江

かんよう出版

荒川さんと

元関西学院宗教総主事　前島宗甫

荒川純太郎さんと釜ヶ崎の夜回りをしていたときだったと思います。一緒にいた小柳伸顕さんやロナルド・フジヨシさんたちと「荒川さん、マレーシアに行ったら？」と話し始めました。それから話がトントン拍子に進み、荒川さん一家をサラワクに送り出すことになりました。一九七八年から一九八二年まで、募金に支えられた「自前」の宣教師でした。

五月で天皇の代替わり。元号が変わりました。一人の人間によって時代が形成され、社会が大きな影響を受けます。日本の近代化は明治と共に始まりました。そのスローガンは「脱亜入欧」です。今では死語なのでしょうか。私は一九七二年にマニラでエキュメニカルな活動に参加しました。「脱亜入欧」を旗印にアジアを支配しようとした戦中。敗戦後、朝鮮戦争やベトナム戦争で体力を回復し、軍事力ではなく経済力でアジアに進出する最盛期でした。「日本は戦中戦後何をし、何をしなかったのか」が問われた時代でした。荒川さんとは、この意識を共有することになったと思っています。荒川さんはその体験を「アジアの地下水」と「アジアの種子」として著しました。日本がアジアと関わった歴史は表面的にはよく見えません。特に日本にいるとよく分りません。しかし少し掘り下げてみると見えてきます。アジアに出て掘り当てればよく分ります。両書はそのことを語り紡いでいました。そして荒川さんたちは共生庵に籠ります。私には「籠ったか？」と見えました。籠った荒川さんたちの発信力は凄いものがありました。その集大成が本書です。荒川さんたちは共生庵から、アジアだけではなくアメリカやブラジルなどを訪ねています。決して「籠る」ことではなかったのです。送られてくる「便り」を読みながら、荒川さんたちの「伸びしろ」に目を見張らされてきました。

荒川さんから、お米を送っていただきました。荒川さんたちの農作業の証です。いのちは農の賜物である食によって養われます。その源である農に関して、私たちは案外大きな関心を払わずにいます。食にかかわるプロセスにはあまり関心をもたないように思います。荒川さんたちは農に関わることによって、食の構造に潜むさまざまな問題を見抜く感性を養ってきたことでしょう。

私も日本とフィリピンの関係に関わりながら、やはり農に関わるようになりました。一九七〇年代軍事政権下にあったフィリピンとの民衆連帯を模索する中で、ユニセフの「ネグロス島の飢餓宣言」に出会います。なぜ豊かな土地がありながら人びとが飢え、子どもたちが死んでいくのか。問題は大農園によるサトウキビの単作、その農業構造にありました。農園労働者から農民へ。自給自足への支援を始めました。そして換金作物としてのバナナ。日本の消費者を繋ぐ生協との間で、「もう一つの交易（オルタナティブトレード）」が今も続いています。

共生庵で二〇年目を迎えたとき、荒川さんは「自己と他者に新たに出会いなおす。そこに『もう一つの道』が開かれていくことに気づかされて歩みだそう」と呼び掛けています。荒川さんたちと同時代を生きて、「もう一つの道」への祈りを共有することができたのは、幸いだと感謝しています。

共生庵のカレーとピザ

釜ヶ崎キリスト教協友会　小柳伸顕

荒川純太郎さんは、マルチな人です。わたしが荒川さんと最初に出会ったのは、一九七三年、実に四六年前です。それから今日まで荒川さんのマルチな働きと志の高さにただただ感心してきました。一九七三年の出会いは第九回日本キリスト教協議会都市伝道会議のときでした。その準備会事務局長の荒川さんは会議の資料集から報告書まで一手にまとめる手腕の持ち主でした。

以来、今日まで四六年間、荒川さん、正確には荒川純太郎・荒川奈津江ご夫妻の歩みに励まされてきました。その共生の集大成が本書です。そのマルチ振りの一端は、荒川・前島宗甫・小柳の三人が、一九七五年冬、大阪の釜ヶ崎越冬闘争支援を呼びかけた時の封筒カットにも見られます。木版で「あなたの手を冬の釜ヶ崎へ」と印刷された呼びかけはインパクトがありました。荒川さんのマルチさは木版画にとどまりません。自分でアルペンホルンを作り演奏する姿には度肝を抜かれました。

また荒川夫妻を語るとき忘れてはならないのが日本キリスト教団から宣教師として東マレーシア・サラワク州へ三年間派遣されたイバンの人たちとの出会いです。その出会いの日々を三年間、毎月欠かさず日本のわたしたちの元へとどけてくれました。その軌跡を「アジアの地下水」と「アジアの種子」の二冊から読み取ることができます。アジアとの出会いは帰国後もマレーシア・サラワク州への日本語教師派遣活動として続いています。その荒川さんのマルチ振りは、広島牛田教会退任後ますます発揮されました。本書のベースになっている共生庵での活動です。

あるときは一人の牧師として福音を語り、あるときは若者たちとアジアを旅するガイドさん。また農機具類の修理をするかと思えば、ツリーハウスを作ります。田を耕し、稲刈りをする農民であり、また裏山の竹を切っては来客たちとソーメン流しを一緒に楽しむホストでもあります。その技術とアイディアを生かした「共生庵」の案内看板も自作です。

しかし、この共生庵活動、いやそれ以前の教会、サラワク時代もお連れ合いの奈津江さんとの共生なくしては実現しなかったと思います。「共生庵」の最初期は、奈津江さんが病院の薬剤師として働き、経済的に荒川さんを支えたことを忘れてはなりません。その共生庵を尋ねたときの楽しみの一つは奈津江さんの作るマレーシア仕込みのカレーです。その味は一度食べたら忘れられません。荒川さんの特技の一つはコーヒーを入れることですが、共生庵に来て始めた自作のピザ窯で焼くピザがそれに加わりました。これまた美味です。食べたらやみつきになります。

私たちは本書を通して荒川ご夫妻が地域の人々にとどまらず、自然、アジアをはじめ世界の人々と共生を願い、実践する日々に出会うことができます。それは新しい教会のあり方を示唆します。このような荒川さんの働きの原点は一九六〇年代、学生として「筑豊の子供を守る会」と出会い、その活動への参加にあるのではないかと思っています。

はじめに

二十一年前、わたしたちは当時広島の街中での牧師と幼稚園園長を退職して、これまで慣れ親しんできた広島の町をはなれ、広島県中山間地域に移り住みました。それは大きな決断でしたが今までの様々な教会や市民活動をしてきて出来た人との繋がりが強い味方でした。

まずは生活を成り立たせるために、わたしは就職しました。長い間、教会と家庭という枠の中で過ごしていましたが、そこから飛び出して今までとは違う世界に入り新しい経験をしました。それはたのしいものでした。

それと同時に一方では思いがかなってとても良い土地と家が与えられて「農」「自然」に触れその中で「人」と交わり人間性を回復していくという取り組みが少しずつではあるが形をなしはじめました。そこには多くの人との出会いと助けがありました。そして主なる神は最も良いときに良い方法で必要なことだけ準備して下さるのでした。

それらの歩みを時期折々に共生庵便りでお伝えしてきました。それが今回百号になり冊子にまとめることになりました。一つ一つ読み返してみますと本当に多くの人がそれぞれの方法とできるところでサポートをして下さいました。感謝です。いろいろな制約があり、残念ですがそれらを全てここに載せることができませんでした。

かつて「共生庵」にかかわってくださった人は懐かしく読んでいただけるでしょう。また初めて「共生庵」に出会われた人は、こんな生き方もあるのだとか、こんな運動の仕方もあるのだとか、……など思いながら読んでいただけるといいなと思います。

本書はどこから読んでいただいてもいいのですが、最後の第十章「共生庵の振り返り」（二七〇頁）から目を通していただければ理解しやすいかなと存じます。あとは基本的に時系列に並べています。

荒川奈津江

目　次

荒川さんと　前島宗甫……3
共生庵のカレーとピザ　小柳伸顕……5
はじめに　荒川奈津江……7
第一章　農村からの問いかけ……11
第二章　本拠地を与えられて　～十字架を掲げず～……45
第三章　窓辺に灯を……67
第四章　逆さの世界地図が語りかける……89
第五章　スローー風土・スローー人間……109
第六章　里山の風を受けて感性を養う……141
第七章　農・自然の摂理の中で……161
第八章　共生・共存の視座をめぐって……185
第九章　バケットリスト……213
第十章　リトリートハウス……255
おわりに　荒川純太郎……285

創刊号＊1998/10/8～第10号＊2000/7/1頃のできごと

創刊号＊1998/10/8

◆広島牛田教会とあやめ幼稚園園長を辞職
◆広島県賀茂郡豊栄町能良に移住
◆種まき学校 SOW School オープン
◆ひろしま人と樹の会　現場セミナー
◆東広島開発教育研究会として地球市民教育塾が発足
◆共生庵の資料コーナー開設、「わたしを変えたこの１冊」ご寄贈募集
◆共生庵のホームページ　オープン
◆ひろしま西部教会の山根眞三先生のご配慮で印刷機を頂きました
◆国際協力 NGO 手づくりセミナー
◆JICA-NGO 連携による農村開発研修の研修生来広
◆ピザ焼きかまどがドラム缶で出来ました

第2号＊1998/12/20

◆地球市民共育塾ひがしひろしまスタート
◆種まき学校開校（麦踏みとその後の土入れ／春や蔵の畝作りと種まき／さやエンドウ・グリーンピースにネット掛け／クレソンを灌漑用水路に）
◆PHD 協会の研修生を囲む会（以後毎年実施）

第3号＊1998/2/20

◆能良に移り住んで１年がたちました
◆Ａターンプロジェクト第１号学生をアジアへ派遣（斉藤大輔さん東マレーシア・サラワクへ）
◆種まき学校～春野菜のための畝作りにあやめ幼稚園の卒園生が大活躍
◆「ひろしま人と樹の会」との森林保護共同プロジェクトで豊栄町が「毎日新聞地方自治体賞奨励賞」受賞
◆あやめ幼稚園スタッフ研修会

第4号＊1999/4/20

◆第１回町おこしコンサート「お寺のお堂でコンサート」大盛況（出演／中島睦弦楽合奏団）
◆種まき学校（畑が雑草に征服されそうです）

第5号＊1999/6/20

◆広島工業大学付属高校修学旅行の通訳兼ガイドとしてマレーシア・サラワク州に出かける
◆イバン族女性による伝統的織物プロジェクトを支援
◆６組の家族やグループが宿泊しました　炎天下、草抜きに挑戦してくださった方々に心から感謝
◆種まき学校（土作りに学ぶ／畑には秋風が吹き始めました）

第6号＊1999/8/20

◆中国５県「ど真ん中サミット」に参加
◆第 11 回全国生涯学習フェスティバル in 広島「まなびピア広島’99」シンポジウム東広島分科会「ワールドゲーム」開催
◆NGO 手作りセミナー開催
◆世羅高原クラフトフェスタ＆収穫祭にアートフラワー・ハンドクラフト・アルプホルンで出店
◆マレーシア・サラワク州の NGO SCS 事務局長アジャさんご夫妻来日。広島工業大学付属高校を訪問
◆新しい拠点として共生庵が与えられ、三次市三和町敷名に引越しました（1999/11/23）
◆「地球市民共育ひがしひろしま」の中心的役割の貴志倫子さん　青年海外協力隊としてアフリカのボツワナへ。共生庵で壮行会開かれる

第7号＊1999/12/25

◆ペルー人家族の在留特別許可申請に E メールでもできる署名に参加を
◆種まき学校（春に備えての畑の土起こし／トラクター試乗体験／里山管理／自然体験／早春のタケノコ掘りなど）
◆新しい共生庵のための布団、食器、家具などのご寄贈に感謝します
◆共生庵の生活用水の湧水が「軟水の名水」と認定される（佐々木健 水博士により）

第8号＊2000/2/25

◆福岡県宗像市東郷信愛幼稚園教師 15 名の春期研修会　開催
◆開発教育研究会みはら　発足
◆種まき学校（ハーブコーナーを作ります　他）

第9号＊2000/4/25

◆初めての稲作作りに挑戦
◆「開発教育関係情報・資料コーナー」設置
◆納屋の１階に工房ができました　東京・水上宏さんから台湾の巨大テーブル届く
◆ツバメの赤ちゃん誕生

第 10 号＊2000/7/1

◆地球市民共育塾ひがしひろしま　開発教育研究会
◆第２回町おこしコンサート（出演／中島睦弦楽合奏団、コール己斐イトーピア、原田康夫　他）
◆サラワクスタディーツアーに参加
◆北東アジア地区アシスカ青年交流で韓国・台湾・日本の青年 25 名が共生庵を訪問
◆三和町「議会だより」第 58 号の町民のひろばに「農と自然から学びつつ」寄稿
◆米国オレゴン州教会　女性６名が共生庵を訪問

第一章　農村からの問いかけ

そろそろ始めます！

一九八八年四月、新たな決心をして田舎に移住。ここ賀茂郡豊栄《とよさか》町能良《のうら》は広島県のへそに位置する。春と夏を経験してのどかな生活を満喫しています。ばたばたする中でご無沙汰しています。

時折、お便りやお電話で尋ねられる「そろそろ何かプロジェクトは始まりましたか？　どんなことをしておられますか？」という声に押し出されるように、ここに「共生庵」便りの創刊号をお届けします。この地区では新参者として何かと注目を受けているようで、はじめから浮き上がらないように、地区の人々の中にとけ込めるようにつとめてきました。したがって今までは、意識的に出来るだけ何もしないように心がけてきたつもりです。

こちらには田舎のペースがあり、わたしたちにはわたしたちの心づもりがあって「ゆっくり、じっくり、少しずつ」いうことをいろんな面で自分たちに言い聞かせるように、今日まで歩んできました。そんな中で都会のペースや期待を感じてしまうと、それがプレッシャーに感じられるようにもなります。あわてず焦らず、しかし確かな歩みを進めるためにそのプレッシャーを「心地よい励まし」として受け止めさせていただき、そろそろ「活動」を始めることにした次第です。

屋号「共生庵」について

まずは我らの住まいについての名称から説明しましょう。仮に名前を掲げていた「農然庵」については、連れ合いから猛烈な抵抗にあって引き下ろし、表題のような呼称を採用することにしました。

わたしは「農」と「自然」に学びつつ、人間性の回復をはかる出会いの場として「農然庵」という名前は気に入っていたのですが、彼女は「何だか、おぜんざいやさんみたいだ」とか言って同意を渋りました。他に名案がないまま使い続けていたら「勝手に名刺やE-mailにまで書き込んで！」と強くしかられました。その辺でわかったことは一人で勝手に共同の住まいの名前を付けたという勇み足にブレーキがかかったということでした。ここまで懸命に何事も一緒に話し合い、考えてきたのに、屋号のネーミングに関してそれが欠落していたわけで、これは最初のスタート時点での大きな警告と受け止め変更に同意しました。そこで浮上したのが「共生庵～農・自然・人～」という名前でした。実はこれは以前にいろいろ二人で考えたときの一つなのですが、わが長男に付けた名前が「共生」（ともお）なものですから二の足を踏んでいたわけです。しかし、共に生きて行くべきは、何よりも我々ふたりであり、人と人、とりわけ農や自然と共に生きることをめざすわけだから、サブタイトルをつけることでわかっていただけるだろうということになりました。「きょうせいあん」としてどうぞご愛顧よろしくお願いいたします。

家について

この家は、わたしたちが本格的に豊栄町企画振興課に紹介してもらい、あちこち探し初めて一〇軒目位に見つかったものです。二年間の物件探しのうちで結果的には最も良いものが備えられたと思い感謝しています。田舎住まいをするためにずいぶんいろんなところを見学に行きましたが、そこでわかったことは、どんな物件も一〇〇%自分たちの要望をかなえてくれるものはないということ、そして何らかの条件を断念しなければならないということでした。

もともと農家の住まいというより、ご老人夫妻のために建てられた普通の家というところです。大家さんは広島市内に在住でしばらくこちらへは帰ってくることはなさそうです。契約条件は家賃月額二・五万円と言うこと以外はなにも取り決めていません。

部屋は一階には田の字形に四部屋、応接間、食事ができるキッチン、廊下、縁側、トイレ（男女別）、風呂場があり、二階には二部屋あります。もともと賃貸用に整備されたものではないため家主さんの家具や古い生活用品などが残されており、二階はその倉庫になっていて使用できません。入居後、電気のブレーカーを増やして容量を大きくしたり、コンセントをあちこちにつけたり、湿気のため床が落ちたのを二ヶ所修理したり、網戸を自作したりしました。

家の周りは、前（南）には広い田圃・畑が拡がりその向こうにはなだらかな山がみえます。お隣さんは四～五軒あるのですが、適当に離れていたり、林で遮られていたりで、少々騒いでもあまり迷惑がかからない空間が保たれています。これはいろんな意味で助かります。わが家は県道六〇号線からほんの少し南側に小道を入った行き止まりのところにあります。県道をはさんですぐ裏に能良地区公民館があります。これは四年前に廃校になった能良小学校跡ですが、キュートな木造校舎や近代的な体育館・クラブハウス・プール・夜間照明付きグラウンド・給食室・職員室には事務機器は何でもあるという設備を備えています。ここはいろいろな団体が宿泊施設として利用したり、地区の子供会・老人会・婦人会の方々の集会やクラブ活動に用いられています。この裏山には「ひろしま人と樹の会」のために森林ボランティア活動の里山管理現場として提供された二・三万坪の町有林が控え、その板鍋山の頂上（七五七ｍ）には「なごみ園」という小公園があり、三六〇度展望できるパノラマ展望台があります。周りに障害がないため電波関係のアンテナ類が八本立っています。遠くからこの山頂のアンテナが見えます。わが家がそのすそ野にありますから、これをめざして来られるといいわけです。

Aターンコーナー

「Uターン」は都会に出て自分の田舎に戻り、「Iターン」は都会から田舎へ、あるいはその逆を行き、「Jターン」は田舎から都会へ出て違う田舎へターンすることを言います。

それらに対して、まだ誰も言い出していませんが、わたしは「Aターン」プロジェクトというものを提言したいのです。それは、日本の農村で元気を取り戻したら（別に元に戻らなくてもいいじゃないか）思い切って海を越え「アジアへターンしてみないか。」「アジアの農村に生きてみないか」という提案を、ここ中山間地域から発信したいと願っています。そうしてアジアからの友人を農村に受け入れ、相互に生きた出会いと学びをしたいと夢見ています。「田舎に引っ込んだのか？　まだそんな歳でもないのに」という声にはまったくがっくりと来ますが、引っ込むどころか、積極的に打って出る生き方を常にしているわたしたちを覚えてください。

ローカルに身を置きながらいつもグローバルな視座をしっかりと備えて歩みたいと思っています。今までのような「アジアに学ぶ会」の活動はできなくなりましたが、課題はずっと追い続けて、様々な情報の発信と提案をして参ります。どうぞ、これからもよろしくお願いします。（純太郎／創刊号）

畑にはいろいろ育っています

さてわが家の畑ですが、四枚の畑を借り、そのうち二枚を耕していろいろなものを育てています。わたしにはよくわかりませんが、お借りしている家・庭・周辺・畑などを合わせると千坪位になるでしょうか。夏野菜はもうほとんど姿を消して、秋野菜に代わっています。秋ナス、秋取りキュウリ、ピーマン、サツマイモ、サニーレタス、大根、カンコン、落花生、大豆、サトイモ、山芋、セロリ、人参、白菜、菊菜、チンゲンサイ、こかぶ、ネギ、ラッキョウ、パセリ、ロケット等々。庭にはラズベリーやハヤトウリが実をつけています。ハーブ類も地植えでたくさん元気に育っています。畑の借り賃は無料です。すべて「減反政策」の対象になっているもので、放置しておけば雑草の海になるものです。わたしが手がけたところは何が植わっていようとも、いつでもお米を作れる状態にしておけば、助成金が出ます。それは、地主さんのもとに入るようになっているわけです。何がうれしいと言っても、地続きの一階の家に住み、すぐに土に触れることが出来、鍋を火にかけているうちにでもチョイと野菜を摘んでこらるという住環境ほど、わたしたちにとってうれしいことはありません。これは我々の今までの生活にはなかったのです。野菜くずは堆肥に、木くずや紙屑は風呂釜へ、その灰は肥料へとほとんどのものはリサイクルされ、こちらに来てから日常的なゴミはほとんど出なくなりました。大型ゴミのときに出すものはこの半年でもうなくなりました。でも困っていることはビニール・塩ビ類のゴミです。できるだけ買い物の時など持ち帰らないようにするのですが、それでもすぐゴミ袋にいっぱいたまってしまいます。焼くこともできず、一ヶ月に一度、村のゴミ収集場所に持っていきます。便利なものでも環境破壊につながるやっかいなものです。

薪割り

楽しくうれしいことはいろいろありますが、風呂焚きがとても好きです。五右衛門風呂ではないのですが、かまどは灯油と薪の両用ですがほとんど薪でお風呂を沸かします。外付きのかまどの前に小さなイスを用意し、かまどに入る長さに玉切りにした丸太二本ほどを斧で割ります。これが何とも気持ちのいいことで、つい余分に割ってしまいます。チロチロ燃え始めてからゴーという音を出して燃え出すまで、楽しいものです。泊まり客にはこの作業を手伝ってもらいますが、どなたも「懐かしい！」とか「生まれて初めて」とか言いながら斧を振るい、かまどの前にしばらく座り込まれます。

共生庵（東広島市豊栄町能良地区）

イラスト／冷田やよい

この風呂焚きのときに感じる外気の温度差に季節感を敏感に感じ取ることができます。また夕暮れから夜にかけて空の色彩の変化・月・星空のすばらしさに、しばしば心を奪われる思いがします。五〜六月には源氏・平家ホタルにお目にかかったときは感激しました。

（奈津江／創刊号）

近きより遠きより　友来る

正式にはまだ「ご案内パンフレット」もできていないのに、移住後まもなくから、次々と「共生庵」を訪れて下さる方々が相次ぎました。この便りを書きながら気づかされたことは、こんなに充実感・充足感に満たされてクリスマス・新年を迎えられるのは、「今度行くから泊めてね、是非一度遊びに行くからね」と遠くから近くからわが家を訪れて下さった多くの旧友・新友との出会いのおかげであるということでした。直接お出でいただけなくとも、お手紙・電話・Eメールなどでうれしいお便りを届けて下さったことにもどれだけ励まされてきたことでしょう。

猛烈な忙しさの中で「仕事に使われまい」と懸命に日々を消化してきたこれまでの生活から解放されたことによって、言いようのないゆとりが与えられました。その中で自分のペースで生活できる時空間を、好きなように生きることの充足感は他の何ものにも代えられないものですが、それが自分一人のものとなると虚しさがただよい始めます。そのときを来訪者の方々が「共有」して下さったことにより、その虚しさからどれだけわたしたちを開放し、あるべき姿にもどし、有意義なものにして下さったことかを思います。本当に心から感謝します。

具体的には遠いところでは、千葉・東京・富山・京都・大阪・兵庫・島根・鳥取・九州など、近郊では東広島市・広島市・福山市など、最近では東アフリカのマラウイへJICAで派遣された友人の来訪がありました。一二月二〇日現在、四月以降、日帰りは一六五名　宿泊は四七名でした。子どもは四九人が楽しんでくれたことになります。

幼児連れの若いお母さん、幼稚園や教会関係者、古くからの友人・先輩・同僚、NGO関係の仲間、ボランティア活動の人たち、近隣の村の方々、高校生、大学生、社会人、マスコミ関係者など、知っている人・知らない人様々です。その時々の目的で「共生庵」を訪問し、語り合い、食事を共に作って食べ、薪を割って風呂を沸かし、夜更けまで飲み明かし、泊まり、草抜き・種まき・収穫などの野良仕事に適当にかかわって下さいました。

それらの方々との出会いと語り合いが、何ともうれしいものです。来訪者からよく「良きものを与えられて感謝です」とのお言葉をいただきますが、それをそっくりお返ししたいのがわたしたちの思いです。

公民大学で自己紹介

わが家のすぐ北側に元能良小学校があります。現在能良地区公民館として活用されていますが、この企画による公民大学で何かお話するようにいわれました。村の方々にわたしたちが何者であるかを分かっていただくことが何よりですので、これまでの生き方やここに移り住むようになった思いやこれからの夢などについて、二〇人ばかりの方々にお話ししました。さらにマレーシア・サラワクの自然と共存して生きるイバンの人たちをスライドで紹介しました。

常会という集まり

村の一番小さなブロックの会合のことで、わたしたちのところは最も多い二三所帯の地区です。毎月二五日夜に、空き家になっている家を会場にもたれ、ほとんど欠席なく各家庭から一名が集まってきます。班長さんから町役場・地区公民館・農協などからの資料にもとづき、説明があったり、地区のお祭り・清掃奉仕・行事などについて協議されます。わたしたちはよく分からないので、いつも隣の人に小声でどういうことなのかとたずねることが多いです。

移住後、初めての常会には少々緊張しました。区長さんの助言通り、全員に缶ビールとおつまみを用意してどうぞよろしくと、二人してがん首並べて挨拶しました。これに参加できないときは、配られた資料があとから届きます。常会に出ることで、こちらの存在を知ってもらうことと地区の方々の名前と顔を一致させて覚えることができます。また共同の草刈り作業などに参加する機会にも、いろんな人と話し合うことができますので、楽しみに出かけています。

夜間はマムシが出るので懐中電灯をもって足下をよく照らして歩くよう注意されました。

（純太郎／第二号）

とりあえず 近況報告

昔取ったきねづか・・・を活かして、二十年ぶりにフルタイムで働き始めてちょうど十ヶ月になります。かつて子育てをしながら勤めていたことがあり、その頃は時間的にも体力的にも大変だったので、今回も大変だろうと覚悟をしていました。でも意外にもいろいろな意味でとても楽で、今までの様々なことから解き放たれて、自分で自由に行動できる楽しさを味わっています。わたしはこれを社会復帰と思っています。病院の薬局での仕事面では、今では全てが初めてといった方がよく、毎日学ぶことばかりです。資格はあっても経験がないということで、自信がなく悔しい思いをすることがありますが、それも毎日学ぶと言うことで少しずつカバーしています。

今、働いている病院は車で十五分のところ。ベッドは約百床あり、内科・整形・耳鼻・眼・小児・皮膚科泌尿器科、脳外科、外科など様々な科があり週一回しかないものもあります。今年開設なので建物が新しく、敷地が広いので内部もゆったりしています。仕事は朝八時三十分~夕方五時三十分まで、一応週休二日制ですが、土曜日を休みにすることがなかなかできません。従って自分の自由になる時間がなく、たまの休暇は家事をこなすことで過ぎてしまいます。

これから三月までは寒さが厳しくたいへんですが、それだけきっと草木や野菜がみせる春先の生命の息吹きは、わたしたちの気持ちをワクワクさせることでしょう。わたしは雪が解けて新芽が出はじめる頃がとても好きです。その頃には是非お出で下さい。楽しさ、すばらしさを眼・耳・鼻・舌・手足で共に味わいましょう。ここではほんの小さなことでも人生を豊かにすることができるコツや知恵をきっと見つけることができますよ。そのお手伝いをします。

（奈津江／第二号）

普段 何をしておられるのですか？

よくこう聞かれます。「かすみを喰って生きています」と軽くいなしたいところですが、そうもいかなくて、結構忙しくしています。例えば、ここ一ヶ月ぐらいのことを報告しますと、月三回の日曜礼拝説教と毎週木曜日の聖書研究会で広島駅北側にある広島主城教会へ出かけています。同教会の八十川昌代牧師が昨年六月に入院されて以来、お手伝いをしてきましたが、一月二六日ガンのため召天されました。後任が決まるまで、さらにしばらくお手伝いが必要のようです。代表をしている「ひろしま人と樹の会」事務局会議、いくつかの開発教育の研究会、それに失業保険をもらいにハローワークへ出かけたり、常会、地区の方々の所や市民集会に参加したりしています。あとは開発教育のワークショップ、講演、結婚式の司式などを頼まれると、とにかく出かけています。日銭を稼ぐとそれだけ失業保険から差し引かれるのですが、お声がかかるときに引き受けておかないとあとがないということで、喜んでさせてもらっています。

その間をぬって、野良仕事をしたり、「共生庵」をお訪ね下さる方を受け入れたり、あちこちに出かけてお会いしたいという方といろんなお話をしています。かくて「何をしておられるのですか？」と聞かれると「知的（？）日雇い労働と野良仕事に従事しています」と答えることに相成る次第です。

荒川純太郎氏を励ます会・開かれる

去る一二月二二日夜に能良地区の忘年会を兼ねて徳善寺で表題のような会がもたれました。能良地区のおもだった方々に呼びかけられたものでしたが、いろいろなことが重なって一二名の出席者でした。わたしのためにこのような会を設けて下さった方々に、またお忙しい中をつどって下さった方々に心から感謝。大いに感激しました。

日本酒二本と連れ合いが作ってくれたマレーシアのサテー（焼き鳥）を持参、いろんな方々と話し合い、新たな人間関係を持たせてもらい、また深めることが出来ました。サテーはとても好評で、「うん、これはいける。来夏のヘソ祭りには屋台を出して売ろう」という声も挙がっていました。サテーを準備しながら連れ合いは「わたしは招待されないの⁉」と不満顔。この集いの呼びかけた人のリストには全て男性の名前ばかり。「今回は遠慮しておいた方がいいよ」ということで、わたし一人が出かけました。一杯飲みながらゆっくり話せば、一人一人なかなかの専門家で、得意とするところを多くおもちで、多士済々なことが分かりました。あの方にもこの方にも多くを学ばせていただきたいと思いました。

お開きになってから「まあお茶でも」と言われて住職さんの居間に上がり込み、深夜まで話し合い、帰りにはお米を一袋（三〇kg）までいただいてしまいました。いろいろ話すうちに、お互いによく知っている人たちが次々に出てきて、世間は狭いものですねと驚きつつ、たいへん親しみを覚えさせてもらいました。お寺のお堂は、教会の礼拝堂のように立派な空間なので、これを活かして文化の提供はできないかと！　話すうちに、若奥様がクラシックがお好きということで、じゃわたしの親しくしているバイオリニストに依頼して室内弦楽四重奏をしようかと話が弾みました。ギャラを十分出せない分は現物支給でいこう。それにはタケノコや山菜などが豊富にとれる春の開催といこうということになった次第です。

とりあえずの間（ま）

「共生庵」の住まいとしてお借りしているわが家は、都会生活のわたしたちには考えられないような部屋数や様々な空間があります。「主夫」を懸命に努力しているわたしにまだ免許皆伝が許されていないためか、生活用品等の収納についてはわけがわからなくなるからと、勝手にどこにでも納めることは「主婦」の家元（連れ合い）から許されていません。

フルタイムで働く彼女は、家事（指導を含む）のために充分な時間がないので、ついそのままになることがあります。そのときにとりあえず置く所として納戸《なんど》がとても役に立っています。田舎の家はどこでも大体「田の字型」に部屋が作られており、襖や障子をはずせばたちまちに大きな「寄り合い室」が、できるよう四部屋になっています。北側の部屋で昼間でも電気をつるような暗い部屋が、「納戸」と言われているものですが、なかなか便利なものです。「これをどうしよう？　どこに納めようか？」と困るときに、つい「とりあえずあそこに」という風に北側のトイレに近い部屋に置いておくことにしています。そういうわけで、いつの間にか、わが家では「とりあえずの間（ま）」と呼ばれるようになりました。

この「とりあえずの間」は、とても良いですね！　この便利さ・空間・ゆとり・一時疎開場所・押し込み・ハンドルの遊びみたいなところ・次の行き先を待つ待合室・ワンクッションルーム等々の機能を持つ「間」は、わたしたちの日常生活にこそ必要なものではないでしょうか。あまりにギチギチに詰め込まれた部屋・いるものといらないものの峻別さえできないでごちゃ混ぜに放置し、したがって無駄・浪費・無用・宝の持ち腐れを生み出しているところ、ストレスとイライラの発生源となるところ等が、いろんな意味で私たちの生活と心を占領していることはないでしょうか。すぐには処分・処理・解決できなくとも、ひと呼吸できる場所・ゆとり・空間がそれぞれの生活と心の中に創り出される工夫が求められているように思います。背負いきれなくなった課題や、整理がつかない様々な宿題などを一度あなたの「とりあえずの間」におかせてもらって、一息つき、ゆとりをもって考え直してはいかがですか。ゆっくり、ひとつひとつ取り出して片づけていけばいいのではないでしょうか。

そういう場としてわたしたちの「共生庵～農・自然・人～」をご利用いただければ、とてもうれしく思います。ご遠慮なくおでかけ下さい。

（純太郎／第三号）

初めての「講中《こうじゅう》」体験記

講中とは広辞苑には「講を結んで神仏に詣でる連中、頼母子講の連中」とある。昔お遍路さんの旅に出かけるときに助け合ったもの。聞けば今は仏教講話を聞く会や村の地区のお葬式をみんなで分担することを指すようです。

一月の半ば、霜の降りた寒い早朝、窓の外で何か声がするので目が覚めました。何事かと外に出てみると、「同じ地区の講中の方が亡くなった。詳しいことはまたあとで」ということだった。時計をみるとなんと五時半、まだあたりは暗い。眠くてたまらない。あと一時間眠れると思ってまた床にもぐ込みました。次に連絡が入ったのは七時頃。いつもの常会の家で七時半から、葬儀の打ち合わせがあるから集まれと言うことでした。「何でこんなに早くから⁉」と荒川は出かけて行きました。どうやらそのときはこれからのスケジュールの話し合いだったようです。

その夜のお通夜は、荒川が出席しましたが、問題は次の日です。その日は彼は責任ある仕事があり、どうしても広島市内まで出かけなければならない、寒いし、あまり知っている人もいないし、久しぶりの休みなので、たまった家の雑事を片づけたいし…と思うものの必ず一家に一人は出なければならない厳格な約束ごと故、わたしが出るしかないことになりました。

おそるおそる（?）できるだけ黒っぽい服を寒くないように着込んで、集合の八時に遅れないように出かけました。この際ユニホームのようにみんなが着ている白のかっぽう着を持っていないことに気づきました。変わりのエプロンを持参して出かけると、来るべき女性陣は全て来ており、すでに仕事はだいぶ進んでいました。どうやら女性の仕事は食事作りとお茶の接待らしい。男性は会場作り・焼き場・受付・役場回りなどの準備と仕事の分担があるようです。わたしは「初めてで分からないのでよろしくお願いします」と声をかけて、持参した米一升と香典二〇〇〇円を帳場係りに渡し、食事作りの手伝いに参加しました。何をどうしていいか分からずウロウロ。メニューはみそ汁、ひじきの煮付け、こんにゃくの白あえ、大根の酢の物、煮しめ、それにご飯と漬け物（白菜と大根）でした。集まってきた人はみな年輩の方ばかりで、手際のいいこと。くど・釜・鍋・やかんなどの調理用具をはじめ、皿・湯飲み・お椀・徳利・お猪口などは、すべて五〇組くらい講中の共有財産として段ボールなどに納められている。それを出して洗うのは男性、料理は女性陣と見事なチームワークで進められていきます。一一時のお葬式が始まる前に、遺族・親戚の関係者に食事を出します。一方では野場《のば》つまり焼き場に準備のため出かける四人の男性のために、おにぎり・おかずをタッパーに詰め、お茶を添えて持たせるようになっています。町の火葬場には専従の職員がいないので、この講中の担当者が、事前の掃除から、遺体を焼却し、遺族のためにお骨拾いの場を設定し、最後のあとかたづけまでを担当するそうです。荒川は次回はこの分担を申し出ようかと言っています。新参者がさせてもらえるのでしょうか？

自宅で葬儀があり、出棺したあと、今度は座敷に用意された食事を、講中の人たちがとります。長机にはわたしたちが作った料理と紙袋（何故か必ずあんパンが駄菓子と共に入っている）やお酒が置かれていました。今回は全部で七〇～八〇人分の食事を作ったことになります。食器を洗い、もとの段ボールに納めてすべてきれいに片づいたのが、午後一時半頃。これでもうお役目が終わったと思ったのですが、まだあったのです。お骨が自宅に帰ってくるまで待つのです。最後にお酒とおつまみの一席が用意され、親族の挨拶を受けてやっと講中のお務めが終了するのです。そのときにはそれまでどこに行っていたのか、男性陣もほとんど集まっていました。（この最後の部分まで参加の義務があることなど誰も教えてくれなかったので、荒川はこれまで途中で帰ってしまったことになるのだ。）

これ以外にも「新参者に対するていねいなオリエンテーションが欲しかったなあ」と思うことがいくつかありました。半日で解放されると思いきや、丸一日が必要でした。亡くなった方の顔も知らないため、最後に親族が挨拶をされたとき初めてああこんな方が亡くなられたのだと知ったという何とも変なお葬式になりました。

以上がわたしの講中体験の第一歩となったものです。亡くなった日から全てが終わるまで二日間、講中の人たちが、心を込めていろいろお世話するのに、わたしが参加させてもらったのは最後の一日だけでした。街中では業者が入って、会場・葬式・お弁当・様々な手配などが、全てお金で楽にできるようになっていますが、ここでは全てが手づくりで講中の人たち総出で進められていきます。ここに一軒が一人を出すようにという講中の意味を理解できたように思いました。（奈津江／第三号）

百姓の一年・百姓の来年ということ

今春わたしは、農林水産省の支援事業として始められた「就農準備校」の愛農大学講座・宿泊集中コース（一〇日間）に参加してきました。三重県の無教会派の有機農業を実践する農業従事者の全国愛農会のお世話で、後継者を育てる愛農高校を会場に行われました。

近畿圏を中心に東京、千葉、宮城、栃木、愛知、石川、福島、茨城、岐阜、山形そして広島の各県から駆け付けた三〇余名の熱心な参加者が共同生活をしながら、多くを学び合いました。高校生から定年退職後の人まで含めて、平均年例三三歳の多様な顔ぶれで刺激的な出会いでした。受講料四万五千円と交通費など全て自己負担での参加だけあって、みんなとてもまじめにどん欲に学びました。
具体的内容は、土・堆肥づくり・部門別管理実習・就農ガイダンス・有機農法の農家への一日実習二回・パーマカルチャーの理論と実例・農機具実習・畜産の基礎（豚・牛・鶏）・正食の基本的考え方・その調理法実習・有機農法の基礎知識・脱サラ農民と話そう・村のしきたり・農家の経済・ニワトリの解体・食肉加工（ソーセージ作り）・明日の農業を考える等でした。

教室での座学と実際に現場に出かけ、体を動かす実習とが半々でした。今のわたしには、そのほとんどが学びたい内容でしたので、多くの出費と一〇日間家を空けることにこころ痛みましたが、連れ合いの「行ってらっしゃい！」に励まされて出かけました。実に多くのことを学び、たくさんの刺激を受けました。特に講師としてこられた有機農法に懸命に取り組む農家（多くは脱サラ組）の方々や、これからその後に続こうとする夢多き参加者たちの熱い思いに大いに元気づけられました。

その中から少しずつご報告をしていきたいと思いますが、今回は表題にある「百姓の一年」という言葉についてお話ししましょう。何人かの農家の方から時間と場所を変えて耳にしたことで、大変印象に残っています。みんなとても苦労して、貧乏して有機農法による野菜作りで生計を立てているのですが、どの人も一様に「大変だけど、これほどすばらしく、おもしろいことはないよ」とあっけらかんと言ってのけるのです。その根底には、それぞれに理念なり信念なりがあってのことなのですが、それらを共通してくることができるひとつのキーワードが「百姓の一年・百姓の来年」という言葉ではないかと考えました。この二つは同じことなのですが、百姓は良くも悪くも一年が勝負なのだ、例えどんなに失敗したところで、それは一年のことで、来年がある、またやり直せるということなのです。四季の移り変わりや自然の摂理に逆らえず、その中でできる限りの知恵と努力・工夫で稲や野菜を作るのだが、今年うまくいったから、来年もできるとは限らない、こちらは良くとも、ほんのちょっとした天候不順でたちまちに打ちのめされてしまう。またその逆だってあるわけで、百姓の仕事はいつまでも研究に研究を重ね、知恵を絞って、積み上げながら自然とつきあっていく方法を考えていくという奥の深いもので、興味は尽きることはないよと目を輝かせて語る彼らには、何ともすがすがしささえ感じてしまいます。

何度もすべての野菜を駄目にしても、それを肥やしに「来年があるさ！　このつらさは一年で良いんだ‼」と区切りをつけることができるというのです。幸いなことに四季があり、その節々をもって生きることができるのが農業だ。良くも悪くも一年サイクルで終わる・やり直せる・仕切り直せるということが「農業の一年・農業の来年」ということなのです。なんとうれしいことではありませんか。いつも人生に節をひとつひとつ刻みながら、新たな思いですぐにやり直せる、しかも今度はこうしてみようと工夫をこらしていけるとすれば、それを一年単位でやれるとしたら、これなら誰でもできるではないかということになりませんか。

またうまくやれたと思うことも、「来年も自分の思うようにやれる」とうぬぼれているわたしたちに、どっこいそうは同じようにはいかないよということを教えてくれるのも自然の力だと思います。謙虚にひと節一節をくくっていくことを求められるのではないかと考えさせられています。

（純太郎／第四号）

小麦が見事にできました

生まれてはじめての小麦作りに挑戦しましたが、見事に豊かな収穫を手にすることができました。二〜三日晴天が続いた六月一四日に梅雨の晴れ間をぬってに一気に刈り取りました。刈り入れ時は、穂と茎の付け根の所まで黄色く色づいた時だ、と教えられた通りにしました。束にして二〜三日天日で乾燥させた後は脱穀です。穂先をはずす作業をわたしと共にわが家のおばあちゃんが、少しずつやってくれました。すべて手作業ですからたいへんですが、実際にできた小麦を見ていると、苦労は吹っ飛んでしまいます。あとは風選といってカラと麦の実とを風に飛ばしてより分ける作業が残っているだけです。最終的にどれくらいの収穫量があったのか、計ってみるのが楽しみです。子どもの頃、麦をとって口でもぐもぐしてチューインガムのようにしたことを思いだし、やってみました。噛み続けるとグルテンがガムのように甘く口中に残ります。お出でになったらトライしてみて下さい。これらはパンやピザに用いられます。

麦作りから学んだことあれこれ

「一粒の麦死なば、多くの実結ぶべし」と聖書にありますが、どれくらい増えたか調べてみました。まず一本の麦の穂に何粒あるか数えてると、平均四〇〜五〇粒ぐらいありました。麦の芽を冬の間何回も踏みつけることで、一本の茎が分けつして何本もの茎を出すようになるので、実際には一〇〇倍どころではないものに増えるわけです。一本の茎が何本に増えるのか、正確には分かりませんが、聖書の麦の話を実際に確認することができたわけです。

「麦踏みなどしたことない」という来訪者に、何度も体験してもらいました。少しやり過ぎではないかなと心配しましたが、なんのその！　しっかり茎を何本も出し、倒れることのないような太く強い麦ができたのです。あの凍てつく中、雪の中にじっと耐えてきた麦の芽が、春先にしっかり茎を伸ばし始めたとき、春の暖かい日にはぐんぐん目に見えて育っていく様を見たとき、深く感動しました。

刈り取りをしながらいろんなことを思い出し、考えました。最初の頃「種まきゃぁ、ガラスがあとからほ〜じくる」という歌の通りに被害があり怒って、届かぬ石を投げつけたのも、適当な「間引き」を手伝ってくれたのだとうなづくことにしました。また、遠目には麦畑は一斉にきれいに整列しているようですが、刈り取りをするとき見えることは、そうではない、一本一本みな違うのです。まっすぐ天をつく矢のような見事な優等生がいれば、ちょっとひねくれて斜め後ろを向いているもの、肥満型、やせ形、途中で虫にかじられたのか欠けているもの、もうみんな完熟しているのに、まだ青い部分を残して成長途上にあるもの、一段と背が高いもの、グッと低いもの等々ほんとにいろいろな穂が並んでいるのです。「みな一緒！」と文字通り十把ひとからげにしてしまう小麦も、ずいぶん個性豊かなのだと教えられました。「ましてやひとりひとり人間はみな違う！」ということを見抜く豊かな感性をもち合わせたいと思いました。

こんなことに気づかされたのは、腰をかがめ視点を麦と同じ所に置いたときでした。「わぁおう！

麦の群はこんなんだったのだ！」と一時鎌をおいて凝視してしまったほどでした。更に麦の穂にはひげが沢山生えていますが、これは何故あるのだろうと、はじめて疑問をもちました。調べてみると「ノゲ」といい、稲科の植物の花の外殻にある針のような突起のことで、禾・野毛とも書くようです。そしてこの働きは光のエネルギーをキャッチしてデンプンを作るもので、一粒ひとつぶが育つのに役立っているという代物です。自然には何一つ無駄なものはないということをこのヒゲは教えてくれました。更に「落ち穂拾い」ということを思い浮かべました。すべて自分で手をかけたものですから、一本一本の麦がたいへんいとおしく感じられます。だから一層一本の無駄もなく刈り取ろう、一粒の麦も漏れることなく拾おうという思いにさせられるのも当然といえるでしょう。でもそういう思いと「落ち穂拾い」とを重ね合わせると、なんともいじましいわが魂胆を思い知らされます。

何よりすべて拾い尽くすなどできるものではありません。残りは小鳥や野の獣たちのものだと言い聞かせています。元来、麦を刈るときすべて刈り尽くすようなことをするな、落ち穂を拾う人を追い払うな、残しておけという聖書のお話は、こんなわたしのためにあるのかと苦笑させられました。そもそも、（何事でも）すべてを自分で作ったと思うこと自体まちがいであることを忘れてはいけないということです。

自然の摂理の中で育まれている麦の成長に関わったのは、『わたしは植えた』というだけのことではないか。水でさえ天が雨を降らせて補ってくれるもの。太陽がエネルギーを送り、ノゲがそれをキャッチしてでんぷんを作る故に一粒一粒できるわけで、誰だろう？　あのひげのノゲをひとつずつ見事にくっつけたのは！　という自然の摂理や神秘を痛感させられました。（純太郎／第五号）

一七%という数字の意味するところ

ちゃんとした科学的データに基づく数字だといわれているものに「一七%」という数字があります。それは、何かを始めようとするとき、良き志を持って「よしやろう!」という仲間が一七%集まれば、全体は動き出すという数字です。一七%とは二割を切る数字です。でもそれは他者を動かし得る力をもっているというのです。この数字のことを知ってから、よく考えるのですが、「確かにそれは言える!」と思うことに沢山出会ってきました。

もともといい加減で、ルーズなところがある、良い意味で言えば楽天的なわたしには、良かれと思ったことやしたいと思うことは、何とか成り立たしめたいという衝動にかられるものですから、ごちゃごちゃ考えているよりは、とにかくやってみようと、何事も前向きに取り組もうとするところがあります。従って不安材料があってもできる限り考えないようにして、可能なことだけを見ていこうとする時、この一七%という数字は何とも慰めに満ち、勇気づけられるものです。石橋をたたいて渡るようにすればいいのでしょうが、せっかちなわたしにはそれよりも早く「これなら何とかできそうだという実感」をもちたいために、見切り発車をしながら状況を整えて行くのがわたし流儀です。自分の中の一七%のやる気を信じてやってみるとき、その他の部分が次第に元気づけられて行くことを何度も体験しています。

何かを始めようとするとき、初めから一〇〇%か、それに近い準備段階を踏まえてやろうとするなら、きっとなかなかスタートを切れないでしょう。同じ志を持つ仲間を探すにしてもグループの全体を動かそうとするにしても、二〇％以下の少数者で充分始められることを覚えたいと思います。なぜなら全く反対の立場にいる人がこちらと同じ割合でいる（これはできるだけ無視しこのために消耗しない）としても、その中間にいる大多数者は、誰かが始めてくれるのを待っていたり、何かしたいがどうしていいか分からないという潜在的な「プラスの一七％の側の協力者たち」であると思うからです。懸命に訴えれば、きっと分かってくれるにちがいないと信じて一歩を踏み出したい。そこから何かが変わり始める。希望とはこの「変わる」ことに他ならないもの！。

（純太郎／第六号）

フェスティナ・レンテ　ゆっくり急げ

わたしがこの言葉に出会ったのは、一九七八年からサラワクに出かけているときでした。少数民族イバン人メソジスト教会の自立のための宣教協力で一段落した頃。肩を張って張り切っていたこともあり、思うようにプロジェクトが進まず悩んでいました。そんなときにある先輩から「まあそんなにあわてなさんな」という意味でラテン語のフェスティナ・レンテ festina lente「ゆっくり急げ」という言葉を与えられました。それから何だか肩をいからせ、セカセカすることから解放されたことを覚えています。

この同じ言葉を二〇数年たって田舎住まいを始める中でもう一度思い起こしています。それも、早く仮住まいから抜け出して自分たち自身の拠点を手に入れたいと焦ることから、考えさせられたものです。日本語のことわざにある「急がば回れ」に似たようなものですが、最近この「ゆっくり急げ」という言い方に愛着を覚えています。

元来「ゆっくり」と「急げ」は全く相反する意味ですが、この両極をバランスよく身につけることが大切であると痛感しています。新しい拠点の土地や家を探し回っていたとき、あちこちから「田舎ではそんなに急いでも駄目だよ」「焦らずもっとゆっくり腰を据えて待つべし」という声が聞こえてきました。確かにその指摘は一理あり、わたしもよく分かるのですが、既に大きな決断をして何歩も進みだしているわたしたちにとっては、仮住まいでいつまでも何一つ思い切ったことができないという中途半端な生活には耐えがたいものがあります。「もっとゆっくりすべし」というのは、決断の外にある人の批評であって、わたしたちの大きな夢の実現のためには、そんな悠長なことを言っておれないというのが偽らざる想いです。今まで働いて貯めてきた大枚をすべてはたいて拠点を据えるわけですから、（誰も人生そんなに先は長くないかもしれないわけで）有効に活用するためにはできるだけ早く実行に移し、できるだけ長く豊かに、できるだけ理想に近い形で精一杯活動を展開したいのです。

たった一度きりの人生しかない。どんなに生きても一度きり。ならば存分に悔いのない生き方をできるところまでやろうじゃないかというわたしの人生観では、現在のところ「ゆっくり」というより「急げ」の方が重きをなしているかもしれません。でもそれも「ゆっくり」という条件付きの「急げ」であることは言うまでもありません。だってここ田舎では、都会の時の流れよりはるかにゆっくり・ゆったりしています。

掘り炬燵のあった部屋を改良して、囲炉裏が設けられた部屋には、納屋から引っ張り出してきたアンティークな柱時計を掛けました。古くて動きません。そこには「時よ止まれ！」「時を忘れて語り合おう」という札をかけておきました。

フェスティナ・レンテ！

ゆっくり急ごう！

急ごう ゆっくり‼

（純太郎／第七号）

目下冬篭り中

昨年十一月二三日に仮住まいしていた所から車で北上、一五分の隣町に引っ越しをして三和町《みわ》敷名《しきな》の住人になって三ヶ月。今年は雪が多くて寒い日が多い。ここ敷名が以前の能良より寒いのか、それとも家が広いために寒さが身にしみるのか、とにかく寒い。そのためあまり動き回ることができない。ついい何をするにも億劫になってしまう。目下冬篭り中。それでも少しずつこの地域のコミュニティに入りつつある。

まず一月一日の「互礼会」があるということなので、お酒を一本買い込んで二人で出かける。会場の地域の公会堂に指定された時間に行ってみると、すでに三〇人ばかりの隣組の人々が集まっており、卓上にはカップ酒とおつまみが準備されていた。参加者はほとんどが男性で、女性は三人。年に三〜

四回ある婦人部の仕事の一つだそうだ。

二つ目の仕事として「敬老会」。二月六日の日曜日に行われるからと、米二合をもって朝八時三〇分に公会堂に集合との連絡が入り、日曜日くらいはゆっくりしたいのにと思いながら、雨が降り、寒い中を出かける。すでに皆さん集まっておられ昼食の材料やナベ・皿なども運び込まれ下準備が始まっている。地区の七〇歳以上の高齢者を招待して昼食会を行う。一五〜一六人いらっしゃるとか。でも寝たきりだったり、病気だったりで、欠席の人もあり、そういう方にはできあがったお弁当が配られる。メニューはおすし・おさしみ・天ぷら・白あえ・煮豆・筑前煮・ソーメンうりの酢の物・ジャガイモのサラダ・汁物・イチゴ・酒等々と盛り沢山。それらを婦人部の女性一〇人ばかりでワイワイ言いながら作り、お弁当風にパックされていく。一二時前には全て準備でき、招待された方々と集まり、一言挨拶があり始まる。最高齢の方は九六歳とか、皆楽しそう。不参加の人の情報、昔の思い出話、敷名独特の方言などが飛び出し、しばらく食事をとりながら雑談が続く。わたし自身、広島弁はなんとか理解できるし、皆としゃべっていると広島弁となっているが、まったくわからない言い回しもあり、聞いていて興味がわき、楽しい。

二つの地区が一緒になって一つの行政区となっており、一年ごと交互にそれぞれの地区が担当して行われるらしい。手伝った女性たちは四〇代の人たちが半数おり、活気がある。招待された方々が残ったお弁当を持って帰られた後、片付けと反省会があり、すべてが終わり家に帰ったら、もうあたりは薄暗くなっている。一日仕事になってしまう。でも、残った野菜などは「荒川さんとこは、作っていないでしょう」と言ってたくさんお土産にもらう。この日の収穫は沢山の野菜と地区の女性たちに

出会ったことです。（奈津江／第八号）

今日、蒔く種子によって

Judge each day
not by the harvest,
but by the seeds
you plant.

これは、アジア学院（栃木県西那須野）でのあるセミナーに呼ばれたとき、食堂で見つけたポスターの言葉です。これは「日々を判断しよう！「収穫」でなくあなたが蒔く「種子」によって」というような意味でしょう。みんなが「共に生きるために」というスローガンを掲げ、食料の自給自足をもめざすアジア学院のあり方にふさわしい言葉だなあと感心してメモしてきたもので

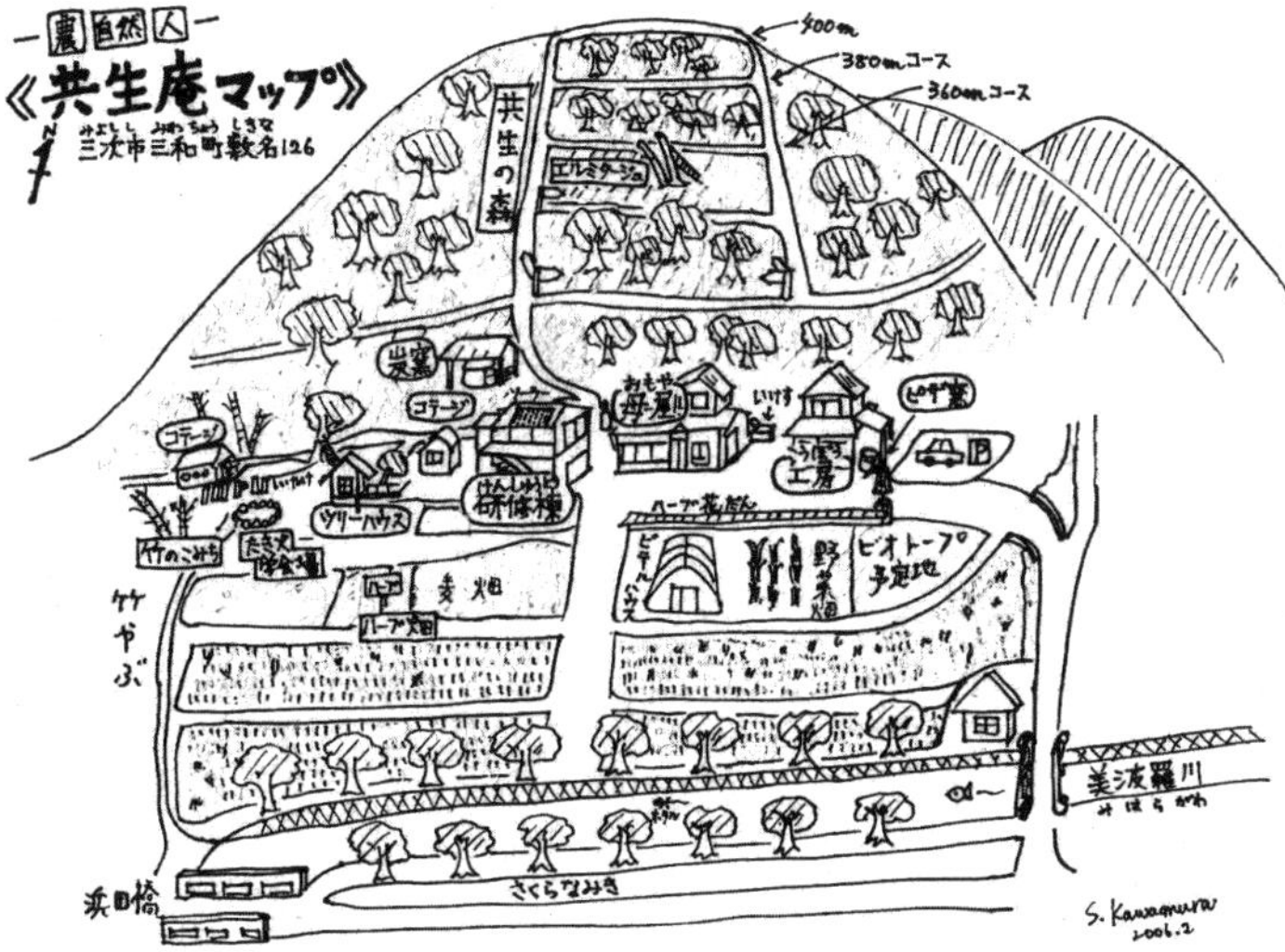

イラスト／河村 暁

す。

　わたしたちは日常の様々な事柄を「結果」のみで判断して白黒つけようとしがちです。プラスを出すために焦って、その場しのぎの性急な「収穫」を求めようとします。そのために薄っぺらなものしか手に入れることはできません。何かとせっかちな現代社会では、何事においてもゆっくり・じっくり「種子」を蒔いて育てようという長期的な考え方ができにくくなっているように思います。

　日々を惰性に流されず、また周囲の結果のみを性急に求める生き方に左右されず、自らの生き方をしっかり見つめ、自己チェックしながら悔いのない主体的な生き方を積み重ねていきたいものです。そのためには今日一日、明日に向かってどんな種子を蒔き、植えたのかを生き方の判断の基準としてみることが大切ではないかと思います。たとえ今日なんの収穫もなかったとしても、将来のために「種子」を蒔くことができたのならそれで良い。種子自体は、その内に必ず発芽するときを備えています。種子を蒔いたのなら期待をかけつつ、そのときが来るのを待つことができます。

　誰にでもあるでしょう。種子を蒔いて何日かして双葉が地面から顔をのぞかせたときの喜び！　あの感動を今すぐでなくとも、やがて近い将来味わえるとなれば、楽しいではありませんか。

　わたしは珈琲が大好きです。二五年以上前にサラワクで本物のコーヒーの木を見つけたときの感動は忘れられず、思わず一枚の葉を押し葉にして持ち帰ったものです。その後サラワクで生活する機会が与えられたとき、是非コーヒーを種子から育てて、あのかぐわしい花を咲かせ、実を収穫して自分で焙煎していれて飲みたいと夢見ました。友人のコンさんがジャワロブスターの種子をくれました。「発芽しないと思ってもあきらめないで水をやり続けるように」という助言を聞かなかったら、あの双葉に出会う感動はなく、種子のまま枯らせてしまったでしょう。コーヒーの種子は「眠れる種子」Sleeping Seed と言われるほど発芽に時間がかかります。忍耐強く待って発芽させ、大きく育てていくつかの花を咲かせ、結実させた喜びは今でも覚えています。収穫は、焙煎して飲めるほどには到底及びませんでしたが、自分で蒔いた種子から幾粒かのコーヒー豆を手にした喜びとそこに至るプロセスは、言いようのない夢と希望を与えてくれたものです。

「収穫」を夢見ながら「今日の種子」を植えましょう。

（純太郎／第九号）

素朴な疑問　～口蹄病と輸入飼料～

早春の何となく華やいだ雰囲気を持っていた山々も日に日に緑が濃くなり、山がひとまわりもふた回りも大きくなった感じがします。道ばたの草もいつの間にか大人の背丈くらいになり、ハルジョンが群がって咲き、とてもきれいです。これから秋まで何度か草刈りが行われます。大変な作業で草が伸びるのと刈り取るのとそのくりかえしです。

もう一ヶ月ぐらい前になるでしょうか、通勤途中車でラジオを何気なく聞いていたら、三月に九州のある牧場で牛が口蹄病にかかり、すぐ廃棄処分にされた。ところが五月に今度は北海道で発病した牛が見つかったとか。口蹄疫という牛・豚・羊等に感染するウイルス性の疾患で、非常に伝染力が強く、早く処理しないと大損害を被る。昨年香港で豚がそれにかかりたいへんな騒ぎになったそうです。日本にはないと思われたのにそれが出たことで関係者はショックを受けているというニュースです。

さて、問題なのはどうやってウイルスが日本に持ち込まれ、しかも九州、北海道と離れた土地で見つかったのか。いろいろ原因を探ってみたら、どうやら飼料として輸入されている藁についてきたのではと考えられる。米作りをして沢山藁がありそうなのに、牛の飼料とする稲藁が不足している。そして　日本国内で藁を入手するより海外から輸入した方が安く、しかも楽に手に入るそうだ。沢山できる藁を小さく切って田圃にすき込み、お金を出して外国から藁を買う。目の前には沢山の休耕地があり、草ぼうぼうとなっている。それを使って牧草を育てればいいのにと単純に草取りや草刈りで苦労している素人は考える。何もかも機械化して能率化してしまっている今の農業、何か変だと思う。

でもちょっとホッとしたのは九州の鹿児島のある所で稲藁を自給しようとする運動があるとか、藁を長いまま収穫できるように稲刈り機を改造するとよいとか、また稲藁用だけに稲を作るとかしているそうです。

（奈津江／第一〇号）

グミ（グミ科）

　野山には秋に実を付けるグミの種類もありますが、庭先に植えられているグミはたいてい六月頃赤色の可愛い実を付けます。その様子がとてもきれいでおいしそうに見えます。子どもの頃つい手を伸ばして取り、口に入れてその渋さにびっくりしたことがあります。

　先日ある方の庭にビックリグミがあったのを分けてもらいました。わが家にもあるのですが、実が付いているなと思っている内に、いつの間にか鳥に食べられて一つも無くなっていました。そのビックリグミは改良されているらしくて、果肉が多く美味しいものでした。

　さて、なんでもジャムにしろという我が連れ合いの言葉にそそのかされて、わたしは何も考えずにビックリグミジャムを作るべく種と皮を取り、砂糖を入れて煮ました。いくら煮てもジャムらしくなりません。ペクチンを含まない柿がジャムにならないのと同じように、グミもそれだけではジャムにならないのです。仕方がないので煮詰めて、少しトロリとしたものをヨーグルトにかけて食べました。酸味と少し渋みがありますが、まったくダメということはありませんでした。でも沢山食べるとお腹がゆるくなるのではと思っています。尚、これはグミ酒にすると美味しいです。

（奈津江／第二二一号）

第11号＊2000/9/1～第20号＊2002/2/15頃のできごと

第 11 号＊2000/9/1

◆米国オレゴン州教会　女性６名が　共生庵を訪問
◆NGO 手づくりセミナー 2000 連続講座
◆THERMOROSSI 製薪ストーブ（日本第 1 号）を据え付けました
◆コシヒカリ 540 kg収穫できました！

第 12 号＊2000/11/1

◆平和公園に灯す 2001 本の原爆の火の燭台のために共生庵の竹林から切り出し
◆学校法人「きのくに子どもの村学園」国際高等専修学校フィールドワーク受け入れ
◆裏の里山整備のボランティアを募集（下草刈り◆除伐作業）
◆尾道北高校国際系列エクスプローラーセミナーでワークショップ
◆本「こだわっとる農　この人！」編集会議、出版準備

第 13 号＊2000/12/25

◆掘り炬燵を作りました
◆PHD 研修生受け入れ　交流と研修

第 14 号＊2001/2/25

◆２月 ハーブティ「レモングラス」製品化、販売開始

◆心を癒す私を変えたこの１冊図書コーナー「ほんの泉」設置
◆広島市立古田中学校２年５組で生徒・先生・保護者と共に「子どもの心に近づこう」ワークショップ

第 15 号＊2001/4/25

◆田植え
◆学校へ行かない子どもと両親への「自分探し・里山体験連続セミナー」
◆中古の木工旋盤機を入手しました
◆共生庵「地球市民共育塾プロジェクト」開始

第 16 号＊2001/6/25

◆「NGO 手づくりセミナー入門編」「手工芸製品を通して女性に力を！」講師のマーガレット
◆ディコスタさん（バングラディシュ）来訪
◆第２回里山体験セミナー「ピザ用石窯作り」で石窯完成
◆関西学院大学神学部主催教職セミナー「テゼ共同体に学ぶ」共生庵で開催
◆マレーシア・サラワク州　森と共に暮らす先住民族の自立支援募金のお願い

第 17 号＊2001/9/1

◆９月上旬～ 11 月上旬 共生庵里山農場は今（芋掘りにお出かけください）
◆ひろしま NGO ネットワーク主催「高校生によるアジア体験共有の集い」
◆広島平和教育研究所主催夏季研修会が共生庵で行われました。終了後 34 名の小中学校の先生がソバの種を巻いてくれました
◆里山農園は大豊作でした 1000 kgを超えるコシヒカリを収穫
◆第３回里山体験セミナー（里山整備とソーセージ・ハ作りに挑戦」

第 18 号＊2001/10/20

◆ビニールハウス（6m×10m× 高さ 8m）完成
◆「こだわっとる農　この人～食と農のつながり MAP BOOK」発刊　発売
◆第４回サラワク・スタディツアー報告書完成

第 19 号＊2001/12/25

◆PHD 協会　研修生を迎えて三和町プログラム
◆７回森林と市民を結ぶ全国の集い（東広島市にて）「新世紀　森林づくり・地域づくり・人づくり」実行委員長を務める
◆共生庵の里山農場は今　書道家・西川八宇子さん揮毫の歓迎の「ようこそ　ようこそ」看板完成
◆ネズミとの格闘
◆高田郡中核農家女性ネットワーク「すぎなの会」が共生庵で研修会開催

第 20 号＊2002/2/15

◆インド・スリランカ・タイなど９カ国 10 人のアジア青少年指導者を迎えての三和町プログラム

第二章　本拠地を与えられて ～十字架を掲げず～

目標の実現度合いは!?

「思い切って『自分たちの生きたいように生きる、自分たちの選びたいように暮らし方を選ぶ』という目標の実現程度を基準にして考えてみよう。『暮らしたいように暮らす』という主体の考え方を立てると状況は変わって見えてくる」　（鶴見良行著「バナナと日本人」岩波新書、一六七頁）

これは文明の進歩を、識字率の高さや死亡率の低さ等で測ることをやめてみようというところから、もう一つの考え方を提案したものです。この言葉に出会ったのは、わたしがアジアの課題に頭を突っ込み、あまりのその重さと自分の無力さに打ちのめされていた時でした。長い暗闇のトンネルを突き抜ける一筋の光を見いだした感じを、今も鮮明に覚えています。アジアの人たちが、非常に過酷な状況におかれつつも、不正・不義に果敢に闘って、自分たちの暮らしたいような暮らし方を選び取る努力をひょうひょうと続けていることに目を向けると、それまで悲愴な思いにとりつかれていたわたしの状況は確かに変わって見えてきたのです。そして、問われたのは「それじゃ、お前は暮らしたいような暮らし・生きたいような生き方をどれだけ実現させているのか」という事でした。それ以来、この問いはわたしの中から消えることはありませんでした。

この先どうやって食っていくかという経済的な逼迫感《ひっぱくかん》はあっても、わたしたちには悲壮感はありません。ここでは、確かに不便なことも多くありますが、不便だという実感をほとんどもたないで暮らしています。毎月この共生庵で有機農業者とそれを取り巻く状況等を紹介する本づくりの編集会議が持たれていますが、貧乏を覚悟で有機農業をやっていこうとしている新規就農の若者、研修生、農と食を考え直そうとする人たちの主体的な生き方を見ていると、「ここに人生あり」という思いで、たいへん励まされています。

自然農法？　でお米ができました！

三反五畝の二枚の田圃には、コシヒカリが黄金に色づき、頭を垂れています。何もかも初めてのお米作りでは、ずいぶんいろいろなことを学びました。何よりもすべては基礎が大切ということでした。そして体験して初めて分かることが多くありました。ということは、わたしにとって「最初の一歩」は、これで良かったのだと自分に言い聞かせています。

最初から、かっこよく（？）「無農薬有機栽培で米作りに挑戦！」と、何も分からぬずぶの素人がやったものですから、わが師匠の農家Mさんもあきれておられるような結果になりそうです。今日イネを見に来た友人は「イネ田がヒエ畑になっている」といい、「来年はこのヒエの種子が、ぐっとヒエを増やしてくれるでしょう」と太鼓判を押してくれました。

いつの間にか、やけくそ気味に「自然農法に切り変えたよ」といいつつ、放任農法になってしまったというのが正直なところです。また竹藪に近い右手の田圃には、イノシシが遊びに来た痕が、日に日に増していきます。有機農法→自然→放任からついには「放棄」に変遷していくというひどい道をたどることになりました。

それでも実際に収穫してみなければ分かりませんが、確実にそれなりにお米は出来ているのです。まさに「わたしが作った」などと到底いえない、「おのずとできた！　否、大いなる創造主によって創られた」というもので、大いなる自然の摂理に畏敬を覚えます。そういう意味で自分が作ったからでなく、あたえられたものだからこそ「もったいない」という実感を納得することができています。

（純太郎／第一一号）

八日目に神は満足した

神はすべてを創り終えて、七日目に休みを創った。
足りないものはないかと考えて、八日目にジョルジュを創った。
これで神は満足した。

（ベルギー・フランス合同製作　一九九六年映画「八日目」のラストシーンより）

わたしたちふたりの楽しみは、何にもしたくない気分のときで、時間があるとき、録画しておいた洋画のビデオをボケーッと観ることです。先日、内容がどんなものか分からずに録画しておいたものから「八日目」という題名の映画を観ました。当然「変な題だな、これは一体何を意味する映画だろう」と思いつつ観始めるわけです。時には「ああ時間を損した！」と腹立たしくスイッチを切ることもあるのですが、このときばかりは、ぐんぐん引き込まれて大笑いしながらも、深く考えさせられた久しぶりの感動の映画でした。

ダウン症候群という障がいをもつ人たちが、大変よく役割を演じた作品で話題になったものです。施設を抜け出したジョルジュが愛犬を連れて大雨の中を歩き続けているとき、「未来銀行」の頭取である超エリートの男が、彼の愛犬を車で跳ね飛ばすという出会いから始まります。うろたえた頭取は、とりあえず死んだ犬とジョルジュを乗せて、彼の家へと向かうが、最も愛していてくれた母親のいない家族は、彼を拒否します。行くところがなくなった彼と奇妙な関係が次々と展開していきます。心底純真で、どこまでも人を信じていく無垢な彼が、大銀行の経営者にまとわりついて離れない。

超多忙な彼を困らせ続ける関係を描きながら、家庭崩壊をしている銀行経営者の根元的な問題を浮かび上がらせていき、ついには邪魔でしかなかったジョルジュが、最も大切で必要な「友」であることを明らかにしていきます。二人の境遇は天と地ほどの違いがあっても、家族を求めつつも、孤立しており、自分を支える「友」が必要であることが共通項となっています。この映画の流れの中で、聖書の創世記に出てくる天地創造物語が第一日目から次々と引用され、第七日目にすべてよしとされた神が休まれることで終わることが織り込まれています。興味深いのは、これにもう一日付け足すのです。そしてラストシーンで「足りないものはないかと考えて、八日目にジョルジュを創られた。これで神は満足した。」とナレーターの言葉で「ＴＨＥ　ＥＮＤ」となる。そのとき、映像はジョルジュが、禁止されていたチョコレートをお腹一杯食べたあと、天国の母を訪ねてビル屋上から空を飛び、墜落死した映像で終わります。

すべて地上に必要なものが備えられたところで、神は人間を創られ、それらすべての管理を人に任された。それで一連の神の創造の業が完成したことになっているのに、もう一日付加されるというモチーフは、とても深いものを私たちに示しています。「まだ足りなかった」もの。それは人をどこまでも信じて愛していこうとする「ジョルジュの存在であった」ということです。このことは、すべてがそろって満たされている現代社会にあって、わたしたちには決定的に「足りないもの」があることを鋭く指摘しているということでしょう。新世紀二〇〇一年は「国際ボランティア年」とされていますが、わたしたちに足りないものは、何なのでしょうか⁉　そしてわたしたちにとってこのダウン症候群の青年は、いかなる存在なのでしょうか⁉

（純太郎／第一三号）

人を愛するとは　知らない人を知ること

あなたの知らないところに
いろいろな人生がある
あなたの人生が

かけがえのないように
あなたの知らない人生も
また　かけがえがない
人を愛するということは
知らない人を知るということだ

灰谷健次郎☆（「ひとりぼっちの動物園」より）

「愛とは何か」「人を愛するとはどういうことか」等について語り合えば、様々な表現が出てくるでしょう。わたしは仕事柄か、「愛」について考えたり、語ったり、書物を読んだりすることは多いと思いますが、ここに記されている最後の二行の表現に出会ったことはありませんでした。それだけに新鮮な思いで受け止めました。情報誌を交換している「かぼちゃ畑」に紹介されていたものでしたが、わたしの心に「愛するとはこういうことでもあるんだよ」と問いかけられたように思います。「知らない人を知ることが愛である」というアプローチはわたしにはありませんでした。

わたしたちは、知りたい・知ろうと言う気持ちは自分の興味ある人にしか起こらないのが普通でしょう。知りたくもない人を知るなんて、しんどいことこの上ないことです。そうして面倒なことを出来るだけ避け、知らないで済むことには、無関心を装うという態度に出てしまいがちです。このあたりに、わたしなどは「かけがえのないわが人生」の中に閉じこもり、自己保身に走る自分自身を思わされてしまいます。そして、人と出会うことやその人との関わりがわずらわしくなったり、億劫になったりします。確かにそうなんですが…でも、もうひとつの確かなことは、今まで知らなかった人と出会い、その方の人生を知ることで全く新しい喜びや楽しみが広がっていくということも事実だというです。この出会いの喜びが、閉じこもろうとするマイナスの動きを食い止め、勇気をもたらしてくれます。「人を愛する」とは、何か具体的な善行（?）をしなければ、と構えてしまいますが、灰谷さんは「知るだけでいい」と言っているのではないでしょうか?「知らない人を知る」ことの中に、豊かな出会い・発見・気づきがあり、そこから人と人との関わりが生まれる。その過程そのものが「愛」だと言えるということなのでしょう。わたしたちはいつも人を愛そうとするとき、「誰かのために何かをしなければならない」(to do something for) と考えてしまうが、「その人と共にいる」(to be with) だけでいいということも愛することであることを覚えたいと思います。灰谷さんはそれを「知る」と表現しています。共にいて、その人のかけがえのない人生を知るとき、人を愛するとはどういうことかを教えられ、学び取ることが出来るということでしょう。もう一つ大切なことは「知らない人」ということです。これは常に新たな出会いを求める言葉です。慣れ合いの人間関係に甘んじていることから抜け出せということでしょう。

誰にも知られず、孤独・孤立の中にある人、地球のあちこちで、餓え・戦争・迫害・病気・人権抑圧・差別・環境破壊などに苦しむ人たち（含動植物などの自然界）を少しでも知ろうとすることが、人を愛し、平和を愛し、自然を愛することにつながるんでしょうね。そういう風をわたしたちの間に吹かせつつ、「知らない人」や「知らないこと」を知らせ合う仲間でもありたいですね。（純太郎／第一四号）

わたしの夢は？　自給自足の生活

わたしたちが今のような生活を始めてからは、基本的に家にいる者が食事の準備をするというのが暗黙の約束になっている。従ってわたしは日常の食事作りで思い煩うことが、かなり少なくなってきた。この点ではずいぶん気分が楽になっている。でも…仕方ないことなんだけど、何とかしなければと最近気になっていることがある。それは自然環境や健康面を考えての食事作りのことである。

今まで素材から何かを作る、つまり出来るだけ加工食品やレトルト食品を使わないで料理をするという姿勢をとってきた。時間がない時や忙しい時は、つい出来合いのものを買ってしまうのだけれども、それは味が濃かったり、甘すぎたり、化学調味料の味がいやだったりして、いつも使った後で「しまった」と思うのである。最近、話題になっている生活習慣病やアトピーなどは、これらの食生活に関係して起こるものが多い。

主夫見習い・家事見習いだといって、一生懸命料理に取り組んでいる連れ合いにとって、意識とは裏腹に現実は、簡単で手軽に手に入る半加工品やレトルト食品をつい使ってしまうというのはよくわかるのだが…塩分やカロリーのとり過ぎになったり、各種添加物があったり、あるいは包装のラップ類の多さ等々で、ちょっと考え込んでしまう。

「わたしの夢」は、自分で育てた野菜で作った加工食品で料理することである。

今までは材料を買って味噌を作る…これならキャリアは一〇数年になる。ジャムはイチゴやカリンを買って作る、また山で木イチゴをとってきて作るという方法で、今までいろいろやって来た。これからは自分で野菜や果実を育て、それを保存するために漬け物を作り、ジャムを作って利用したいのだ。この家には、ちゃんと漬け物を保管する「漬け物部屋」まであるのだから。昨年の秋には、漬け物をするだけの野菜がとれなかったし、大豆も出来なかった。従って今年の味噌作りは、材料を買ってきて仕込んだという次第である。

今、畑に麦が育っている。今度こそ、それを粉にして、その素材でパン・うどん・ピザ作りに挑戦しようと思っている。昔から人々が長年歳月を重ねて、試行錯誤して作り出してきた様々な食物の知恵を、わたしも実践してみたい。それらは今、お金を出せば手軽に手に入るかも知れない。しかし自分に合った食物を、自分で育て、自分で料理して食べたい。それが最も安全で豊かな食事といえるのではないかと思う。

（奈津江／第一四号）

そのときになって「語るに時あり」

去る三月二四日に中国四国地方を襲った「芸予地震」は、ここ三和町でも震度五強。畑で堆肥を運んでいたときでした。地鳴りというものをはじめて体験しました。堆肥の山がプリンのようにプルプルしばらく揺れ続けました。研修棟や母屋のガラスというガラスが、激しく鳴り響き、遠くの古い家の瓦が音を立てて崩れ落ちていくのを目撃しました。電線は縄跳びの縄のように大きく長く揺れました。

わが家の被害は、研修棟の屋根瓦が五〜六枚ずれ落ち、キッチンのタイルが五枚はがれ落ち、玄関の壁に歪みが来ました。翌日、雨が降ったために研修棟二階の天井には、地球市民共育塾にふさわしく、世界地図が出来ました。奈津江はキッチンから外へ飛び出し、わたしたちにはケガなどはありませんでしたが、その後の報道で、規模の大きさが分かってきました。

その日の夕方から翌日にかけて、次々といろんな人たちから安否をたずねる電話や電子メールが入ってきました。なかなかつながらない電話の隙間をぬって阪神大震災経験者からは、いち早く「大丈夫ですか⁉」と声が届きました。神戸・西宮を初めとして、大阪、京都、広島市内、遠くは台湾、アメリカ、ドイツなどからも、国際電話や電子メールが届きました。

このとき、つくづく思いました。「友だちっていいもんだなあ！」「なんとこんなにもうれしく、心強く励まされるものか」と、胸が熱くなりました。特に「間髪を入れずに」送り込まれたわたしどもへの一言は、どんなに有効なものかを実感させられました。地震はものすごいものでしたが、昼間の出来事であったことや、実害があまりなかったこともあり、そんなに恐ろしい思いはしなかったのですが、とても貴重な体験をしたと思っています。

それは、「広島に荒川がいる」と思い出して下さり、どうしているか心配して、その思いを「すぐに伝える」ということをして下さった方々がこんなにおられるということから学んだことでした。

時宜にかなって、タイミングをずらすことなく、直ちに行動に移し、言葉を送り込むことのすばらしさを体感させてもらったのです。直接出かけなくてもよい、躊躇することなく思いを伝える、電話でもEメールでも伝言でもよい、相手に届く方法で言葉かけをすることの大切さを教えられました。

聖書に「黙するに時があり、語るに時があり」という言葉があります。その時にかなって語られる言葉には、暖かいハートが込められている。「時にかなった言葉は美しい」とさえ思います。私は、そういうことをどれだけ他者にしてきただろうかと考えさせられたのです。

「開発教育」のワークショップでは、セルフエスティーム（自尊感情）やアサーティブネス（非攻撃的自己主張）がどんなときにも尊重されるように、進められていきますが、そのことを確認するアクティビティで「人生の切り札」というのがあります。スペードのエースのトランプ（切り札）のように、これがあれば大丈夫という一枚のカードを引いて、自分へのメッセージとして受けとめるというのがあります。わたしはこのカードに「思い切って伝えよう！　言葉かけは温かいハートに乗せて、間髪を入れず」というメッセージを付け加えて、いろんな所で用いています。このカードを、自分が受けた励ましからもう一度、想い起こして心に刻んでおこうと思っています。

躊躇せず・思い切って・感情を込めて語りかけよう。「語るに時がある」のだ。その「時」を逸すると効果は半減するのだ。逆に言えば、語るべき「時」をつかんだら、どんな貧しい言葉も「何倍にも」有効な働きをもたらしてくれるのだ。照れずためらわず、暖かい情を込めて、語りかけよう。タイミングよく！

（純太郎／第一五号）

荒川家のマレー風カレー

カレーは何種類ものスパイスを組み合わせて、あの独特な色と香りの食べ物になります。サラワクへの赴任途上、はじめてマレーシアのクアラルンプール飛行場に降り立ったとき、なま熱い空気と何ともいえない匂いがわたしを襲い「ああ、日本とは文化の違う世界に来たのだ」と強烈な印象を感じたことを今もはっきりと覚えています。今思えばあの匂いはヤシ油とカレースパイスとが混じり合ったものでした。

カレーには香りと色と辛みのスパイスが、それぞれうまくミックスされています。サラワクで生活を始めたのは、もう二〇年も前になりますが、その頃、わたしはカレー粉とか固形のカレールーしか使ったことがありませんでした。生活の拠点だったシブの町の市場に行くと、様々なスパイスが、しかも生から粉末、味噌状になったものまであることに、もう驚いてしまいました。何をどのように使ってよいのか、さっぱり分かりませんでした。マレー人ワンさんのお宅に招かれ、本格的なマレー人のカレーをご馳走になった時、その作り方を教わりました。それはとても風味豊かで、しかも辛いこと！　でも何とも言えないおいしいものでした。それぞれの家庭でスパイスの使い方や量の多少、中に入れる具が違うとのことです。

帰国してあの時の味を再現しようと、スパイスを集め、試行錯誤しながら、荒川家のマレー風カレーを作ってきました。このマレー風カレーは、大勢のお客さんに一度に食べてもらうには、前日から大量に準備しておけるので、私にとって大変便利なものです。したがって我が家にお泊まりの方は、必ずこのカレーを食べさせられることになっています。カレーのあの黄色いスパイスはターメリックで、日本名はウコンです。熱帯アジア原産のショウガ科の根茎、外観はショウガによく似ています。

ウコン

このターメリックが昨年の秋、大和町のある青空市場にビニール袋に入って売られていました。この辺ではカレーに使うわけでもなし、どうやって使うのか聞いてみますと、スライスして干し、お茶にして飲むとか。そういえば沖縄で肝臓に良いと言って粉末を売っていました。それにしても生のターメリックは苦みが強くて、飲むのは大変です。マレーシアではこの黄色は幸せを招くと言われて、ターメリックライスを作ったり、花嫁・花婿の腕を染めたりします。日本でも染め物やタクワン漬けに利用されています。今年はわが家の畑にも、このターメリックを植えました。花もきれいで、秋が楽しみです。またマレー風カレーに、畑で出来たターメリックが使えるといいな、生のターメリックがターメリック粉末になってカレーに使えるようになるには、まだまだ研究が必要でしょう。

（奈津江／第一五号）

捨て駒を出す感性

最近、大学のコンピューターによる入試結果発表をめぐって、いくつもの大学が設定ミスをして不合格者を間違って出してしまうという事件が今頃になって表沙汰になっています。コンピューターを過信している結果でしょうが、すでに次のステップを歩みだしている人たちの人生に大きく影響したであろうことを考えると、その過ちはとても重いものです。

このコンピューターと人間の関係について、チェスの勝負をめぐる興味深い話が新聞のコラム欄に出ていました。世界チャンピオンのG・カスパロフさん（ロシア）が一秒間に一億通り以上の指し手を読めるスーパーコンピューターと対戦したときのことです。IBMが六年がかりで開発した代物で、通算三勝一敗二分けで彼が賞金を獲得したとき、インタビューでこう語っています。「人間には感性が働いて、自陣の駒を犠牲にして試合を進めることができる。マシンは犠牲者を出すことを知らない。人間の場合、捨て駒を出すことによって勝利の道につながることがある」。また他のコンピューターで二勝〇敗で完勝したインドのチェスの達人がこう語っています。「最後は周りの人たちが大勢で僕を応援してくれた。対戦したコンピューターには、声援を送る仲間のコンピューターはいなかった」。

天文学的なデータの蓄積や計算でなく、「感性」が働いて勝負に勝ったという話や、「僕には応援の仲間がいたが、コンピューターにはいなかった」ので勝ったというコメントはとても印象深い言葉です。徹底した統計学的データ上の「緻密な機械関係」と「人間の持つ感性」との対比の中で、「捨て駒を出すことで勝利の道は開かれる」と語られているポイントに惹かれました。

ときに応じて自分の駒を犠牲にしたり、捨て駒に使ってみたりするということは、引きながら、ときには退散しながら、それでいて好機を待ちつつ、戦い攻めていくことなのでしょう。一見無駄と思える過程…それが功を奏するという。しかも興味深いのは、そのことを可能ならしめるのが、人間の「感性」だという。普通、自分の中に捨て駒や犠牲的部分を出す感性なんて不要だと思ってしまうが、どっこい、それがときには必要なんだということを教えられました。勇気をもって引いたとき、その時こそ、きっと周りで闘いを見守り応援してくれている仲間がいることにも気づかされることもあるように思います。

（純太郎／第一六号）

田畑の侵入動物たちと対話できたら

わが田んぼや畑にも、イノシシ・鹿・タヌキ・キツネや野ネズミ・モグラ・スズメ・カラスなど様々な自然界の来訪者がやって来ます。トウモロコシはろくに収穫できた試しはありません。ジャガイモやサツマイモなどは、山に近い方の畑に植えるとすべて上手に食べられてしまいます。麦は若い青葉が出そろったところを、鹿が葉の上部をほとんどたいらげて行きます。その分だけ成長が遅れてしまいます。収穫前にはスズメの団体さんが毎日訪問して、文字通り大いに羽根をのばして麦のご馳走を楽しんでいきます。スズメ対策には、祭りの時に使われる爆竹が活躍しますが、それも一時しのぎです。「できたら入ってこないで」というこちらの意思表示として里山の獣に電柵を設け、夜間だけ電流を流しています。効果があるだろうと設置していますが、この管理のために草刈りが大変です。

目の前に姿を見せるスズメやカラスはともかく、深夜か早朝に黙って訪問する連中には「一度で良いから姿を見せて、挨拶に来い！」と叫びたい。先住者はまぎれもなくお前たちだから、何も「一切くれてやらない」というわけではない。でも「一言ことわりを入れろ！」という思いで一杯です。

そんな中で「我慢やあきらめでなく、何とか対話ができないものか」と痛感しつつ、かじられ、つつかれた野菜の跡を見ながら、またあちこちに残した足跡を見ながら、何を主張しているのかなと、その痕跡から色々と想像をたくましく膨らませています。そうしていると、何だか彼らの言い分が聞こえて来るようです。

わたしたちはよく「自分に分かる仕方で話してくれない限りわからない」という思いをもちますが、そういう待ちの姿勢は、対話にならないことを教えられています。対話の発信は、単に言葉だけでなく、様々な形をとってなされていることにもう一度気づき直し、その「発信の痕跡」をしっかり見つめ、そこから傾聴することが、何よりもこのわたしの側に求められていることを、自然の中で考えさせられています。何にも言わない（？）けれども、その与えられた場所で精一杯可憐な花を咲かせる野の草花にもいろいろ聴き、学び、癒される日々を過ごしたいと思っています。（純太郎／第一七号）

ゆとりを楽しむ

猛暑の中を二泊三日かけて、みんなで石を運び、積み上げ、耐火レンガを乗せ、土を運びセメントを塗り、ピザ窯を作りました。これは、里山体験セミナーの一環です。汗と水と土にまみれながら、ワイワイガヤガヤ楽しく頑張りました。

初夏に共生庵の里山農園で麦が実りました。それを刈り取ったものの、忙しくて何もできないまま納屋に干し放しにしてあったものを、先日やっと粉にできる手前まで処理できました。それを少しばかりですが、Hさんに粉にしてもらいました。さあ、これで本格的な薪の窯でピザが焼けるのです。小麦粉・トマトソース・ピーマン・ハーブ…等々、自分で作ったもので、自分たちで作ったピザ窯でピザが焼けるんです。夢のようです。どんな味がするのでしょうか。

ところで、ピザ窯作りの講師としてお呼びしたNさんは、お忙しい中、三日間つきっきりですべてをご指導下さいました。その講師の森林・里山に対する知識や情熱はすごい。もっと聴きたい、教えてほしいと思うことが沢山ありました。そして多くの知識と経験の裏付けがあるあの大雑把さといい加減さ！　わたしはそれが大好きです。わたしもフラワーアレンジや料理、その他のモノ作りをすることが好きで色々としますが、それまでの知識と経験を総合して計算しながら、手を抜く。そして作ることをゆったりと楽しむ。これが大切なことだと思っているんです。どんな小さなミスも許されない病院の薬局での仕事は、いい加減さは決して許されず、そこは息の詰まる世界です。ピザ窯作りは、Nさんのお陰で久しぶりにモノ作りの楽しさと良い意味でのルーズさを楽しみました。

（奈津江／第一七号）

食育

おいしいものが食べたい！　この思いは誰も持っているかと思います。しかし、何がおいしいものかを決めるのは、個々のその人が育った環境や食べてきたものによって、大きく異なってきます。外食産業が盛んになってきて、レストランに行って食べなくても、すでに調理されたものが簡単にどこでも買えて、それを家に持ってかえって食べることができます。これは忙しい人や一人暮らしをしている人などにはとても助かっています。

一方、それはわたしたちの味覚を一律化し、食生活を変えて行っているような気がします。つまり、家庭できちんと料理をしない人が増え、その家庭独自の味がなくなってきている。最近、「食育」という言葉を耳にしました。つまり、どんな食べ物をどのように、いつ、どこで食べればよいのか、何のために食べるのかを考え、食習慣の大切さを子どもたちに知ってもらおうという教育の事らしいです。こんなことは今まで家庭で親から子供へ自然に生活の中で伝えられていった。それをことさらのように「食育」と言わなければならないとは、驚きです。確かに、親から子へと伝えられている食習慣を将来、生活習慣病へとならないために、より正しい知識を持つことは大切なのですが！ スローフードとまで行かなくても、せめて食材を選び、家庭で調理して一日一回でも家族全員で食卓を囲み、食べ物やいろいろな話ができればと思います。「食」を通して豊かな人間が生まれるのです。

パンは分かち合う命

今年は麦を収穫して粉にし、ピザを焼きました。ピザソース・トッピング用の野菜のいくつか・ベーコンも自前で作りました。夢がひとつ叶いました。来年はこのピザ窯でパンに挑戦です。共生庵流のパン…さてどんなパンができるでしょうか。

『パンの文化史』（舟田詠子著、朝日新聞社）によれば、パンは麦をいかにして食べられるものに加工するかという歴史だそうです。今のように改良される前に寒くやせた土地に出来る色々な麦を人々は苦労してパンにして焼いて来たようです。発酵させない煎餅のようなパンから、黒いもの白いもの等いかにおいしく多く作れるか。またパンは食べ物ですが、同時に生きることを意味し「私たちの命」なのです。パンをもつ者が片寄ったために争いが起こった歴史があります。従ってパンは、分かち合うものという考えがヨーロッパにはあるそうです。今世界では食糧は平等に分かち合うことがなされていません。共生庵でできたパンも分かち合える日が来るかな。いつ共生庵のパンができるでしょうか。お楽しみに。

（奈津江／第一九号）

生活を自分で創り出す

小さな改革も出来ない人が大きな改革を達成できるわけは決してありません。
自分に与えられたものを最大限に利用する人が、
自分にできる事をさらに増やしていきます。
このように生活を自分で創り出せる人が、
真に自然な生活を送ることになるのです。

（『ガンジー　自立の思想』、地湧社）

読みたい・読まなければと長い間机の前に立てかけられていた「ガンジー　自立の本」を東京での会議に持って出かけ、その道中で一気に読んでしまいました。ガンジーはチャルカという手紡ぎ車をインド（人）の自治・自立の象徴としてかかげ、近代機械文明がもたらした様々な問題を見抜き、真の豊かさは自然と人間の共生にあるとの確信をもって、「自分の手で紡ぐ未来」を訴え続けました。

インド製の糸だけで織り上げた手織の布（カディー）を用いながら非暴力主義（アヒンサー）を貫くガンジーの思想・哲学に深く感銘を受けました。

わたしの友人に、このメッセージを具現化したくて日本綿を育て、綿をとって糸にして布を織り、身につけたいと試みる女性Tさんがいます。その刺激を受けてわが家も綿づくりに挑戦しましたが、蒔き時を逸したために十分に結実をせず、綿はほんの少ししか収穫できませんでした。今年もう一度チャレンジします。綿だけでなく、小麦、ソバ、お米にしても、とても面倒くさいプロセスを経ながらやっと口に入るものです。これらの仕事をしながら、「こんなの買った方がどんなに安く、楽なことか！」と何度もつぶやいてしまいます。それでもそのプロセスそのものに「自然」を感じ、「自然」に教えられ、元来あったはずの「自然な生活」について多くを学ばされます。そして心から感謝していただくとき、言いようのない充足感に胸が一杯になります。

「自分に与えられたもの」は無限にあるということをこの里山の田舎生活で日々教えられています。それをひとつ一つ最大限に生かして利用するとき新たな発見と体験が与えられ、さらに次にやってみたい思いが湧き出て、次のステップを踏み出せます。ここでの体験は、わたしたちをより一層「生活を自分で創り出せる人」に成長させてくれます。

そしてガンジーはそのことを「真に自然な生活を送ること」につながると表現しています。それはいわゆる「自然に触れ、より親しんだ生活」が送れるということだけではない。人間が元来そうしていたであろう「自分のことは自分でまかなう」という本来の自足的（自然な）生き方につながるのだと思っています。

（純太郎／第二〇号）

ムベ（アケビ科）

秋になるといつも広島牛田教会のRさんが「ムベが実ったから」といって一枝下さっていた。その種を蒔いて芽が出たものをここ三和町に来て地植えして五年目になり、やっと今年実が三つ実りました。ムベはアケビとよく似ているのですが、アケビと違って実が割れないので、いつ熟するのかよく分からず、皮が赤紫色になるのをじっと待って、やっと十一月の終わり頃になって収穫しました。

実の中に黒い種が沢山あって、食べるところはあまりありませんでしたが、それでもかすかに甘みがあり、懐かしい味でした。皮は肉を詰めて焼いたらいいと思いながら、時間がなくてできませんでした。十二月二二日の中国新聞にアケビの種から油を搾るという話が出ていました。それはとても良い油だとか。来年ムベが沢山できたら、小型油搾機をどこかから見つけ出して油を搾ろう！と、また私の好奇心がムクムクと動き出しています。それは「ゆっくり搾って、じっくり待つのがコツ」だとか。スローフードの話でとても興味があります。

（奈津江／第三〇号）

第21号＊2002/4/20～第30号＊2003/12/24頃のできごと

第 21 号＊2002/4/20

◆共生庵の里山農場は今（アスパラガスがニョキニョキ／ピザ窯の見学者相次ぐ／里山の先住者イノシシ・シカ・タヌキ・キツネ・キジ・ノウサギ出現相次ぐ）
◆実習生　木田啓介さん大活躍
◆三育学園グループ　来訪
◆田植え体験セミナー
◆ホタル観賞会
◆共生庵の里山農場は今「初めての農業体験者が田植え機で植えた苗は「曲がりなりにも」元気に成長しています

第 22 号＊2002/6/25

◆大正区の大正伝道所ファミリーキャンプのみんなで蕎麦の種を蒔きました（以後毎夏来訪、2016 年まで継続）／稲刈りを済ませました。収穫はイノシシの訪問を度々受けて去年の 70%でした）
◆夜回りの会廿日市の炊き出しに共生庵のお米 30 kg を提供
◆ほんの泉コーナーが工房（納屋）に移転充実
◆耐火煉瓦でスモーカー（燻製機）を作りました◆入り口付近の駐車場が広くなりました
◆ピザ窯の天井を鉄板から大谷石に化粧直し

第 23 号＊2002/9/20

◆第 1 回備北「開発教育」研究会
◆田園ミニコンサート（バイオリン・ハンドベル・アルプホルン　出演／中島睦、広島アカデミー室内合奏団、武田文夫、武田史子　他）

第 24 号＊2002/12/10

◆インドネシア・タイ・ビルマからの PHD 研修生を囲む交流会・ホームステイ

第 25 号＊2003/2/15

◆NHK ラジオ夕刊「こころと雑木林」について生出演
◆家づくりセミナー～共生庵に泊まってツリーハウスに挑戦！～デッキを作る
◆オーガニック生活学校第 3 回「知ろう！組み立てよう！手作り太陽電池」→玄関の夜間照明に利用
◆尾道市立原田中学校　総合的授業のワークショップ
◆中国新聞洗心欄「織りなす恵み～里山からの黙想」全 12 回連載

第 26 号＊2003/4/10

◆「広島の校長先生プロジェクト」合宿　13 名
◆ツリーハウス作り　構造体を造る
◆田植え
◆ツリーハウス作り　屋根を貼る

第 27 号＊2003/6/30

◆ツリーハウス作り　壁板を貼る
◆ガーデニング
◆ツリーハウス作り　内装（階段・手すり

第 28 号＊2003/8/25

◆NHK お好みワイドひろしまで生中継（ツリーハウス）
◆稲刈り（桃山学院大学インドネシア・ワークキャンプ・グループの 6 人が援農）
◆本「手づくり石窯 BOOK」（中川重年／著、創森社）に寄稿、共生庵のピザ窯が掲載されました
◆山根眞三牧師から機能アップしたリソグラフ印刷機を寄贈していただきました
◆風呂場のタイルがポルトガル製のコルクタイルになりました
◆屋外にシャワー室、シンクタンク、ボイラー、ガス台、蛍光灯を設置

第 29 号＊2003/10/20

◆ツリーハウス作り テーブル・ベンチ作り
◆地球市民共育塾ひがしひろしま（竹にくるくるバームクーヘン・ワークショップ）
◆日本聖書神学校中国部会研修会（8 名）
◆尾道久保教会オープン・チャーチ　23 人参加でつるで籠編み
◆釜ヶ崎の炊き出しグループ「いこい食堂」20 名が金井牧師と共に共生庵を見学、炊き出しの活動に 50 kgのお米を提供
◆ツリーハウス完成パーティー　第 2 回田園　ミニコンサート～ツリーハウス完成記念～（韓国伝統打楽器演奏会　出演／はなっから（大阪））

第 30 号＊2003/12/24

◆今年 1 年間の利用者は 726 名でした

第三章　窓辺に灯を

混沌

混沌、
それは
すべての　母胎である。　（ロマン・ロラン）

少しずつ共生庵の存在が知られるようになって様々な方々の訪問を多く受けるようになりました。ここ最近は全くそれまで関係のなかった方々からの問い合わせや訪問がぐっと増えています。特にいろいろな形で引きこもりの家族を抱えている方が多くなりました。そんな出会いの中から先日、KHJ広島「もみじの会」に呼んでいただき、共生庵の取り組みなどを語りました。その際グループ討議で引きこもりの状況とその苦闘に耳を傾けましたが、胸を押しつぶされそうな思いになりました。同じ苦しみを担う方々が自主的に集まり、熱い思いをもって悩みを語り、体験を分かち合い、様々な角度から学びを続けておられる会員の方々や事務局スタッフの真摯な闘いのお姿に多くを学ばせていただきました。具体的には多様な段階があり、状況は少しずつ異なりますが、重い課題を長い間担い続けておられる方々に、少しでも希望の光が届くように、また共生庵が何らかの形でお役に立てないかと祈らざるを得ませんでした。

多くの方が長いトンネルに入り込んで出口が見えないような混沌の状況の中で、本当に真剣に暗中模索しておられるように思いました。そんな中で自分自身引きこもりを長く経験し、混沌の中から抜け出した経験を語ってくれた青年がいました。ある日、自分のことに心砕き涙する母親と妹を見て、これではいけないと気づき立ち上がりの闘いを始めたという。そして今は学習塾を経営しながら同じ悩みをもつ子どもたちに寄り添い、自立の手助けの場を提供しているという報告には、明るい道が見え、お話にはとても説得力がありました。

ロマン・ロランは「混沌、それはすべての母胎である」という。母胎、それは母親の体内であり、そこで命がはぐくまれるところです。たとえそこが大きな苦難や課題がうごめくところであっても、同時に希望の小さな命がはぐくまれるところでもあることを覚えたい。プラスもマイナスもすべてを包み込み、抱きかかえ、長い期間外へ生まれ出る準備を続けている胎内は、混沌かも知れない。しかし、そこにやがて着実に新しい生命の息吹きが創造されていく場であることも確かなことです。混沌の中で醸成されている希望の芽吹き・息吹きを信じて、与えられた状況を忍耐して受け止めて行けたらと思います。そんな力はどうしたら得られるのでしょうか。

七ヶ月の重いガンとの闘病生活を終えて退院したわが親友の奥さんは、詩人として三冊目になる「だいじょうぶ」という闘病詩集を発刊し、先日共生庵の図書に寄贈下さいました。一段と透き通ったような磨かれた作品の中に次のような詩を見つけました。彼女は混沌の中でマイナスもプラスも見つめて退院しました。

三月中旬、地球市民共育塾のメンバーで広大を四年で卒業する者と大学院に進む者とが送別をかねて、久しぶりに共生庵に泊まり込んで語り合いました。その時「励ましの言葉を贈ろう」と一人ずつ語り合いました。良く口にしてしまう「がんばって！」というおざなりな言葉を使わないで励まそうと、みんなで語り合いました。とても内容の濃い良いワークショップになりました。そういう意味で表現すれば、混沌の中にある時に送るエールは「だいじょうぶ、怖くない」という言葉でしょうか。心痛める友人に対しても、また自分自身に対しても。

「怖くない」

鈴木絹代

実は
私も癌だったのよ
実は主人も癌だったのよ
あちらからも
こちらからも
声がとどく
なんと多くの人が

癌になっていたことでしょう
そして
なんと
その多くの人が
元気に過ごしていることでしょう

（純太郎／第二一号）

人生の堆肥がいよいよ発酵する時

わたしの職場にデイサービスに来ている方々の作品が展示されている場所があります。いつもはあまり気にせず、それらの作品の前を素通りするのですが、今回は何故か目にとまりました。七〇歳から八〇歳になられた方々の書です。それはわたしたちが小学生の頃習字を練習したような紙に、何気なく書かれているその筆使いの見事さに驚いてしまったのです。年を取って手足はきっと震えがあり、自由もあまり利かなくなっているだろうに、そこに書かれている字は、バランスも良くとてもきれいでした。若いときの学びは年を取っても忘れないものなのでしょう。

またあるとき、いつも薬を処方してあげていた老婦人が病状が悪くなられ入院されました。すると、環境の変化もあって痴呆が進み、夜になると様々なことをわめかれるようになりました。その内容を良く聞いてみると、その方が若いときに受けた原爆のことで、早く逃げろ逃げろと叫んでおられたそうです。五〇数年も前のことをこの人はまだ心にもっていらっしゃる。このように出会った出来事が心に積み重ねられていく。

わたしたちは何十年も生きているうちに、苦しいこと・悲しいこと・嬉しいことなど様々なことがあり、それらの積み重ねで今があります。様々な体験を心の肥やしにして、神様から与えられたこの人生を最後まで心豊かに過ごしたいと願っています。

堆肥は、土や草や木の葉などを積み重ねて、光と自然界のバクテリアとがうまくかみ合って発酵していきます。わたしたち人間も誰もが土や草などの堆肥の材料となるものはもっていると思います。でも、それがうまく発酵してよい堆肥になるには、それぞれの努力が必要になるのではと思っています。

六月の初めに長女が結婚したので、わたしたち二人も人生最後の区間に向けて再出発となりました。まだまだ若いつもりで、あれもしたい、これもしたいという思いは、非常に多くあるのですが、目に見えないところで気力や体力が後退し始めている気がします。これからは、これまで様々な材料を積み重ねて発酵させてきたものを使って、この三和《みわ》という地で何かを形創って行く時期に来たような気がします。さて良い堆肥が出来ているでしょうか。でも今は、しなければ…という悲壮感のようなものではなく、自然界のリズムにのって、楽しみながらゆったりやって行きたいし、人生を最後まで楽しんで、イキイキと生きたいと、職場に集って来られる方々やわが家にいる高齢の母をみながらこんなことを思っています。

（奈津江／第二二号）

理想を失うとき　初めて？？が来る

一体何が来るのでしょう⁉　ほとんど直接会うことがなくても、ずっと心でつながっている友だちが全国のあちこちにいる、これがわたしたちの財産だ…本当にそう痛感する昨今です。こんなことを折にふれて感じるのは「年をとったのかな？」とも思いますが、皆さんはいかがですか。

突然懐かしい声を電話で聞けたり、はがき、手紙、メールなどで私信をいただいたり、マスコミや人づてに活躍ぶりを知らされると途端に身近な存在になり、とてもうれしく、元気づけられるものです。

そんな中でいろんな状況に実にタイミング良く、毛筆でていねいにきれいな字で私信を届けてくれる親友がいます。よくカンパが同封されていて、とても恐縮するけれども、言いようのない慰めと励ましをあたえられ、拝むようにして受け取らせてもらっています。この神戸の友は一番の理解者・応援者の一人ですが、最近の手紙に「理想・夢・志（心指し）。『心のもちよう』という以上に心の方向性を持ち続けるということのすごさをあなた方に思いました。ぼくも倣いたいと思います」とあり、次のような言葉が添えられていました。

「年を重ねただけで、人は老いない。
　理想を失う時に、初めて老いが来る」

（S・ウルマン／詩人）

いろいろな集会やグループで表題の「??」の部分をみんなで考えてみるとおもしろいでしょうね。理想を失うとどうなるのだろうと考えてみると、色んな言葉を当てはめることができるでしょう。人は理想を失うとき、同時に様々なものを失い、逆に歓迎しないものがやって来る現実に直面します。

それをこの詩人は「老い」という現実だと記しています。まさにこの言葉は、少しずつ体力的にも精神的にも限界を思い知らされているわたしたち夫婦にとって、心に染みてきます。この警告の言葉は、夏の猛暑や畑の雑草に制圧された敗北感などの中で、気持ちが萎えがちなわたしたちに、「心機一転」もう一度やり直すよう優しく促すものでした。秋はそういう意味では、区切りをつけて出直す丁度いい季節です。やけくそで草刈り機を振り回してなぎ倒した雑草を、何とかくじけないで、かき集め、その干し草をすき込んで新たな土作りを始めよう。気を取りもどして耕耘機で掘り起こした真っ黒な土をふり返ると、畑は何度でも耕し直せることを教えてくれます。思いを込めた分、確実に応えて恵みをもたらしてくれるものです。

（純太郎／第一三二号）

カンボジアの砂糖ヤシは

一一月のはじめに一週間ほどカンボジアに行って来ました。わたしたちの仲間が、日本語教師でボランティア活動をしている現場を訪問することが目的でした。日常生活からまったく異なる世界に身を置き、ただ旅行を楽しむためでもありました。それは真にいろいろな意味で自分をリフレッシュさせることができました。

あの東南アジアの人々の笑顔・街中の匂い・食べ物・市場のざわめき等々に久しぶりに触れ、嬉しくなりました。そして、かつてのクメールの豊かな文明と長い内戦の故に、多くの問題をかかえながらも、力強く新しい国づくりに必死に生きている人々の様子を見ました。そこには、今の日本にはない活気が満ちていました。カンボジアには山らしい山は少なく、地平線や水平線が遠くに見える風景は、とても珍しく、きれいでした。その中にひときわ高く点々と丸い樹冠を持つヤシの木が見えました。マレーシアではココヤシがほとんどでしたが、ここでは砂糖ヤシでした。砂糖ヤシはパルミラヤシの一種で、根は薬（利尿作用あり）に、幹は柱等の建材に、葉は屋根・壁・カゴ等に、葉柄は腐らせてつぶし、繊維にしてロープ、ベンチのクッション等に利用します。そして実は熟す前のものは、白い果肉で柔らかくゼリー状で、シロップ漬けにして食べます。熟したものはお菓子の材料にします。そして用途で最も重要なのが、花の先を切り、出てくる樹液です。これを一晩かけて集めたものを煮詰めて砂糖にします。これは彼らの大きな収入源となっています。このように砂糖ヤシの木は捨てるところがなく、全部利用できるとても貴重な木です。

ポルポト政権下で「粛正」ということで、多くの人々が処刑されました。そのことを覚えて各地に記念館がありますが、そのひとつに案内してくれたカンボジアの青年が、砂糖ヤシの枝の部分を指さしながら「これで拷問の時に人の首を切ったんだ」と話してくれました。その指さされた部分を見ると、固い葉柄の両側がノコギリ状になっていて、とても鋭利でした。これで切られたかと思うだけでゾーッとしました。木のすべての部分が利用でき、百年は生きるという砂糖ヤシの木。そんな大切な木につらい苦しい歴史があるなんて思いもしませんでした。豊かな自然の恵みなのに、それを拷問・殺人に利用する人間の行為はなんと愚かなものだろうかと考えさせられました。（奈津江／第二四号）

平和をめざして　すべての関係性に「スロー」をもちこもう！

後生に残るこの世の最大の悲劇は
　悪しき人の暴言や暴力ではなく
　　善意の人の沈黙と無関心だ
（マーティン・ルーサー・キング牧師）

イラクの大量破壊兵器開発疑惑をめぐるアメリカ・ブッシュ政権は、自分達の様々な矛盾を棚に上げたまま、イラクや朝鮮民主主義人民共和国等へのその強硬に過ぎる武力行使の圧力は、どうしてでも戦争を起こしたいとしか思えないように感じられます。まさに傲慢な「世界の正義の保安官」のようで反吐《へど》が出ます。そんな中で戦争への危機感にいたたまれなくなり、各地で、各国で様々な反戦・平和・抗議集会がもたれています。たくさんの人たちが色んな思いをもって戦争回避を願って集まり、声を挙げ、行動に移しています。

広島では丁度それらと前後して、米軍戦闘機の夜間発着訓練滑走路を横須賀基地から瀬戸内海の無人島に移転させようという話しが急に持ち上がり、みんなを驚かせました。財政難に苦闘する地方自治体の町長による苦渋の極秘戦術でしたが、一週間で白紙撤回されひと安心という一幕もありました。

冒頭のキング牧師の有名な言葉は、そんな中であちこちから伝えられるメールのひとつに添付されていたものです。現在わたしたちは田舎住まいなので、ともすれば都会にいる時のようにすぐに行動に移せないもどかしさやいつでも参加できないという呵責の念を覚えることがあります。そんな中でうじうじする私の思いを覚醒させてくれたのが、あの「善意の人の沈黙と無関心」という言葉でした。

わたしたちは、しなければならない足もとの農作業、共生庵の整備、来訪者の受け入れなどに追われていると、都市部へ出かけるのに、時間的にも経済的にも負担がかかり、最近は体力的にも気分的にもだんだんしんどく感じるようになりました。そんな中で、今回のような緊急な抗議集会などの呼びかけを聞くと、すぐにでも駆けつけたい衝動にかられますが、次第にそれが困難になってきました。それだけに、最近はとてももどかしい思いをしています。わたしたちは決して無関心ではない、確かな反対意志は持っている、それを何とかしたい、そのために沈黙していてはならないと、真実、実感しています。

パソコンや電子メールは、遠隔地ほどより便利で有効な手段や切り口となり、少なからずその恩恵に与っています。そこから何とか情報のやりとりや運動の関わりができるので、実際にデモや集会に参加できなくても、賛同者に名前を連ねたり、賛同金・カンパ・メールでの署名等を送ったり、また転送・拡散して仲間を増やすことなどできることをしています。

ブッシュ政権ではありませんが、何事にもせっかちに結果を求めるあまり、関係がぎくしゃくし、争いがたえない現代社会を考えると、いろんな意味でもっとゆったりすることが必要ではないかと思わされています。人の心をゆったりさせるこの里山から、今話題の「スローフード」の考え方に学びたいと、少し勉強を始めています。

わたしたちの現代の生活は、衣食住のどの部分においてもより早く・安く・便利なものを追い求めるファスト・フードならぬ「ファスト・ライフ」となってしまった感があります。さまざまな「スピード」に巻き込まれ、生活習慣や価値観さえ狂わせるウイルスに感染しているようです。大量生産・大量消費・大量流通、そして効率と利潤重視などが、わたしたちの生活の多くの部分に深い影響を与えています。その根底には過剰なまでに、多種多様なスピードの加速があり、その故に多くの社会的歪を生み出しています。

イタリアで始まった『スローフード運動』は、『食』を通して生活に『スロー』を持ち込むことで、人と人の関係を根源的に問い直し、新たな生き方を模索することを勧めています。全ては関係性の問題で、わたしのこころとからだ、わたしと友人、わたしと地域社会、わたしと世界、わたしと自然、そんなすべての関係性の課題の中に「スロー」という文字を放り込んでみましょう。歪み狂ったひとつひとつの関係をこのキーワード「スロー」で修復していくとき、何もできないもどかしさにさいなまれることから解放されるのではないか、そして「スローライフ」…そこから平和を創り出すことができるのではないかと思っています。そしてその関係性の中心に「食」があるのです。わたしたちの共生庵は「スローな食」をゆっくり味わい、じっくり語り合うことを大切にしています。それらを通していろいろな歪みがただされ、心も体も癒され、そして平和へと向かう行動が生み出される場でありたいと願ってスローな歩みを続けています。

（純太郎／第一五号）

平和の維持を！　あなたの窓辺に灯火を!!

Waging Peace!
Put a light in your window.

アメリカのイラク攻撃による戦争が、ついに始まり、毎日刻々とマスコミで状況が伝えられています。情報操作・様々な最新鋭の兵器や戦闘機・ミサイルなど格段の進歩を遂げていても、何とも愚かなことを繰り返す人間には、歴史的には少しも進歩がないことを思わされてしまいます。それにしても、イラクの市民をはじめ、双方の兵士や難民などへの思いを膨らませると、何ともつらく暗たんたる思いに満たされてしまいます。「もう戦争はやめて下さい。わたしたちは家族と一緒に平和に過ごしたいのです」と叫ぶ女性の声には、本当に胸が痛みます。

誰もが何とかしたい、戦争反対、何とか早く止めたいと願い祈っています。多くの反対抗議運動の中で、最近特に様々なところで一般市民や大学生・中学高校生などが、出来ることを勇気を持って始めている動きが起こっています。広島では人文字つくり・ハンスト・デモ・ビラ配り・音楽・独自の絵はがき作り・アメリカの新聞への意見広告・キャンドルライトの祈りの集い等々…ごく普通の人も加わって広がりを見せています。

インターネットで、次々と国内外からの戦争反対の呼びかけが、飛び込んできます。お陰で田舎にいても、ブッシュ政権に直接抗議メールを送ることができたり、国連安全保障理事会への要望書などにサインして送ることができました。そこから、次々と世界の特にアメリカの良心的な一般市民からの情報が入り始めました。一つひとつに対応できないほどです。そんな中でイラク攻撃が始まってしまった直後に届いたメールに標題の提案が届きました。

「平和を維持・遂行しよう。その意志表示として『あなたの窓に灯火を置こう』」というものでした。激しく怒りつつも、しかし静かに米英のイラク攻撃への抗議と平和維持の思いを表現しよう。それを表通りに面する窓辺にかかげることで、仲間に呼びかけ、同じ思いを共有して励まし合っていこうというものでした。わたしも早速和紙でランプを創り「NO WAR. NO DU. NO NUKES.」と書き、夜間には点灯しています。

これを実際にやってみたら、ともすれば何もできない無力さや空しさに流されるわたしの心に「忘れるな！　くじけるな！　お前にできることは何か」と意識的に問いかける「心の窓辺の灯火」にもなっていることに気づかされました。

この窓辺にロウソクを灯して意志を伝え、思いを寄せて連帯するということを教えてもらったのは、サラワク宣教活動を共にしたアメリカの友人牧師宅に滞在中のことでした。広島から「教会員が亡くなった」と緊急の電話が入りました。「わたしの葬式は絶対に荒川先生にしてもらうからね」と言われていた女性でした。帰るに帰られずどうしようもない悲しみといらだちを伝えると夫人は、すぐにロウソクに火を灯して何気なくテーブルにおいたのです。あとでその意味を、わたしたちの心情への連帯の灯だと知らされたとき、とてもうれしく、心強く、深く慰められたのを忘れることはできません。

何でもないことですが、できることを形に現し、仲間に意思表示していくことに躊躇することのない感性を豊かにはぐくみたいと願っています。特に平和の維持のために。

（純太郎／第二六号）

わたしが　わたしとして　生きるとき

みんな　おなじ顔なら
　顔はないのもおなじ
みんな　おなじ意見なら
　新しい意見も生まれない
………
だれもが　みんな　おなじだったら
　私はないのもおなじこと
………

（「違いを豊かさに」岩川直樹より）

今回はこの地で学んだ「わたしがわたしとして生きるとき、それは単に自分一人の営みでなく、他者を生かし励ますことにつながるのだ」ということをご紹介したいと思います。

田舎には様々な「わずらわしい関わり」があると言われます。しかし、わたしはあまりそんなことを気にしていません。むしろいろんな事柄を興味深く感じながら、できるだけ前向きに関わっています。都会から移り住んだ者がどんなに頑張っても、所詮その「土地の人」にはなれないもの。その土地の出身者が長く都会に出たあと故郷へUターンしても、ずっと住み続けているみんなとは、何年たっても一緒に扱ってはもらえないと、聞かされるほどです。ですから、いろんな行事や地区の役割分担等にできるところで協力しながらも、適切な距離を保ち、自分たちの在り方をわきまえ知った関わり方をする方が長続きするように思います。よく言われる「風の人」として自分たちを位置づけて、むしろ町からの新しい風を送りこむことができれば幸いだというぐらいに考えた方が、正直気が楽になります。

わたしたちは、ここに定住する際、自分たちの旗印を明確にして入り込んでいます。すなわちわたしたちはクリスチャンであり、わたしが現役のキリスト教の牧師であることを明言しているわけです。現在の地区では「講中《こうじゅう》」と言われる共同体への加入や神社仏閣の祭ごと等への寄付や行事参加等への強い要請などは、一度もありません。ここに移住する前の仮住まい（一年八ヶ月）をした隣町では、そうではありませんでした。当然のことですが、いろいろ相当厳しいことを言われ、要求され、田舎生活の軋轢を感じてきました。それがここではないのです。

最初の頃、出席した地区の常会で、お寺の秋祭りの寄付集めがされていたとき、係りの人がわたしのところまで来たとき「ああ、お宅さんはキリストさんでしたね。」と言って、素通りしていったのです。

「わたしたちの立場を理解し、認めてくれた」と大変嬉しく感じ、そのことはとても印象深く心に残っています。

この訳はあとで分かったのですが、同じ地区内で自分の旗印を明確にして信仰上で妥協しないでけじめをきちんと付けている創価学会の人がいたのです。地区のそれ以外の人は安芸門徒の仏教信者です。たった一人の人が自分の立場・信仰を貫くことで、そこに後から加わったわたしたちのような他宗教の人の立場を受容する役割を果たしていたのです。この地区はそれを認める気持ちの良い成熟した共同体だったのです。

このことから教えられたのは、いろいろな人生の場面で、関係性がわずらわしく難しいので適当に妥協しようとするとき、さらにしんどい状況を生み出すことになるのではないか。何よりも一人の旗印によってわたしたちが助けられたように、「わたしがわたしとして生きる」とき、異なる他者をも生かす状況を作りだし、その共同体を成熟した生活の場にするという貢献さえできるのだということであります。

このことがあってからわたしは、いち早くその創価学会員の彼の名前を覚え、仲良くなることができました。単一化・同質化が幅を利かせるとき、その枠組みに入れない人は、大変しんどい思いにさせられるものです。みんなが住みやすく心地よい、ゆるやかな共同体を創っていくためには、くじけないでわたしがわたしとして生きることを様々な方法で展開することが大切なことだと気付かされました。多様性が人生の豊かさと成熟性をかもし出していく…そのことを多くの人たちと体験できる場として共生庵が役立ればと願っています。

（純太郎／第二八号）

カップ麺

今、カップ麺がすごく売れているそうです。お湯を入れて何分か蒸らすだけで食べられますし、味も中に入っている材料も種類が多く、変化に富んでいます。

「地球買いモノ白書」（どこからどこへ研究会）によれば、二〇〇一年度に発売されたカップ麺は六四〇銘柄もあるとか。でも、この中に入っている麺になる小麦粉やエビ・油・豚肉・ネギ等は、ほとんど外国から日本に入ってきたモノだそうです。また、添加物や残留農薬などの問題もあります。手軽でおいしいけれど、ちょっと食べることを考えてしまいます。

マレーシア・サラワク州のシブの町には、多くの麺料理がありました。わたしたちがシブに住み始めて最初に食べに連れて行ってもらったのが釜麺（カマメン／正式の名前はコロミー）これはスープがなく、タレとチリソースで食べます。日本のきし麺のような幅の広い麺を炒めたクェティアオ。ビーフン、ラクサ等、スープのもの、炒めたもの、そして中国風、インド風、マレー風と料理方法の違いと小麦粉や米粉等の素材の変化で様々なものがありました。ちょっとおなかがすいたというときに、手軽においしく食べられますし、一日三食、麺類にしても飽きないぐらいでした。

シブの人々は屋台で、あるいは店先のテーブルでゆっくり朝食を食べて、仕事に学校にと出かけていきます。そんな時によく食べられるのが、それらの麺類でした。

わたしたちがマレーシアから帰国したとき、ある人が小学生だった子どもたちに「ご馳走してあげるから、何が食べたいか」と聞いたとき、わが子は二人とも口をそろえて「カップヌードル！」と答えていました。みんなが美味しそうに食べているカップヌードルとはどんなものか興味津々だったのでしょう。カップ麺を食べている人を見かけるときに、ふと思い出す二〇年前のなつかしい出来事です。

（奈津江／第二八号）

四つのおかげ

先日、地区の三四名の人たちと共に「はしかぶるい」で近くの保養センターへ出かけました。「はしかぶるい」とは、稲刈りを終え、一連の秋の農作業が一段落した時に行われる懇親会のことです。温泉に入って、昼食のご馳走をいただいて、カラオケを楽しんで一日ゆっくり過ごします。田植えが終わったときは「泥落とし」と称して、同じような行事がもたれます。これらの行事はいつも日曜日に行われるために、今までいろいろな都合が重なってわたしは一度も参加できませんでした。今回初めて同行でき、おかげでいろんな人と語り合うことが出来ました。

まず宴会が始まる前に、自治会の会長さんの挨拶がありました。そのときに、次のようなお話が紹介されました。昨年地区の自慢だった敬愛する長老が百歳で亡くなった。ある時その方に長寿の秘訣は何ですかと聞いたら「『四つのおかげ』①神仏のおかげ②先祖のおかげ③地域のおかげ④家族のおかげを感謝して生きることだ」と答えられたとのこと。この中から特に「地域のおかげ」をとりあげ、「わたしたちのこの敷名一区に住んで幸せじゃのう」といつまでも言える地域でありましょう…とおすすめがありました。その時に具体例に出されたのが、いつも散歩している奈津江の母（同居）が会長さんに話していることなのか、こんな話でした。「わたしは広島市内にいる頃は、よく病院通いをしていましたが、ここに住まわせてもらってからは、こんなに元気になりました。とてものどかで、皆さんも大変親切で、すばらしいところですね」。

地域の良さを外から移住して来た人から確認されたわけです。もう一つ「地域のおかげ」を教えられたことがありました。

この際と思って、お酒を持っていろんな人の席を回った時に、しばらく話し合った人から初めて耳にしたことです。あるとき、地区の集会で「今度来たあの荒川さんたちは、どういうことをするんかね。新興宗教のようなものではないかな⁉」と話題に登ったそうです。わたしたちは初めから「キリスト教・牧師」の旗印を明確に掲げているのに、そんな風にうわさされていたのかと少々ショックでしたが、そのときに「わしはちゃんとあんたを『そげんな人じゃないよ』とみんなに話をしたよ」と彼は語ってくれました。というのも私たちがここに移住する前に、すでに知っていたというのです。どうやらいつかわたしが熊野町で講演をした時に提出した経歴等を、そこで働くその人の娘婿が職責上から目を通していたようで、その資料が彼の手元まで届いていた。だからはっきりと「変な人じゃないよ」と弁護して下さったのだ。この件に関して、パソコンに詳しいもう一人の方がすぐに共生庵のホームページを調べて報告して下さったようで、その二人のおかげで皆さんが持っていた不安材料（?･）の解消に役立ったことも分かりました。「情報の発信」の大切さを学びました。

このことは、まさにわたしたちにとって「地域のおかげ」で受け入れてもらっていることを確認する感謝すべき事柄でした。知らないところでわたしたちを弁護し、理解出来る素材を集めて提供してくださった人たちがいた……そのおかげでわたしたちがここにこうして暮らしている。多くのあの人この人が、知らないところでも様々な配慮、応援、祈りをしていて下さるその四つの「おかげ」を感謝して謙虚な思いで新しい年を迎えたいと願っています。

（純太郎／第三〇号）

自然の美しさをほんの少し拝借して

最近は光アートが盛んで、特に一二月に入るとあちこちでイルミネーションが飾られ、道行く人々の目を楽しませています。クリスマスを祝うための習慣や飾り、食べ物などにとても興味があります。ドイツでは九月頃からクリスマス用品が店に並べられると聞きました。また、クリスマスが終わると来年はどんなクリスマスにしようかと、もう次のことを考え、楽しみながら準備をする人もあるそうです。わたしも木の実やツタ等の材料を、機会あるごとに採り集めてイメージをふくらませていました。材料を集め、創り、それを使う、飾るというそれぞれ異なった楽しさがあります。ところが今こうして里山で生活を始めてみると、それら自然にある木の実などを集め、デザインして何かを創ったとしても、春から夏へそして秋へと移りゆく自然の中で変化する植物の美しさには、いくら最高の作品を創ってもとてもかなわない。それは見事で、これこそ神様のなさる業だとつくづく思います。その恵みをわたしはほんの少しだけ分けてもらうにすぎない。今年の秋はツタを採ってかごやリースを共生庵に来た子供たちに作ってもらう機会が何度かありました。

勤め始めてからフラワーデザインの仕事はやめていましたので、久しぶりのことでした。どのように始めたらいいか少々迷いました。ツタの扱い方やかごの編み方などの簡単な方法だけ説明して、あとはそれぞれの感性にまかせて自由に作ってもらいました。そうすると思いもよらない作品が出来上がっていきました。形が曲がっていても良い、その子供が作りたいと思うままに手を動かして出来ていく作品には、伸びやかさがあり素敵でした。そしてそれに少しでもわたしが「こうした方がいいよ」と手を出して直してしまうと、そのとたんに輝きを失い、子どもも創る興味をなくしてしまうのでした。子どもが感じたことを自由に表現して創り出していく、そうして出来たものは最高の作品でした。野山の自然の中にある一つ一つの花、草、木々はその場で最高に美しく、それをわたしはほんの少しいただいて自然に逆わらないでアレンジして楽しんでいこうと思います。

（奈津江／第三〇号）

ルバーブ　Rhubarb　タデ科（ショクオウダイオウ）

アジア学院のYさんが昨年ルバーブの苗を送ってくださいました。株が肥りイタドリを大きくしたような葉がたくさん出来ました。その茎を採って、適当に切りジャムを作りました。酸味があり、独特の香りのあるジャムができました。それをパンにつけたり、ヨーグルトに入れて食べています。シュウ酸を多く含むため食べ過ぎると下痢をします。確か漢方に「大黄」というのがあり、下剤として使われています。それと同じ種類です。ほうれん草のようにシュウ酸が強いので、葉を茹でた液で金属を磨くと綺麗になりますよ。

（奈津江／第一六号）

第31号＊2003/12/24～第40号＊2005/8/25 頃のできごと

第 31 号＊2004/2/20

◆吉岡隆幸・友恵夫妻（世羅西町・林業家）から椎茸のホダ木約 100 本の寄付をいただく
◆シイタケのホダ木に駒菌打ち・竹藪間伐整理
◆春一番の嵐でビニールハウスの天井が破れました
◆木工旋盤（ろくろ）で弁当箱、エッグスタンド、フルーツ皿、各種盆を制作
◆ファミリーコテージ用に 3 m×4m のキット小屋（2 棟）を YMCA 東山荘（静岡県御殿場）より寄贈される
◆発達ルームそら　ハーブ畑　開設

第 32 号＊2004/4/25

◆ファミリーコテージ第 1 棟　基礎工事
◆田植え
◆発達ルームそら　ハーブ畑作業
◆スローライフ講座・実践セミナー　開催
(5/23, 7/11, 9/19, 11/14)
◆第 1 回「スローライフについて」「ファミリー　コテージ 1 号棟組み立て、竹藪整備」
◆ファミリーコテージ第 2 棟　基礎工事
◆ピザ用の小麦、順調に芽を出す

第 33 号＊2004/6/25

◆発達ルームそら　小学生のハーブ畑作業と自然体験
◆スローライフ講座・実践セミナー第 2 回「スローフードについて」「ファミリーコテージ 2 号棟組み立て、里山整備」
◆連続 8 回炭焼き窯つくり　広島県式 2 号新本式完成（内径 150cm×130cm、立木 75cm、製炭 150kg）
◆共生庵が 5 年にわたり協力している広島工業大学付属高校修学旅行の記録本「生きる力を育てる修学旅行」（野中春樹／著　コモンズ）出版される。

第 34 号＊2004/8/20

◆稲刈り体験教室
◆スローライフ講座・実践セミナー第 3 回「ディープエコロジーについて」「炭焼き窯つくり」
◆ファミリーコテージ 2 号棟　完成
◆桃山学院大学「らぶ＆ピース」援農
◆共生庵の農場は今（サツマイモが 2 度にわたりイノシシに食い荒らされる／田圃 1 枚手放す／稲の生育まばら／桃がたくさん実を付けるも虫が入りすべて落果／ブラックベリー豊作でジャムがたくさんできた）
◆炭窯初火入れ
◆広島大学学生 YMCA　第 6 回の集い
◆炭窯完成　初の炭出し

第 35 号＊2004/10/25

◆スローライフ講座・第 4 回「スローカフェ」「お茶の葉づくり」
◆第 3 回田園ミニコンサート（出演／中島睦　弦楽合奏団＆合唱団）
◆共生庵の農場は今（山手幼稚園（呉市）からサツマイモの注文／小麦「ミナミノカオリ」蒔く／寒さで枯れたレモングラスが復活／雑草の繁茂と台風と雨続きで 2 人で三日がかりで稲刈り完了、自家用＋来客用の収穫のみ確保できました／台風で栗の収穫はほとんどなし／ファミリーコテージ上の柿の実が鈴なり、野鳥のご馳走に）
◆広島大学学生 YMCA　聖書を学ぶ会

第 36 号＊2004/12/20

◆共生庵餅つき大会
◆「発達ルームそら」の子どもたち（共生庵のハーブ園で作業をしている）が 1 日カフェを開く、広島市内同教室にて（2005 年 2 月初旬）

第 37 号＊2005/2/20

◆アルプホルン作りセミナー　開始
◆毎月第 4 土曜日「エルミタージュの森」里山整備作業（裏山にて）開始
◆畑の作物をかじる犯人、1 メートルの大物ヌートリアを捕獲
◆ 3 月末に奈津江退職、完全にフリーに
◆豊栄町「十夢ミルクファーム　第 1 回牧場祭り」にてアルプホルン演奏・チャイのカフェで協力
◆広島アルプホルンクラブ発足（代表　荒川純太郎）
◆地球市民共育塾ひがしひろしま　合宿・広島大学卒業生壮行会

第 38 号＊2005/4/20

◆田植え体験
◆尾道久保教会の日曜学校が共生庵でイースターピクニックを楽しむ
◆在日大韓基督教広島教会と在日大韓基督教三次教会の合同野外礼拝　共生庵に 50 人を超える人が訪問

第 39 号＊2005/6/25

◆集落排水（下水道）完成に伴い、敷地内の 4 箇所のトイレの水洗＋ウォシュレット化が実現
◆イスラエル 5 名・パレスチナ 5 名・日本 5 名の高校生による「平和をつくる子ども交流プロジェクト」（7/30～8/11）が共生庵にて交流研修（8/4～5）
◆太陽光発電システム（3.04kw）開始
◆名古屋学院中学校ボランティア部平和学習と共生庵の農作業ボランティア
◆8 月末米国旅行、オレゴンではじめてロケット・マスヒーターに出会う

第 40 号＊2005/8/25

◆共生庵稲刈り体験
◆東マレーシア・サラワク州イバン人・ロングハウス全焼　緊急カンパの要請　624, 848 円集まる
◆共生庵の畑に見事なオス鹿が現る、頭部を剥製に。
◆竹によるスタードーム完成

第四章　逆さの世界地図が語りかける

アン・プラグ　un-plug

最近読んだ辻信一著『スローライフ一〇〇のキーワード』（弘文堂）には、スローライフを推進しようという視点から注目すべき一〇〇項目がなかなか面白い切り口で、簡潔に分かりやすく解説されています。

その中の一つ「アンプラグ」について。ニューヨークで司祭としても活躍したウィーン生まれのイバン・イリイチが、一九七〇年代にすでに提唱しているというから、その先見の明はすごいと感心します。わたしたちの「住居」には水道管、ガス管、下水管、電気配線管などが張りめぐらされていま す。その様は、まるでベッドに生命維持装置の各種チューブでくくりつけられた「植物人間」のように思えます。もはやわたしたちはそれらなくしては生きていけない空間に住んでいます。わたしたちの現代の家庭には実に多くのコンセントがあり、そこにはありとあらゆるプラグ（電気の差込み）が差し込まれています。隅々にまで電化された生活は、このプラグによって便利さ・快適さとつながっていますが、同時にそれがなくなれば不便な生活が待ち受けているということとも隣り合わせです。

今や少しでも「地球にやさしい生活」を、ということで待機電力を節約するスイッチ付きのコンセントまでが出回っており、わが家にもいくつも活用されています。

今回学んだことは、それよりもプラグ自体を引き抜いて（アンプラグして）みる勇気・工夫・ゆとりこそが求められているのではないかということです。

今こそ「便利さ・快適さ」と引き替えに失ってしまった、自足的生活の知恵や適正技術を取り戻すことが大切ではないかという提案です。そうすることで様々な電化生活をはじめとする「便利・快適システム」につながれ縛られている生き方や価値観からの解放や、同時に昔からあった共同体のつながりや空間の回復が少しでもできるのではないかと思います。

「豊かさ」の象徴である大量生産・大量消費（廃棄）を追い求める「足し算」の生き方でなく、これからは「引き算」の生活を目指す「スローライフ」が少しでも展開されていくことを本当に願うものです。

フードマイレージ　……食料の長距離輸送から　地球環境を考える

わたしたち日本の食料自給率は、カロリーベースで四〇％だといわれています。すなわち半分以上を世界中からの輸入に頼っているのが私たちの食生活だということです。ここで、なかなか視野に入って来ないのが、それらがわたしたちのもとに運ばれるまでの途方もない長距離とそれに伴う膨大なエネルギーの消費量です。食料（フード）輸入量にそれが消費地まで届く輸送距離（マイレージ）を

かけて数値化したものが、フードマイレージ（Food Mileage）と言われるものです
　わたしたちが普段「安いから、珍しいから、美味しいから」とこだわりをもって口にする食品は、とてつもなく大きな時空間をこえて届けられ、その際の貨物船・飛行機・トラック等の二酸化炭素の排出などの負荷は、地球環境へ大きな影響を与えています。でも普段の意識の中には「地球にやさしいから」と言いつつ、実はそれを帳消しにして余りある構造的矛盾にはなかなか気づかないでいます。

　農林水産省のデータによる国別フードマイレージを見ると、日本の数値はダントツです。農業国フランスの九倍ものエネルギーを消費し、環境を汚染しながらグルメ・こだわり・安価に走る日本の食料事情に改めて愕然とさせられます。「スローフード運動」は、世界を駆けめぐるファストフードに対抗して生活の基盤である食べ物をもう一度見直し、それと不可分な食文化も大切にしようと、身近な食材と伝統的な味の復活等に取組んでいます。

「地球にやさしい」とか「環境を大切にする」とか、出来るだけ地元の生産物を消費することをめざすのが「地産地消」です。これは同時に、各地域（ローカル）の固有の文化を豊かにする事と同時に、地球規模（グローバル）の環境負荷を小さくするという構造的課題に関わることでもあります。栄養のバランスと共に、この「わたしの食」が地球環境に関わっているという（見えにくいが）もうひとつのバランス感覚を大切に育てたいと思います。

（純太郎／第三三号）

ドイツを思い出させた食べ物!!

今年は初めてコールラビーを作りました。カブ？　キャベツ？　アブラナ科でキャベツの変種だそうです。茎の基部がカブのように丸々と太りそれに葉がつき、その丸くなった部分を食べます。緑色種と紅色種とがあり、とてもかわいい感じの面白い野菜です。日本には明治時代にすでにキャベツと一緒に入って来ています。

さて、その食べ方ですが皮をとり、甘酢漬け、サラダそしてスープやシチューなどの煮込み料理、あるいは炒めてもいいいし、漬物もいいそうです。わたしはどの食べ方がもっとも自分の口に合うのか目下研究中です。

先日、機会があってドイツの方（広島大学教授）をわが家にお招きしました。一人は来日して二～三ヶ月、もう一人は五年余りで日本語もよく話されました。当日のメニューはピザ、野菜サラダ、おにぎり、漬物、コールラビーの甘酢漬け、果物、飲物とルバーブクランブルでした。ピザの生地には今年収穫した小麦を粉にして一割ほど混ぜてみました。小麦の種類がよく解らず上手くできるか、焼けるまで心配でしたが美味しくできました。コールラビーの甘酢漬けもまずまずで、ドイツではコールラビーはよく使われる野菜でやわらかく煮込んで食べることが多いそうです。野菜はとろとろに煮込んで硬いパンと一緒に食べるのが普通で、ほうれん草だってとろとろにするとか、驚いてしまいま

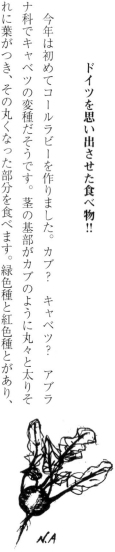

した。

ルバーブ（タデ科の多年草）は話題になることが多く、わが家の畑にもありますが、根が腐ったりしてうまく育ちません。そんな折、上下町のSさんが赤い色のきれいなルバーブをたくさん届けて下さいました。「ルバーブクランブル」とは、北海道名寄市にある道北センターから発行されている「おいしいお便りレシピ　Part 2」に載っていたレシピです。面倒なことが嫌いなわたし向きで粉、砂糖、バターとルバーブを混ぜて焼けば出来るので、何度か作ってみました。ルバーブの渋みが気になるのでラズベリーを少し加えて作りました。きれいなピンクのクランブルになりました。ドイツのお客様はそれを食べて、涙が出るくらいドイツが懐かしいといって喜んでいただき、感激でした。

その他、ズッキーニ、レモングラスなどがタイミング良く偶然にもわが家の畑の収穫物でお客様をもてなすことができ、豪華ではないがピザを焼きながらゆっくりとしたわが家らしいおもてなしでした。そして最後に蛍の乱舞を見て帰っていかれました。

（奈津江／第三三号）

半農半X《はんのうはんエックス》

スローライフ・セミナーの講師＝Mさんから塩見直紀著『半農半Xという生き方』（ソニーマガジンズ）という興味深い本を教えてもらい、早速取り寄せて読破しました。著者は『一人ひとりが「天の意に添う持続的な小さな暮らし（農的生活）」をベースにしながら「天与の才（X）」を世のために活かし、社会的使命を実践し、発信し、全うする生き方』…それが「半農半X」だという。

誰でも「大好きなことをして食べていける生活」にあこがれますが、著者はそれを農的暮らしと自分の使命を持ち社会貢献を目指すという二つのポイントに絞りこんでいます。これは車の両輪ですが、そのミッション（使命）をかかげて楽しくシンプルに生きようとするメッセージです。これはわたしたちが共生庵を通して実際にすでに始めていることと同じなのですが、それを「半農半X」というキーワードにして発信していることに感心し、甚く共感した次第です。

あこがれの自給生活をめざして「田舎暮らし」をするにも、経済的に如何にやりくりして生きていくかは半端ではない現実問題です。これから「農業」で食べていこうというのは、資本金・体力・気力・農地・知識・技能・大切な師匠などに恵まれない限り本当にたいへん困難です。自前の米・野菜などを安全に育て食する「小さな農的自給暮らし」をしながら、現実に必要な現金収入をどのように得ていくかが、大きな課題です。わが家は日々それとの格闘といっても過言ではありません。田舎に入り込んで一定の生活収入を得る方法を考え、探るという「Xプロジェクト」をどう立ち上げるのか。田舎暮らしを夢見る色々な人が、見学かたがた共生庵にも相談に来られます。いずれも共通して彼らの中に横たわっていくこの「X」は、大きな課題として立ちふさがっています。しかし、直接田舎に住むだけでなく誰でも今ある生活の場で「半農半Xという生き方」はできると思います。「農」は「食」と「いのち」を大切にするという根幹に関わっていますから、まずはシンプルで安全な食生活を楽しみ、いのちを大切にすることを、身の丈で出来るところから始めることです。そして自分らしさ・仕事・能力・個性・得意とするところ等（＝天与の才・ミッション）を活かして、自分の心底したいこと・願っていることを手がけながら何らかの社会貢献をして生活収入を得ていく生き方をめざすことはできないものでしょうか。あらためてわたしたちは「自分のX」は何か、そしてそれが社会的に開かれ役立つように用いられているか、というX（使命）を考えてみたいと思います。そしてそのXを支える「いのち・食」の在りようを身に引きつけて考えることができればとも考えています。

（純太郎／第三四号）

夏が来れば思い出す

今年の夏には、純太郎が高校生のスタディツアーに同行してサラワクに行っている間に、母をショートステイにお願いして、わたしが一人で過ごせる機会を持つことができました。その間あれもこれもしようと内心楽しみにしていましたのに、いざその時が来たら、一日一日があっという間に過ぎてしまい、結局しようと思っていることが半分もできないで過ぎてしまいました。

そんなある日、車を走らせながら、ふと思ったことに、今のわたしは誰からも縛られることなくここにいる。シャボン玉みたいにふわぁと飛んで消えてしまったとしても、わたしの存在に気がつく人はいない…と思った途端、何とも言えない孤独感に襲われてしまいました。人間は人と人との何らかのつながりの中で生きています。それはある時は煩わしくうっとうしく感じ、一人になりたいと思うことがあります。また人との関係がうまくとれなくて、精神的に不安定になったり、自分の中に閉じこもったりしてしまうこともあります。

暑い夏、あちこちでキャンプが行われているときになると、在日韓国朝鮮人のYさんという方のことを思い出します。大阪の大正伝道所がまだ大運橋にあった頃、熱心な伝道所のメンバー（求道者）だったYさんが、ある日の夕方ふらっと来られ、文化アパートの窓越しにしばらく話をされました。その時は仕事がないのでアパートを引き払って西成に行き、釜が崎で仕事を見つけるとか、韓国での名前のことなどを教えて下さったりしました。それまで何度かそんなことがあるので、あまり気にもとめないでお話を聞いていました。わたしはその頃、育児でバタバタしており、気持ちにもあまりゆとりがなかったこともありました。

でも、わたしが彼に会ったのはそれが最後で、Yさんは西成には行かず、玄界灘の向うに朝鮮半島の見える大山に登り、そこである教会のキャンプファイヤーの輪に加わり、一晩を過ごし、手紙をわたしたちに書いた上、次の日に自死しました。どんなに寂しかった事か。奥さんや子供さんとも会えなくて、日本という異国での生活で老いも加わり、今までの無理から体調も良くなく、苦しかったことだろう。この人の孤独のやるせなさに、そのときはわたしは若さの故に、いや、あるいは日常の忙しさのために、ちょっと立ち止まってその人のその場に身を置いてみると言うことができませんでした。もし少しでもYさんのおかれている状況を想像することができたなら、少しは違った対応ができたのではと思った夏でした。

（奈津江／第三四号）

種には森が隠されている

田舎のスローライフの楽しみのひとつは、お金のやりとりを越えた昔ながらの「物々交換」が成立したときです。とても嬉しく心なごむものです。近くから遠くからいろいろな「恵みのおすそ分け」をいただくとき、すぐにお返しができればいいのですが、なかなか思うようにはいきません。特に里山の恵みとなれば、自家栽培の野菜などを含めて、タイミング良く来訪されるとそのおすそ分けにあずかることができます。でも十分な生産量や品数がないためにどなたにもお土産をお持ち帰りいただけないことが多く、何とも申し訳ありません。

隣近所では、野菜などは自給しておられるので、何を差し上げても珍しくもないため、頭を悩ませます。ですからズッキーニ・コールラビー・ルバーブなどあまり人が栽培していないものを作ってお返しすることで勘弁してもらっています。

そんな中でもらってうれしいものは、すぐ食べられるものもさることながら、野菜の苗や果樹の苗木等です。特に多彩な野菜類の種子はうれしいもの。蒔いてうまく育てば何倍も得した思いに浸れます。ですから自然に「自家採種」にも興味と関心がわいてきます。

種を採る時期を逸すると、はじけて畑に消えてしまいますが、発芽にふさわしい環境が整えばあちこちで芽吹いてくれます。それらをまとめて移植すると、たちまち野菜のひと畝ができます。種子自体がもつ生命力のすごさには驚嘆することしばしば。とくに雑草のそれは、もう降参するほかないもの。

『マンゴーの種は数えることができるが、
　種の中にあるマンゴーの数は数えられない』

これはアフリカのことわざと言われていますが、多くのことを教えてくれます。マンゴーの中には扁平の大きな種が一つ。何度か発芽させ育てたものの、いつも寒さで枯れてしまう。でも大木になる。ヒモ状のものにぶら下がる鈴なりのマンゴーは、文字通り数えられないほど無数の実を付け、それは壮観なものです。

たった一個の種から将来一体どれほどの実をもたらすのか、真実それは隠されている。けし粒のような「からし種」も育って木となり、小鳥が宿るようになると言われます。わたしたちに内在する多種多様な種子もまた数えられない実をもたらす「森」になる可能性を秘めています。希望をもって種蒔きを続け、発芽した「新たな自分」の栽培を楽しみたいですね。

（純太郎／第三七号）

大切な大根が食べられた…ヌートリアに！

一月半ばのある夕暮れ時、寒いので小走りで野菜を取るために畑におりて行きました。そのとき大きなネズミのような動物がビニールハウスの横の排水溝に逃げて行くのが目にはいりました。三原や久井の河川ではよく見かけると聞いていたヌートリアだと、とっさに思いました。そして畑をていねいに見て回ると、何と大事な大根やコールラビー、白菜等が抜かれかじられころがっているではありませんか。それ以来何度か、その動物の大きなお尻と長いしっぽを見かけました。資料を調べてみると夜行性で平野部の河川にすみ、泳ぎが大変得意である。日中は排水溝などの物陰にかくれている。

草食性で川土手の土の中に巣穴をつくり農作物に被害を与える。体長は頭と胴で五〇cmもあるとか。もともと日本にはいなかった動物で兵士の防寒用の毛皮を取るために終戦まで養殖されていたのが野生化したらしい。寒い時期は単独行動をすると書いてありました。

さっそく大型のねずみ取りのような仕掛けを買ってきてセットをしましたが約一ヶ月たってもいっこうにかかりません。野菜の被害は続き、暖かい昼下がりには、のんびりひなたぼっこをしている姿さえ目撃しました。

ある暖かい日に田圃に水たまりができているので、連れ合いが水を抜くために溝掘りをしました。そこで田の水路を登って来ているヌートリアに出会い、ついに捕獲しました。なんと頭からしっぽの先まで一〇〇センチもあり、水掻きが前足になく後足にありました。上下の前歯が大きく、この歯なら大根でも木の根っこでもらくらくとかじることができるのだと妙に納得しました。なぜかこの冬は狸、狐、イタチ、などよく見かける年です。

（奈津江／第三七号）

三匹捕れたら二日休め

「もう後がない」という危機感からではないのですが、人には会えるときに会っておかなければ…としきりに思うようになった昨今です。皆様は如何ですか⁉　先月そんな思いもあって機会が与えられたので、普段ほとんどご無沙汰の親友F氏に急に会いたくなりました。久しぶりの再会は、豊かな食事と共に、心もお腹も大いに満たされた深い語り合いのときになりました。そのとき彼が話してくれたことに表題の言葉がありました。

東マレーシア・サラワク州で生活していたわたしたちを彼が訪問してくれた際、ロングハウスに案内しました。トワ（地酒）を飲みながらイバンの人と語り合っていたとき、水産学の専門家である彼は、しきりに河川での漁法などを興味深く聞いていました。トアイ・ルマ（家長）が「そんなにたくさん捕ってどうするんだ。魚が三匹（三日分）捕れたら、あと二日は休むんだ。神様が与えてくれたのだから」と言った言葉が忘れられないとのこと。

たえずより多く収穫し、より高く売って儲けようと考える現代社会では、このイバンの人の言葉は新鮮でいつも生きる原点に戻ることを教えられると彼は述懐してくれました。

ずいぶん前の体験なのでわたしはすっかり失念していました。

確かに大量生産・大量消費、そこから出てくる大量廃棄のシステムの中に置かれている現代のわたしたちは、それに少しでもブレーキを掛ける必要があります。そのために、この「余分に捕れたら、あとは休め」というススメをどこかで受け入れる工夫が求められていると思います。

考えてみれば、これはスローライフのスローガンに掲げられるようなもの。「あと二日休め」は語りかけてくる。現代人への「あくせくするな」という勧め／お前の生活は何とか最低限保障されているではないかという問いかけ／自分自身を取り戻すゆとりの時間を楽しめ／そうすることで何より自然資源が節約されるというエコロジカルで「持続可能な生活スタイル」を取り入れることになる…等々いろいろなメッセージが聞こえてきます。

さらに「それは神様が与えてくれたのだから」という二日休む事ができる「恵み」を感謝して人間

性・自己回復をめざすか、「まだまだ不足だ」と不満と不安を増幅させ、さらに資源の消費に走るか…。「田舎暮らし」から学ぶことの一つは、こと食べ物に関して、徹底的に最後まで食べる・その工夫に長けているという事柄です。色々な工夫で一つの食物を活かし、楽しみ、無駄を出さない、そうして地域の食文化が継承されていきます。まさにスローフードはスローライフの原点です。

（純太郎／第三八号）

白樺の林が素敵でした

先週、機会があって北海道に行って来ました。国内旅行よりアジアに出かける方が多く、東京より北に行ったことがありません。北海道という初めての土地とそこに暮らす友人を訪ねての期待でワクワクするとても楽しみな企画でした。しかし、出かける前に子供のころから唯一頼りにしていた叔母が交通事故であっけなく亡くなり、気持ちに整理がつかないままに、予定より一日遅れて出かけました。結果的に気持ちを切り替える旅にもなりました。

梅雨に入ったと言われながら雨が降らない暑い日が続く広島を離れて、きっと涼しいだろうと期待しながら、広島空港から飛び立ち一時間四〇分後、新千歳空港に着きました。しかし、みんなに「広島から暑さを持ってきた」と言われるくらい北海道としては暑い四日間でした。もう正午を過ぎていて待ち合わせの時間もせまっていたし、お腹もすいていたので、まずは腹ごしらえと駅弁を買い込み新千歳から札幌に行く車中で食べました。にしんの甘露煮がご飯の上にのったお弁当で、広島には無い食感でした。

札幌、旭川、士別・名寄、興部などの道北地域を、道北センターのウィットマー宣教師夫妻に車で案内していただく。所々に広葉樹の林があり、見渡す限り続く丘に牧草やジャガ芋、カボチャなどの畑がひろがっています。水田もあり、その一枚の広さには驚いてしまいました。ちょうど牧草を刈り取る時期であちこちに丸くまとめられた牧草が置かれ、その様子は広くゆったりと時間が流れている感じがします。

道が広く、何時間も車で走って次の町に着く。様々な形と色合いの家と家周りの空間は、少し走ると山や深い谷にぶっつかる広島とは異なり、植生こそ違うがマレーシア・サラワクを思い出させるものがありました。この広い牧場を家族だけで管理しており、そのためには大型の農機具が何台も必要になってくると聞き、その規模の大きさに驚いてしまいました。親しくさせて頂いた道北センターや三愛塾の人たちの良き働きにはとても啓発されました。

アイヌの苦難の歴史にも少しふれることができました。また、三浦綾子の「氷点」で有名な塩狩峠を訪れ、下り坂のカーブにかかる列車に身を投げて暴走・脱線を食い止めて多くの人を救った青年の事をあらためて学びました。尼崎のＪＲ脱線事故と重ね合わせ、人間が効率ばかり追求していると、安全のために、あるいは人間らしく生きるために、いま自分が何をしなければいけないのかが分からなくなってしまうということを考えさせられました。

四日間、忙しい仕事の手を止めて私たちをもてなして下さった北海道の友人たち、特に道北センターの宣教師ロバート・ウイットマー＆圭子ご夫妻には大変なお世話になりました。彼らの明るさと大らかさは、あの広い土地とゆったりとした時間の流れから来るのだろうか。たいへん豊かで気持ちのよい時を過ごすことができました。そして目に入る植物が、白樺の林・いたるところにあって目を引く大きな蕗・カラフルなルピナスなど新鮮で興味深いものでした。お土産は道北センターの庭のブラックベリーと山葡萄の苗、五十嵐農場のクロフサスグリとグースベリーの苗木、興部教会のわすれな草などたくさんの草木です。いつかこれらが共生庵の庭で根づき実ることを夢みています。北海道のお世話になった方々本当にありがとうございました。一つ残念なことはあのすばらしい白樺の林をもって帰れなかったことです。白樺の木が太陽の光を受けてきらきら輝いていたのは最高にきれいでした。

（奈津江／第三九号）

共生庵では静かに問いかけています　逆さの世界地図

共生庵では農家の納屋を改造（進行中！）した多目的集会室を「工房」（WORKSHOP）と呼んでいます。本来ワークショップとは工作・修理などをする作業場や仕事場のこと。最近あちこちで「参加者に自主的に参加させる方式の講習会や研究集会」がワークショップとして盛んに行われるようになりました。わたしが取り組んでいる開発教育は、それらとは少々異なり、「わたしたち一人一人が開発をめぐる様々な問題を理解し、望ましい開発のあり方を考え、共に生きることのできる公正な地球社会づくりに参加することをねらいとした教育活動」（開発教育協会ＤＥＡＲ定義）です。そこで展開されるワークショップは、参加型・体験型・相互作用型学習方法を通して、たえず地球規模の視点と自分自身の足もとを見つめる視点を一つに結びながら社会及び自己変革をうながしていくものだと考えています。

その教材の一つですが、共生庵では大きな特製の布地の世界地図を工房の部屋の仕切りとして逆さに掛けています。中に入ればすぐに目につくものですが、「これが何故『逆さま』に掛けられているのだろう?」と口にして話しかけてくれる人を期待しています。でも気付いているのかどうか分からない無反応がほとんどです。ワークショップをするときは、必ずこの逆さ世界地図について問いかけることから始めています。北が上にある地図が当たり前になっているものをひっくり返すことで、既成概念・思い込み・先入観・偏見・価値観等を問い返してみましょう。特により早く・強く・多く・高く…というプラスと思えることだけに価値を置こうとすることに、逆の発想をしながら、違った価値や視点をも見いだしていこう。スローフードをゆっくり食べながら「スローライフ」という中に大切

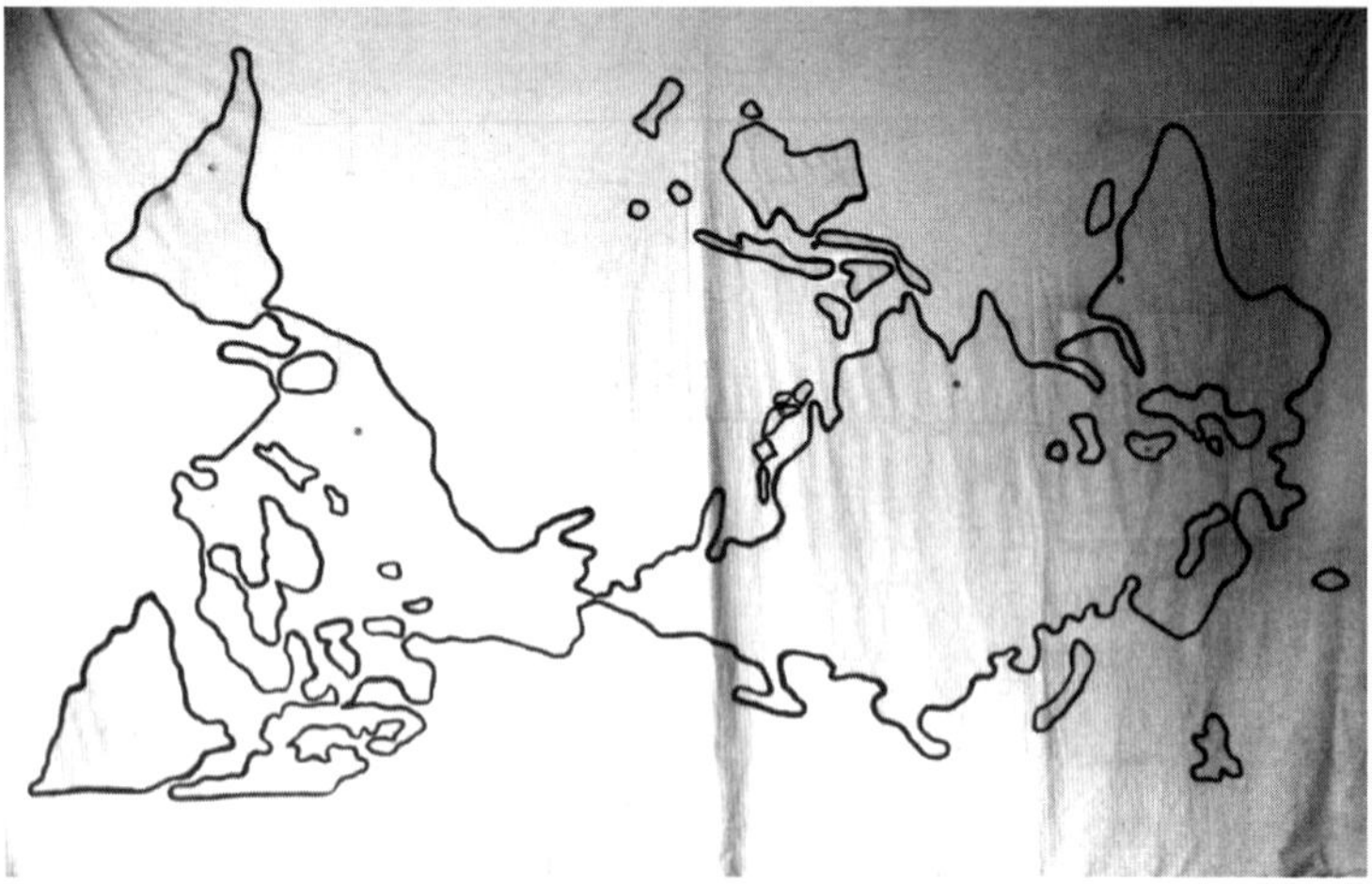

なものを見いだすことをして見ませんか？　という共生庵のメッセージが込められています。

先日イスラエル・パレスチナ・日本の高校生による「平和をつくる子ども交流プロジェクト」（カトリック教会主催）が八月四～五日と共生庵で楽しく素晴らしい交流の時として持たれました。その際のワークショップでも、この地図について問いかけをしました。以下はその際に出された彼らからの気づきです。この逆さまの世界地図が示していることは…

■戦争ばかりしている狂った世界を象徴している■お互いに誤解を繰り返しているから逆になっているのでは　■人間がつくった常識を反対の視点から見るためでは？■この地図には国境線も宗教も国も関係ないことが表現されている　■全てがうまく行っていないことを表している　■北側の先進国は南の途上国の苦しむ人々に無理解なので、逆にしてもっと理解するように気づきを促しているのでは？■この地図は全てがつながっているように見える、人々は一つなのだ　■逆さにするとわかりにくいが、一つ一つの国をもっとしっかり見つめることが求められているのでは？■本来地球は球体だ。球体なら北も南も東も西もない、どこもが中心になれるはず…

以上のような声が続きました。皆様ならどんなことを考えられますか⁉　高校生たちの鋭い反応に「スローライフへの視座を！」という願いも色あせるほど。その感性にいたく感動しました。時折、物事をひっくり返したり、裏側から見たり、多角的な視点から新たな気づきを得て下さい。若返ったり、楽しくなったり、とても気が楽になったりするのではないでしょうか⁉　（純太郎／第四〇号）

食卓を潤すハーブ　レモングラス（イネ科）でハーブティーを！

ハーブは種類によって寒さに弱いものがかなりあり、レモングラスは特に弱い。普通冬場は葉を切りつめ株だけにして、家の中で鉢に入れて冬越しさせます。広島市内だったら地植えにしたものは根だけ残しても、何とか冬越しができていました。中山間地帯の豊栄町では地植えしたものの上にたっぷりモミ殻をかけてやって、何とか越冬させることが出来ました。でも春に新芽が出るのが大幅に遅くなり、ススキのように株が大きく生い茂ったのは夏に、なってからだったように思います。

わが家に来客があると、必ず「まずはハーブティを！」といってレモングラスが出されます。しかも、ちょこっと庭に出て葉っぱを切り取り、ポットに入れて熱湯を注いだだけのものです。

これが結構人気があります。あっさりしてあまり癖がない。少しお砂糖やハチミツを入れて飲むと良いですね。

わたしが初めてこのレモングラスを知ったのは、マレーシア・サラワク州シブ市に家族とともに住み始めたときでし

た。イバン人のある牧師夫人が「これ知っていますか？　いい匂いでしょう」と言ってススキの葉のようなものを庭先から切り取って香りを嗅がせてくれたのです。見た感じとは違い、さわやかなレモンのような香りがして、とても驚いたことを今も鮮やかに覚えています。彼らはこのレモングラスをマレー風カレーや様々なスープに入れたり、バーベキューのオイルを付けるときにレモングラスの株を刷毛代わりにしたりします。何にでも利用できるとても貴重なスパイスなのです。あちらではたいていどの家庭の庭先にも植えられています。

わたしの料理では、鶏肉に塩・コショウしてその上にレモングラスの葉っぱを乗せてオーブンで焼いたり、煮魚のときに入れたりします。このレモングラスは広島市内から引越しのたびに持って歩いています。根付いて大きくなることを願っています。

（奈津江／第七号）

第41号＊2005/10/25 ～ 第50号＊07/6/25頃のできごと

第 41 号＊2005/10/25

◆広島大学学生 YMCA　OB・OG 会合宿（11 名）
◆広島県インストラクター11 期生「木の会」宿泊研修（16 名）／裏山の樹に名札をつけてもらう
◆新潟 NPO 越冬友の会のホームレス等の方々への炊き出し用に共生庵のお米 32kg 届ける

第 42 号＊2005/12/25

◆竹藪整備作業（小径づくり）ついに竹藪の小径が川まで貫通！竹林散策から川遊び◆魚釣りが出来るようになりました
◆PHD 研修生を迎えて　交流と学びの集い
◆広島バイオマス研究会　里山部会来訪　森の案内人講座・合宿
◆ロケットストーブを造り上げました
◆餅つき大会

第 43 号＊2006/2/25

◆福山ワイズメンズクラブ　シイタケ・ナメタケ駒菌打ち体験
◆フォトジャーナリスト大藪順子氏帰国講演ツアー企画
◆共生庵マップができました（発達ルームそら主宰河村 暁さん製作）
◆広島西分区 CS 子ども大会　初めての大人数 80 余名受け入れ
◆発達ルームそら　お泊まり会初開催

第 44 号＊2006/4/25

◆田植え体験
◆これは面白い！ペットボトルを使った大型スズメバチ捕獲装置で 39 匹捕獲
◆A ターン・キッカケバトン基金　創設（マレーシア行きの支援を受けた青年が、今度は誰かにそのバトンを渡したいとまとまったお金を寄付くださったのをキッカケに創設）

第 45 号＊2006/6/25

◆８月　筑豊協力伝道奉仕会　教会学校夏季キャンプ（17 名）
◆奈津江製作の型染めのれんがみなさんを歓迎

◆名古屋学院中学校ボランティア部の大藪先生と生徒さんでスタードーム製作に挑戦

第 46 号＊2006/8/25

◆稲刈り体験
◆AHI フィリピンミンダナオ平和構築協会事務局長(AHI) デデットさん講演会　三次教会女性会と共催(三次教会にて)
◆ロケットストーブ(マスヒーター)製作・設置進行中！
◆発達ルームそら　収穫祭（ピーナッツ・サツマイモ・ハーブなど）
◆４年連続　桃山学院大学生「らぶ&ピース」グループ　来訪
◆地球市民共育塾ひろしま　合宿
◆米国オレゴン州　First Congregational UCC in Corvallis の７名来訪
◆韓国「農都生協定住牧会」日本研修牧師グループ５名来訪

第 47 号＊2006/12/10

◆PHD 協会　研修生を囲む交流と学び
◆広島女学院宗教センター「共生庵と平和学習ツアー」の皆さん来訪
◆大正伝道所からファン付き照明器具の寄贈
◆餅つき大会 16 名

第 48 号＊2007/2/20

◆里山整備と農体験と炭の窯出し
◆牧師のための臨床牧会教育（CPE）研修会（10 名）
◆本格的ジグソーなど多くの工具の寄付をいただき工房が一段と整備されました（鳥居司牧師より）
◆子ひつじの会の春休み
◆福岡県宗像市　東郷協会信愛幼稚園教職員研修会 14 名
◆伊藤キリエ召天（奈津江母／享年 92 歳）

第 49 号＊2007/4/20

◆里山整備と農体験「山菜を採って食べよう会」
◆田植え体験
◆念願の大学時代神学部のクラス会を共生庵で開催全国から 10 名参加
◆広島工業大学付属高校２年生のサラワクスタディツアー事前学習・農体験
◆第６回「農に関する活動者協議会」（岩手県花巻市で開催）に参加
◆神辺教会　修養会（8 名）
◆広島「親の会」（12 名）や三次教会女性会（25 名）、奈津江の所属するボランティアグループがワークショップや研修に利用

第 50 号＊2007/6/25

◆里山体験と農体験「ディジュリドゥ製作」
◆ゲーンス幼稚園教師（16 名）一日研修
◆体験塾「センス・オブ・ワンダー in 福富」来訪
◆床板・垂木・土台を家屋解体廃材で修理し、自家製の炭を床下全面に敷き詰めました
◆天体望遠鏡が設置されました
◆廃材で母屋にサンルームを自作。
◆「くらすば」ワークショップ（16 名）

第五章　スロー風土・スロー人間

豊かな出会いを感謝
アメリカ旅行報告その一

今年の夏はお客様が多くてずいぶん忙しかったので、八月末から九月初めにかけて共生庵を抜け出すことにしました。わたしたちが三和町に住み始めて、最初の年にアメリカ、オレゴン州の教会から「共生庵ツアー」として六名のお客様を迎えました。その時お世話をされたKさんご夫妻との「今度はアメリカに来てください」「はい、訪問させてください」と言う約束を五年ぶりに果たすためです。まとまった時間が取れなくてのびのびになっていました。

時間を作って行くと決めたら、今度はアメリカの知人友人のお名前とお顔が次々浮かび、あそこにもここにもと考えるのですが、何せアメリカは広くて大きい。時間もお金も足りない。しかたなくKさんの住んでいらっしゃるオレゴン州を中心にオマハのOさん夫妻、サンフランシスコの近郊ロス・アルトスのボーウィンクル牧師夫妻の三ヶ所だけの訪問となりました。（ボーウィンクル夫妻はわたしたちのマレーシア・サラワク州シブ時代に一緒に働いたメソジスト教会の宣教師仲間です）

Oさんは九月はじめに出産予定（九月一六日に女の子、恵里加ちゃん誕生！）だということでお母さんのSさん、お兄さんのTさんとご一緒です。Oさんが言うことにはオマハは何もないところだそうですが、ごく普通の生活風景に触れることができました。アフリカ系アメリカ人の教会でのパワー溢れる礼拝、広大な大豆畑や飼料用コーンの延々と続く牧場の規模の大きさ、あちこちにあるスーパーモールの品数が多いことや、商品の一つのパックが大きいことなどに驚きっぱなしでした。土地が広いということは何もかも大きく広くなり、気持ちまで広くなるようでした。

オレゴンではKさんご夫妻が私たちの思いを細部まで汲み取ってくださって、ほんとうに素晴らしい出会いをたくさん準備していただきました。「共生庵ツアー」のメンバーとの懐かしい再会、教会の訪問、高齢者（五五歳以上）がすむコミュニティーに素敵な家を建てて生活を愉しんでおられるご夫妻の夕食にというご招待、セントラルパークでのエキュメニカル野外礼拝、山の中で自給自足に近い暮らしをされているK・H夫妻の土の家・はじめて出会った「ロケット・ストーブマスヒーター」おいしいピザ、オーガニック農業をしている人たちとの出会い、初めて見る深い澄んだ紺色の水をたたえるクレーターレイクへの小旅行、Kさん宅での最後の日の夕食など、どれもこれも素敵でした。誰もが気軽に食事を準備し、心を込めてテーブルを自慢の食器と花でアレンジをしてお客様をもてなす。そしてゆっくりとした時間の流れと会話を楽しむ。オレゴンの美しい風景とそこで暮らす人々、それらを見ていると共生庵でバタバタ動き回っている自分がやけにちっぽけに見えてきました。もっとその時その時を楽しまなければと思いました。（それにしても、ケーキとアイスクリームの甘いこと！大きいこと‼）

土で作った家に住み、土で作ったピザ釜、家の周りには野菜畑があり、三歳の息子さんとの三人暮らしのK・H夫妻、その暮らしぶりにはたいへん興味がありました。Hさんのサワードウを使ったパンは歯ごたえがありおいしくて、その種をお土産にもらって帰りました。帰国して稲刈りと来客が何組かあり、アメリカでお世話になった方々へのお礼や写真の整理も出来ないで失礼しているのに、サワードウのパンだけは早速作ってみました。わたしとしては珍しく落ち着いて時間をかけてパン生地をこねて、時間をかけて醗酵させて丁寧に焼きました。焼きあがったパンは彼女のパンほど柔らかくなかったけれども、少し酸味がありおいしく出来ました。共生庵で出来た小麦を使って、アメリカでもらったサワードウで自前のパンを焼く。「自給自足」の「自」まで出来たようで、今とても心豊かです。たくさんの出会いを感謝です。

（奈津江／第四一号）

ファスト風土からスロー風土・スロー人間へ

共生庵への夏の来客が一段落した初秋に、連れ合いとアメリカへ二週間の旅をしました。長い間の約束を果たすべく三ヶ所の友人達を訪ねました。「せっかくだから出来るだけ『これぞアメリカ！』を体験したい」と願っていました。ほんのごく一部でしかありませんが、それぞれに大きく異なるアメリカ地方を垣間見て、わたしたちの飽くことなき好奇心は十分に充たされて余りあるものとなりました。何でもかんでもやたら広くデカイ、アメリカンサイズにいちいち驚きながらも、久しぶりに大変楽しく素晴らしい旅になりました。

また同じような感慨を初夏に、生まれて初めて北海道を訪問したときも持ちました。多くの人たちの心配りで「これぞ北海道！」（これまたごく一部ですが）を見聞きし、学びましたが、とても心満たされ帰ってきました。これらに共通するこの充足感は何かなと考えました。それは友人達の深い配慮に満ちたアレンジのおかげですが、あとで分かったことは、久々に異文化・異風土に触れたという新鮮な感動からきていることに気づきました。

ちょうどそのころ「ファスト風土」という言葉に出会い、ああこれだ！と合点がいった次第です。それは三浦展（消費社会研究家）さんの著書『ファスト風土化する日本』（洋泉社）で紹介されている概念です。もともと各地方には伝統的な文化・歴史・風土があるのに、昨今はまるでファストフードのように全国どこでも同じ金太郎アメのような町村になってしまったのではないかというのです。それは風土のマクドナルド化（Mcdonaldization）。そんな中で生活するのは毎日ファストフードをむさぼり食うのと同じほど異常なことではないのかと警告しています。そういう日常性から抜け出してみる時、新しい新鮮な発見と感動が与えられるのだと思いました。

共生庵の近辺町村でも巨大な駐車場付きの大型ショッピングセンターが各種次々と出店しています。同じ系列店なら、売り場の配置まで同じなので、買物の見当がつけやすい。でもそこには、田舎の田圃に建っていながら、もはや「田舎の匂い・地域社会・文化・風土」などが見えなくなっています。そこにいる人たちも、何故か都会の買い物客と同じように見えてしまうから不思議なもの。

個々に持ち合わせていた自己アピール・独自性・土の匂い・人と人との関わりなどが、地方にも押し寄せる「輪切りのファスト風土化社会」の波を受け次第に色あせていくようで、これで良いのだろうかと考えさせられてしまいます。「みんな同じがいい・安心・廉価で早くて便利」という生活が、豊かな固有の社会性や個々人の生き方を無味乾燥化したものにしていくのではないか…。現代の心痛める様々な歪んだ社会現象を見る時、利便性や画一的な都会性やグローバル化に身をすり寄せるこの「ファスト風土化」の悪マイナス面の影響を考えてしまいます。

このことは同時に、画一化社会に組み込まれることで、自分自身もまた主体的・創造的生き方を喪失しそうになっていないかを反省させられます。今こそファスト風土化社会の流れに棹さして、自由で創造的に生きる事が求められているように思います。そのために、今までの価値観や生き方を問い直す『スローライフ』を試み、画一人間に埋没しないためにあえて『スロー人間』であることを心がけたいと思っています。そうすることが主体的・批判的判断をつちかうことになり、一人ひとりが自分で自由な生き方を選び取れる社会を形成し、特に何が平和なのか・どこに平和があるのかを探る手だてになるのではないかと考えています。来る新年が、まやかしではない真に平和な世界になることを願いつつ。

（純太郎／第四二号）

花、樹、野菜…白いレースフラワーは道端の雑草でした？
アメリカ旅行報告その二

今、わたしは山や川、田畑に囲まれた自然豊かな里山に暮らしています。結婚後は大阪の島之内を振り出しに、大正区、生野区、広島市内など都会に住み、屋根と屋根の間からさしてくる太陽を求めて布団を干し、鉢植えの花を育てていました。縁あって当時はまだ珍しかったフラワーデザインと出会い、仕事と子育てをしながら勉強をしました。それが教会堂のお花や結婚式の花など様々なときと場所で役立ちました。また多くの方にフラワーデザインをお教えすることもできました。そしてわたしの生活に潤いを与えてくれました。

野山に咲く花は決して華やかではないけれども一つ一つ個性があってきれいで、好きですが、お店で売られている花も素敵です。町に出たとき、花屋さんの前で時間のたつのも忘れて花を見ていることがあります。そして珍しい花や季節を感じさせる花があるとつい買ってしまいます。

さて、今回のアメリカ旅行ではたくさんの興味ある木、花そして野菜をみることができました。オレゴンのファーマズマーケットには私の顔ぐらいの大きなナス、赤や黄色の大きなピーマン、白いたまねぎ、さまざまな形のズッキーニ、ベリー類やハーブが彩りよく、しかも花をアレンジするように、一つの一つのお店がそれぞれ工夫を凝らしてきれいに並べられていました。はじめてみる野菜もありました。

オマハでは街路樹に姫りんごのような赤い実がなる樹がたくさんありました。春には花がきれいで、秋には実が赤くなり、きっと小鳥がたくさん飛んで来てにぎやかになるだろうなと楽しい想像をしながらその樹の下を歩きました。カリフォルニアでは樹齢二〇〇〇年以上はあるだろうといわれているレッドウッドやジャイアントセコイアが天高くまっすぐに伸びている姿には圧倒されました。樹高が一〇〇メートルはあるとか、アメリカは土地も広いけれども樹も野菜もビッグなのだと変なところで納得しました。

どこの家でも食卓には花が飾られており、それがお皿やテーブルクロスの色と調和して素敵でした。その色づかいはフラワーアレンジをしていくのにとても参考になりました。庭には工夫が凝らしてあり、それぞれに住む人の思いが木や花に表現され、時間をかけてゆっくり見られたらいいのにとか、共生庵の庭もあんな風に出来たらいいなとか思いながら散歩をしました。もっとも驚いたことは、十数年前から日本で見かけるようになったレースフラワーが道の両端に白くなるくらいたくさん生えている雑草だったことです。残念だったことはアーテチョークの畑を車の中から見ただけで食べられなかったことです。

植物の種や実を集めることが好きな（？）連れ合いは、野菜の種をいろいろ集めてもってかえりました。それらがわが家の畑で芽を出して時々食卓にのぼります。良い料理方法がなかなかわからず、少しばかりもてあましている野菜もありますが、アメリカの味を楽しんでいます。

（奈津江／第四二号）

正解＝ファスト信仰からの解放を！

昨秋召天した姉の書斎から、膨大な専門書の間に埋まっていた苅谷剛彦著『知的複眼思考方法』（講談社）を見つけ読んでみました。その中では、複数の視点を行き来することで一つの視点にとらわれない、「自分の頭で考える」思考法を展開しています。誰もが「正解信仰」にとらわれ、いつもどこかに正解があると探し続ける。そして見つけたら、それで良いことにしてしまい、自分で考える作業をストップさせてしまう。そんな体質が身につくと、正解を見つけられないときにどうなるか。そこでは容易に常識的なステレオタイプの発想に走ってしまうとの指摘です。

自分の引き出しに「これが正解だ」という知識や常識があれば安心しておられる。例えば教室での質問に手を挙げることができる。それがないとき、不安で萎縮し、また恥をかかないためにも引っ込んでしまう。これはわたしたちが人生の中でいつもぶつかる場面です。

わたしはワークショップで、最初にこの「正解信仰」を問いかけることをよくやります。その一つに「E-CODE」というアクティビティがあります。なんとなく「E」のような記号を描いた大きな紙をみんなの真ん中におき、「何に見えます?」と問いかけます。しばらくして参加者からポツリポツリ声が出始めると、それに刺激・啓発されて「それがOKなら、これも」と次々笑いを誘う大胆な発想が出てきます。行き詰まったところで振り返りを始めます。「さて今わたしたちは何をしたのでしょう? ここから何に気づき、何を学ぶことができるでしょうか!」と。

自由な発想がもたらす、他者の視点(立場)と自分の視点・豊かな感性や想像力の必要性・相互理解・多様性の受容などが語られ、特に「問いは一つなのにすべてが正解だった」ことにも気づいていきます。

このことから「自分で気づき考えることは、何でも自由に発言し、それを受け入れ合う」という安心感をもてる場づくりがとても大切だと確認し合います。「スローライフ」は「ファストという正解信仰」からの解放をめざすものです。

トリノ冬季オリンピックの放映で、一〇〇分の一秒を競って一喜一憂する世界を見ながら、これがスポーツだと思う反面、とても異常な世界に見えてしまうのはわたしだけなのでしょうか？　このために想像を絶するお金（多くは我らの税金）が大量消費され、他方様々な困窮の中に飢え苦しみ、人権と平和を希求して止まない世界中の人に想いを馳せるとき、何とも矛盾に満ちた心塞がれる気持ちに落ち込みます。ファストでないもっと違う見方・考え方を楽しむ「スロー・オリンピック」をしませんか⁉

（純太郎／第四三号）

雪はもう、いらない！

昨年の暮れから雪がよく降り、テレビでは新潟の大雪が話題になりました。また、各地で屋根の雪下ろしをしていて、落下して亡くなった方が沢山ありました。雪は白くて柔らかくて、スキーをしたり雪遊びをしたりという楽しいイメージがありましたが、雪は冷たくて重いもので、大量になると非常に困ったもので、危険なものになると再認識しました。

わたしたちも昨年の一二月一八日に、島根の横田町で車が雪に埋まり駐車場から脱出するのに大変な思いをしました。講師に招かれた横田相愛教会の礼拝に間に合いほっとしましたが、幹線道路ではおおくの方たちが除雪をするために朝早くから働いておられました。でも各自の家の前はその家の方が除雪をしなければならないので、高齢で弱っておられる方がたの不安やたいへんさを実感しました。

新潟や山陰ほどたくさん雪が降り積もるわけではないけれども、ここ三和町でも毎日雪が降り、それが溶けないのに、その上に新しい雪が積もる。そんな日が何日も続くと、はじめはきれいだなと思っていたのに「また、雪！」と、気持ちが微妙に変わってきました。テレビでインタビューされたあるお年寄りが「雪はもういらない」と言っておられましたが、その気持ちがよくわかってきました。寒いと何にもしたくないし、それに家の中は光が入らないので薄暗い。外にも出られない。

こんな状況を少しでも気持ちよく過ごすためには電気や灯油、薪などのエネルギーが必要になってきます。かつては春や夏の間に一年分の薪を用意して乾かしておいたそうですが、寒い冬を乗り越えるためには燃料や食料、ビニールハウスや家の補強などそれなりの準備が大切になってきます。

寒い地域で暮らすということは、マレーシアのサラワクのような暖かいところで暮らすのと違い、普段からの心構えと準備のために多くのエネルギーがいります。そのためさまざまな創意工夫がされ、多種多様な文化が生まれてきています。わたしたちも雪によってもたらされたゆったりした時間を、今まで時間がなくてできなかったことをして楽しみました。純太郎はロケット・ストーブを、私は小さなイスをつくりました。

この雪による被害が我が家にもいくつかありました。その一つに、いつも私が車を入れているところの屋根の太い垂木が三本折れて、波板が大きく破れました。二つ目の被害は、五月に太陽光発電を設置し、毎月順調に発電をしていますが、来客が大変多い月は別として、その月の使用量の半分ぐらいは売電ができています。それなのにパネル上の雪が解けないために太陽が出ていても発電しない日が十日間ぐらいありました。屋根に上がって雪を下ろすこともできず、ひたすら解けるのを待っていました。後は雪の重みで庭木の枝が折れたり、寒さに弱い植物が枯れてしまったりしました。

雪の下でも生き生きとしている植物があります。これらの仕組み一つをみても、自然界は驚きです。

最近気温が少しゆるんで太陽が当たるととても気持ちのよい日があり、そうすると今まで寒さに耐えていた草花が生き生きとしてきました。山の木々もかすかに赤みを帯びてきています。寒さはまだ続くけれども木や草たちはもう春を迎える準備をしています。野や山は動き始めていると感じられこのごろです。春先の共生庵は特に素晴らしいですよ。皆様、おでかけになり、ゆっくりなさいませんか⁉

（奈津江／第四三号）

苗半作《なえはんさく》

時折、富山県の農家に移り住んだ若い友人K子さんから農作苦闘記（?）がメールで届けられる。その中にあった春先の野菜の苗作りレポートで、『苗半作』という言葉に久しぶりに出会い、思いをめぐらせました。

農作物で「苗半作」とか「苗八分作」と言われることですが、苗の育て具合で、その作物の出来はもう半分（否！八割も）決まったようなもの、という意味です。苗半作は知っていたものの収穫の「八〇％も」保障するほどというのは初めて聞きました。「種の蒔き時」を的確にとらえて育苗するなら「すでに半分成功したようなもの」と言われる「蒔き時半作」に通じることでしょう。

その地方に一番適した蒔きどきに自家採種した在来種を蒔き、自分で作った有機苗床で育苗させる…。これが出来ると素晴らしい！

この「蒔き時」や「苗作り」は人生に当てはめることができます。人を育てるためにはとても大切な要素であり、時機を得た決断・配慮は、その後の歩みを大きく飛躍させることにつながるでしょう。特に幼い子どもたちの基本的な人間形成時期にしっかりした豊かな人格的苗づくりができると、それからの成長ぶりが楽しみになるものです。何も子どもだけではない。誰でも人生いつ・どこからでも自分の苗床改良はできると信じたい。

「百姓の一年」という言葉があるように、失敗も挫折も春が来るたびにもう一度やり直せる、やり直せばいいことを季節の移ろいから教えてもらいましょう。

さて、Kさんは毎年二月末に温床を作ることから手がけて「自分のやり方で自分の思う環境で作物を育てたいなら、自分で種を播いて苗から作らなければ」と、できるだけ自家採種と自前の苗作りに取り組んでいます。自給用栽培だけなら、手間暇や経済効率を考えると必要な分だけ苗を買ってきた方が、はるかに安上がりで楽なのです。共生庵では自家採種と自前育苗の比率は少しずつ高まっていますが、まだまだ十分ではありません。

基本的にいい加減なわたしは、蒔き時が遅れたり、苗床づくりができなかったりで、慌ててホームセンター等へ苗を買いに走ることしばしばです。有機肥料によるしっかりした苗床づくりと在来種の自家採種の育苗は、とても手間がかかるのですが、彼らは強く、たくましく興味は尽きないものです。そう分かっていながら、わたしは頓挫することが多い。そんな自分と彼女の違いは何だろう？　彼女がそれらにこだわり続ける理由のひとつに、彼女のアジア学院での農業研修に来たアジア・アフリカからの研修員との出会いがある。

具体的には、彼らがのこした言葉の数々や彼らの帰国後の現場を訪ね知らされたことである。それは「自立のための農業」／種苗会社だの多国籍のアグリビジネスだの、もっと言えばグローバル経済にも翻弄されることなく、自分たちのわずかな土地でもそこにある資源（資材となる有機物・伝統的技術・人材等）を活用して、「生きていけるための農業」／「衣食住を人任せにしない」生き方等であったと述懐しています。それらひとつ一つが、何かを選択していくとき「彼らに対して恥ずかしくないか？」と問うてくるというのです。ここに彼女のこだわりがある。振り返って自分はどうなのかと問うた時、まだまだ観念的で身についていない。良いと分かっていても、なかなかできない。それは自分の生き方を根底から問われる出会いがまだまだ不十分なのかと思わされています。今わが「スローライフの苗床作り」が問われている…。

（純太郎／第四四号）

訪問販売…？　わたしも…？

やっと暖かくなってきてわが家の前の桜が今満開です。庭の木々も花を付け始めています。お天気がよい日は家の中より外の方が気持ちがよく、外回りの仕事をしたくなります。

そんなある日、ある家の庭先でご高齢の女の人と若い男の人とが座って話をしている姿が目に入りました。それはまさに、おばあさんとお孫さんが日常会話をして楽しんでいるというようなほほえましい光景でした。でもこのあたりでは若い人が平日のお昼にのんびり日向ぼっこをしているなんてまず考えられません。孫ではなくどこかの会社の人で何かの仕事をしているか、あるいは訪問販売の人かもしれないと思いながら通りすぎました。

三和町にたった一つある派出所に一人しかいらっしゃらないお巡りさんの訪問が時々あり、簡単な挨拶と自己紹介、何気ない世間話と最近起こっている事件への注意をされます。前回来られたときには、悪質な訪問販売や、電話による振り込め詐欺の相談が多くあるので気をつけるようにとのことでした。最近は携帯電話やファックスそしてEメールなど様々な連絡方法があり、電話のかかってくる回数が少なくなったように思います。そんな中、電話による勧誘が本当に沢山あります。仏壇、健康器具などの売り込みや、投資としてマンションを買いませんかなど内容はさまざまです。広島の山に中にいるのに東京のマンションを買ってどうするんだろうと思いながら断りの返事をすることがあります。これらのどの電話も優しく親しそうな話しぶりで、つい話に引き込まれそうになります。

わたしたちはこの辺のどこの家でもそうであるように、日中戸締まりはあまり気にしていません。どこか開いているので訪ねてきた知人たちは声をかけてくれます。したがってインターフォンはあまり使われていません。ところが訪問販売の人たちはたいていピンポンとインターフォンを使って訪ねてきます。布団、めがね、置き薬、乾物、竹ザル、シロアリ退治、家のリフォームなど様々です。中山間地域に暮らしはじめて電話による勧誘や訪問販売が多いことにほんとうに驚いてしまいます。

町と違って一軒ずつ独立していてお隣がかなり離れている、しかも一人住まいの高齢者や夫婦二人という家庭で、人と話をする機会もすくなくなってしまう。そんなとき、電話で親しく話しかけてくれたり、訪ねてきて世間話をしてくれたりすると何だかほっとして気持ちがほぐれてつい気を許してしまいます。そんな心理をうまく利用しているとつくづく思います。

家族全員が泊まりがけで出かけて一人になったとき、わたしにとって解放された楽しいときです。

でも好きなことをしながらも誰とも話さない日が何日か続くと無性に人が恋しくなってきます。そんなとき高齢者が悪質な訪問販売に引っかかる時の気持ちがなんだか分かるような気がして、人は一人では生きられないことを思い知らされたことがあります。

花の咲き乱れている庭先で、おばあさんと若い人とが座り込んでのんびりと話をしている光景を見ながらこんなことを考えていました。

（奈津江／第四四号）

国民総幸福（ＧＮＨ／Gross National Happiness）が問いかける

開発教育ワークショップのフォトランゲージで良く用いられる教材に『地球家族』（ピーター・メンツェル著、ＴＯＴＯ出版）がある。世界三〇ヶ国家族のごく普通の生活ぶりを表現したもの。おもしろいのは家族が住んでいる家をバックにして持ち出せるあらゆる家財道具と一緒に家族全員が記念写真に収まるという写真集です。これには同じような途上国の何枚もの写真を用意して「豊かさ」の順に並べ変えるアクティビティがあります。そこでは当然「豊かさとは何か」が問われることになり、グループ内で価値観のすりあわせが必要になります。その中にブータンの写真を混ぜます。そして振り返りの際に、注目されているブータンの「国民総幸福（ＧＮＨ）」について触れます。

一九九九年にやっと鎖国政策を解いたヒマラヤ連峰にある小国ブータンですが、このすばらしい国の選択が始まる発端は一九七六年のある国際会議でのことです。わずか一六歳で即位し、当時まだ二一歳だったジグメ・シンゲ・ワンチュク国王は「国にとって大切なのはＧＮＰ（国民総生産）よりＧ

NH（国民総幸福量）なんです」と演説し、国の内外にその政策を訴えてきました。既にGNH国際会議が開かれるようになり、第二回二〇〇五年カナダ会議で、国連開発計画（UNDP）はブータンのプロジェクトを支援したり、実際に二〇〇七年までにGNH（国民総幸福）の指数を提示しようとしています。

具体的には、鎖国解禁以降、近代化をゆっくりすすめる一方で、とくに自然環境保護を重視。ブータンでは国の森林（七二％）の開発を最小限にとどめて、今後も国の全面積の六〇％以上を保持すること・小中学校での環境科学の授業を週二〜三時間実施・観光客の入国制限・さらに世界初の「禁煙の国」宣言などの政策を進めています。

エベレストに連なるブータンでは、登山・トレッキング・エコツアーなど山岳観光資源はたいへん有効な外貨獲得源である。できるだけ沢山迎え入れて経済的に豊かになろうとするよりは、制限を加えてガイドをつけ、きちんと一日二〇〇ドル（ホテル・食事代含む）を請求する。「量を抑えて質を高める」政策です。そこには何よりも自ら護ってきた自然環境・伝統文化・価値ある資源・ライフスタイルなどへのダメージを少なくしようという概念があります。

このGNHという概念に基づく、追い求めるものは経済的富・量・近代化の恩恵等でなく、「国民の幸せという『質』」であるという選択は、飽くことなく量的豊かさを追求し続けてきたわたしたちへの問いかけではないでしょうか。それはファストライフからスローライフへの問い直しではないか。あらゆる多くの人たち全体が幸福になるとは？　そしてそれはどうしたらできるのだろうか。目下、幸福度の指数が探り求められているという。そのランキングができ、発表されたらおもしろいでしょうね。日本の順位は一体何番目になるのでしょうか。そもそも幸福指数やその尺度等は、個々人によって異なり、簡単にこれだとは言えないでしょうが、それでもお金を楽して儲けて「勝ち組」に入ろうすることに表されている、現代日本の歪んだ生き方への鋭く、且つ多様な問いかけにはなるでしょうね。

一度「みんなが幸せになる指数や基準」について一緒にいろいろ話し合ってみたい。自分自身・地域社会・日本のあり方など、いろいろな矛盾に気づかされたり、また逆に新たな希望も見えてくるのではないでしょうか⁉

（純太郎／第四五号）

土、草、虫、風、光、音などと戯れるひととき

近所のお百姓さんは大きくていかにも効率のよさそうなさまざまな新しい農機具と農薬、化学肥料を駆使して、農作業をされています。譲り受けた古い機械を修理し、調子をみながら作業をする私たちと違って、短時間で楽に仕事をされているようにみえます。

鍬と鎌で地面にはいつくばって草抜きをして土を耕しています。それは野菜や土をより低い視線で観察ができますし、地面が近いためにさまざまな発見があり結構楽しいものです。最近草むらにすむトカゲがいることを見つけ驚いています。

よく見かける何でもない雑草にも見事な形の花がついていたり、虫がきれいに着飾っていたりします。ミクロの世界であっても生物一つ一つが生き延びるために様々な工夫が凝らされています。その

生命力に感心することが多々あります。春先に裏山に登るといろいろなスミレが咲いており、可憐でかわいいので何種類かわが庭に移植したら、それがいつの間にか増えて、気がつくとあちこちに株が深く根を張り、今では抜いても抜いても増えて困っています。あるいは庭のどこでもみられるカタバミもうっかりしていると、どこもかしこもカタバミが地面を覆い尽くして野菜や花が隅に追いやられてしまいます。うっかり抜いてしまおうとするとタネがロケットのごとく四方八方に飛び散っていきます。時限爆弾といわれたりします。少しでも根が残るとそこから新しい芽が出て大きくなっていきます。雑草と呼ばれている草の逞しさには驚きます。

一方、育ってほしい野菜に雑草ほどの逞しさがないのはなぜなのでしょうか。人間がよいと思って利用する部分だけを取り上げて新しい野菜を作り出し、わたしたちにとっておいしく柔らかいものであっても、植物としては偏ったものでしかなく、人間が様々な手を加えて保護してやらなければうまく育たないのでしょうか。最近よく使われているタネでF一（一代交配種）というのがありますが、それは次の代では同じ物が出てくるとは限らないそうで、発芽しなかったり、先祖帰りをするそうです。F一品種の野菜は同じ大きさの野菜を多量に収穫することができるが大量の肥料と農薬が必要となるそうです。

自然の中で生きることを楽しみながら、できるだけ自分で食べ物を作る。これは今の世の中、非常に難しいことだと思います。農業を職業としておられる方々が大型の機械と大量の農薬と化学肥料、エネルギーを使って収穫を増やす努力をし、その上収穫は天候に大きく左右される、そのたいへんさ故に多収穫で作業がやさしくできる物を使いたいこともよくわかります。

「最高の食材とは自家採種によって自らの畑にあった穀物や野菜を有機栽培で育てたものであり、最高の食事とは身近で、できることなら自分の畑で旬に収穫して調理したものである」（マイケル・ボディ）という意味の言葉を『自家採種ハンドブック』（ミシェル・ファントン、ジュード・ファントン著／現代書館）で見つけて、曲がったキュウリでも、巻かなかったキャベツでもいいのだ、私は最高の食材で最高の食事を作っているのだと納得してうれしくなりました。そんな食事を食べさせられている家族はどんな思いでいるのでしょうか？

先週、麦を三日かけて手刈・脱穀して、その麦の一粒一粒の感触を手で楽しみながら毎日庭に広げて干しています。あるいは土の上を這うようにして草を取り、野菜が大きく育つのを見守ります。これらの作業をしながら、土、草、虫、風、光、音などと戯れるひとときは、わたしにとって最高のときです。（ただし、やらなければという思いが少しでも心の中によぎるとこれらの作業は苦痛でしかありませんが）

こんなわけで今は畑で草とたたかいながら、どうしたら収穫したものをおいしく料理して食べられるかを試行錯誤する毎日です。（いかに手を省くかに頭を悩ませているというほうが正しいのですが！）

（奈津江／第四五号）

フィルターがいらない

今夏も広島工業大学付属広島高校のサラワク・スタディツアー（八回目）にスタッフとして同行が

許され、多くの学びを得ました。

旅の終わりには、みんなで「何を学んだか。それをこれからの人生に、いかに活かしていくか」について分かち合うときをもちます。その中に「フィルターが要らない」というキーワードが出てきました。これをめぐるたいへん興味深い話し合いをご紹介しましょう。

イバンの人たちの素朴で明るくやさしい人柄、たくましい開放的生き方、そして来客を心からもてなすライフスタイル等にどっぷり浸ると、高校生たちは次第に自己解放されて、自分らしさを引き出され、とても活き活きしてきます。それをある生徒が「ここのイバンの生活にはフィルターが要らない」と表現しました。ロングハウスの一〇〇mを超える廊下はコミュニティ・ホールの役目を果たす。そこでの談笑・作業・踊り・ほほえみ／大音響の音楽／どこの家にも出入り自由／壁を越えて「マカイ・マイヨー」（沢山食べよう！）と隣の人たちと呼応し合う…等々。その背景には、底知れぬイバン人の許容量、信頼関係、ライフスタイル等が前提となっていることに気づかされる。ぎこちなく構えたり、あれこれ考えることなく素直にさらけ出せる自分や、あるがままで受け入れられているロングハウスでの自分と、日本での自分を重ね合わせてみる。日本では自分にも他者にも存在する二重の不透明なフィルターが、いつも不自然に表面をつくろいがちだという。

この話し合いの中で、どうすれば日本でこのフィルターをなくしていけるのだろう。何より偏見、蔑視、先入観、自己防御という名の臆病など自分にどんなフィルターがあるかに気づくこと。また日本にはどんなフィルターがあり、いかに社会的歪みや不透明さを生み出しているか考えてみることが大切ではないか。そのためにストレートに物事を見つめ、注意深く考える視座や感性が求められるのではないか等々…と話し合いました。

豚を殺しニワトリを絞めて、「命のご馳走」をいただくという体験では、自分のもっていたフィルターを強引に引き剥がされることになる。そのプロセスに参画し、すべてがつながって見えてくる時、根元的な問い「命とは何か」にぶつかる。そこにはスーパーのトレイにラップされた「肉片」のように、いのちの繋がりが見えない仕組みに飲み込まれている自分自身の発見があります。「ぶつ切りにされた私やこの世界」に気づくためのフィルターの取り外しは、どこから始まるのだろう？　各自が今夏大変お世話になった自宅のエアコンのフィルターを掃除をしながらでも「何でこんなモノが要るのか」と考えてみてはいかがでしょうか⁉


（純太郎／第四六号）

食品添加物あれこれとサラワクの食事

食事が豊かで楽しく食べられることはとても大切です。ひとつの食事を作るのでも食べる人の好みや体調、季節を考慮し、材料を集めその素材にどんな料理方法があっているか考え、最もいい方法で一つの食事を作っていきます。栄養のことや旬の物などそして衛生面も考えないといけないというわけで、料理作るにも沢山のことがあります。このようにあげてみると台所を預かっている人がどんなに大変かおわかりでしょう。

職業柄？　何となく若いころから食品添加物に関心がありました。詳しく知りたいと思いながら今のように情報もなくて、添加物がバラバラに知識として入り、まとまったかたちで頭に入ってきませんでした。最近食品添加物が細かく記載されるようになってきて、少し気をつけてみると驚くようなことが沢山あります。

漬け物、ハム、ドレッシング、スナック菓子、インスタントラーメンなど袋の裏をみますとカタカナで書かれた食品添加物がずらりと並んでいます。一つ一つは安全で少量なので大丈夫なのでしょうか。でもやっぱり‼そんなことを考えながら買い物をしますとほんとうに何にも買えなくなってしまうのです。そんな経験はありませんか。

最近『食品の裏側』（安部司著、東洋経済新報社）を読んでいます。驚くことばかりです。あらゆる物に添加物が入れられており、日持ちがよく触感や見栄えがよくなっているそうです。昔から手間暇かけて作られた調味料が安く簡単に買えるのにはやはりわけがあり、食品添加物を使って短時間に安くそれらしい物を作って売られているからだそうです。つまりしょうゆ風・調味料、みりん風・調味料です。食品添加物を使って本物らしく、いえ、本物よりきれいに美味しく（？）つくられている。そしてわたしたちの舌が食品添加物の味に慣らされて食物がもっている本来の味がわからなくなってしまっている。そしてわたしたちは安く便利な物を得た代わりに大事な物を失っている。食品添加物を完全に排除するのではなくなぜ安いのか、なぜ腐らないのか等素朴な疑問を持ちちょっと裏をみてみる。知って食品添加物と上手につきあい、少し自分の料理に手間をかけることが大切であると著者はいいます。今からでも遅くはない。子どもと一緒に台所に立ち料理を作る、そこから会話をする。食べ物の大切さや命の重みなど子どもたちと話せたらいいなと思います。七月の終わりに一〇年ぶりに高校生のスタディツアーに同伴してマレーシア・サラワクに行ってきました。高校生たちがロングハウスで自分たちが食べる鶏を自分の手でしめて処理をして料理をすることをしました。初めて生きた物が殺され食べ物になるという経験をした高校生のなかにはかわいそうとか、知らなかった等のショックで泣き出す人もいました。でもバーベキューされた肉はただ塩をつけて食べるだけなのに美味しい。そのことで様々なことを学びました。食べることは生きている物の命をいただくこと、添加物がなくても美味しいこと、ブロイラーではない地飼いの鶏の堅いけれども味のあること、一羽の鶏がどこも無駄なく利用されること等々です。

サラワクはどんどん近代化されて町が大きくきれいになってきていました。ロングハウスにも電気やプロパンガスなどが入り生活が便利になっていました。でもそこで生活する人は近代化に付いていけないで様々な矛盾を抱えて暮らしていました。食事もお客さんを迎えるということで野菜や卵などを町で飼ってきて調理して下さいました。かつては森でとってきたワラビなどが食材としてありましたが、今回は食べることができませんでした。それでも素材を生かした単純な料理でおいしかったです。お客さんに沢山食べてもらうことが彼らの最大のもてなしですので、本当に沢山のご飯をお皿に載せられ、「マカイ、マイヨウ　マカイ（たべなさい、たくさん食べなさい）」と食べることを勧められました。食べ物が十分にあることがイバンの人にとって一番の関心事です。豊かな食事とはどんな食事なのでしょうか。

わたしたちの舌は食品添加物の味に慣らされてしまっているのでしょうか。旬の何も加えない野菜のおいしさがわかるでしょうか。

（奈津江／第四六号）

どうしても不可欠な一片

彼はもろもろの国びとに道を示す
傷ついた葦を折ることなく
ほの暗い灯心を消すことなく
真実をもって道を示す
彼は衰えず、
落胆せず、
ついに道を地に確立する　（旧約聖書　イザヤ書　四二章一節～四節／日本聖書協会新共同訳）

写真の切れ端を手にして、全体像をイメージしながら、同じような内容の断片と合致する切り口を持つ仲間を求めて写真を完成させていくワークショップがあります。人数が多いほど混乱しますが、完成を目指して右往左往しながら大変盛り上がります。開発教育の手法の一つでフォトランゲージといわれるものです。

その日のテーマを扱う写真を題材に用いて、写真が語りかけるメッセージを読みとり、話し合います。わたしはそれをジグソーパズルのようバラバラにして展開します。仲間探しと五人グループ作りを兼ねています。

振り返りでは、最初の小さな一片のイメージと完成した全体像とのちがい／写真は何を語りかけているか／仲間を捜し求める作業で感じたこと／気づいたこと等を振り返ります。

特にわざわざバラバラにして、それをみんなで組み立てるプロセスを経た意味を問いかけます。自分のもつ一片がどんな意味と役割を持っているかに焦点を当てて語り合ってみると、そこにはすばらしい発見や気づきが出てきます。

例え何の意味もないかのような写真の断片を手にしていても、それらを合わせるとすばらしい芸術作品になる／もし一片でも欠けていたら全体は完成されない／たとえ一〇〇〇ピースの高価ですばらしいジグソーパズルであっても、ワンピース欠けるだけで大きな穴が空いたかのように不完全・欠陥商品と堕す／しかもどの一片もそこにしかセット出来ない絶対不可欠な存在であり、他のもので代用できないもの／市販のものはいくつかの同じパターンはあるが、その背景は厳密にはすべて異なり、必ず指定席がある／わたしの持つ一片は、全体を最後に完成させることが出来る決定的な「切り札」である／それはふたつとしてない独自でかけがえのないもの…このように気づきが引き出されてくると、そこから自分自身の居場所・役割・存在意味等が見えてくる。そしてそこに教会・家庭・学校・クラス・会社・地域社会・アジア・世界・地球・自然などを重ね合わせていきます。そうすると、どうしても不可欠であるはずの一片（あるいは多数？）の存在に気づかないまま、自分たちは完全だ、間違っていないと思い込んでいるのではないかと考えさせられます。

現代社会では、そういう一片が欠けたままでも顧みられない家庭やコミュニティが、多様で複雑な問題を内に外に露呈しています。外の寒風にさらされて、一片の「傷ついた葦」や「ほの暗い灯心」が倒れ、消えてしまいそうです。何より自分なんて何の意味・価値・役割もないと感じるとき、このジグソーパズルの一片を思い起こし、自分に誇りを取り戻したいと思います。

このクリスマスにこそ、特に様々な事情でとても辛い・しんどい思いをしている仲間に届けたい。「あなたには帰り行く指定座席があり、そこにもどることで教会・家庭や社会自身が回復することができる。あなたは、そういうどうしても不可欠な・意味のある・かけがえのない存在で・決定的な・切り札の一片だよ」とのメッセージを。

灯心がほのぼのと大きくなりますように。心豊かなクリスマスと新年を！　（純太郎／第四七号）

九二年四ヶ月　生きた重み…おばあちゃんの死

風邪を引いたのはいつだっただろうか。もう思い出せないぐらい風邪で体調を壊すということがなかった。体調が悪いと何をするにも辛いし、職場に迷惑をかけ仕事にも差し支えるので細心の注意をして生活をしてきたと思う。それに空気のきれいな里山で自分が作った添加物の少ない物を食べ、人間関係による気苦労もあまりないので風邪を引かなくなったのかもしれない。それなのに今年は二回も風邪を引いてしまった。一回目は三月の初め、それまで春がきたと勘違いするような暖かい日が続いていた後に寒波が来たときだった。これは一日ゆっくりできたのですぐ良くなった。しかし、二回目は四月一二日ぐらいからでもう一週間以上にもなるのにまだ完治しない。暖かかったり寒かったりすることもあるが、自分ではそんなに精神的に落ち込んではいないつもりだけれども、同居をしていた母・伊藤キリエが亡くなりそのためにしなければならない様々なことをこなすことで疲れたのだろうか。

彼女は一一日の朝、八時前、いつものように着替えて身支度を済ませて朝ご飯を食べようとしたその時に発作があり倒れた。掛かりつけ医を通して、三次中央病院に救急車で運ばれ正午に亡くなった。その間痛みと息苦しさはあっただろうが、自分が死と直面していることをどれだけ感じていただろうか。あまりにも短く、あっという間に九二歳四ヶ月の生涯を閉じた。死因は胸部大動脈瘤破裂による出血性ショックでした。主治医からは高齢のためいろんなところが脆くなっていていつ何が起こるかわからないと言われていた。八〇歳を過ぎて自分がなにも出来なくなり、寂しさで一人暮らしに耐えられなくなりわたしたちと暮らしはじめた。それから九年、最初の頃は様々な葛藤がありわたしともよく言い合いをすることがあった。豊かな自然の中で三度三度の食事を美味しく食べ体調が良くなった頃、デイケアーで友達もできてご近所の方にも散歩のときには声をかけてもらい、持病の心臓弁膜症の息苦しさがあったがそれなりに心安らかで神様に許されて天国にいける時を待つ日々だった。

石だらけのわが家の庭も少しずつ木や草花を植えてそれが育ち時間の流れを感じるようになってきた。得意だった毛糸編みもしなくなり唯一出来ることといえば草取りで、まだ体力があった頃は一㎝にも満たないような草まで抜いていたが最近ではそれもしなった。暖かい気持ちの良い日に休み休みではあるが近くを散歩していた。その散歩も満開の桜の下を歩いたのが最後だった。覚悟をしていたといっても何時もいた人がいなくなった空虚さはある。いつかそれも時と共に埋まっていくのだろう。

近しい人が一人また一人と亡くなっていく。わたしもそういう寂しさを味わう年齢になったのだろう。

人は何も持たないで生まれてきてなにも持たないで死んでいくと言われているけれども、彼女の死を通して確かに物は持っていけないが、九二年間の様々の人との関わりや生きざまなどの重みを身につけて逝くのだとつくづく感じた出来事でした。


（奈津江／第四九号）

エコ・リュックサック

テレビのニュースで、広島では蚊が異常発生していると報じていた。わが家ではアリが例年になく多く出ている。それは廊下の端に列を作っていたり、風呂場の敷居の上だったり、あるいは流しの窓の桟の上だったりする。薬を使って綺麗にしても、次の日には違う場所に出現する。今日はすごい数のアリが家の周りをぐるりと行列を作って移動していたのを目撃。

サラワクに住んでいた頃、沢山のアリがいて、大きさも大小さまざまだし、色も真っ黒から赤っぽいものまでいた。食べ物をうっかりおいておくとすぐアリの山ができてしまうので油断できなかった。そんな経験があるので、少々のアリには驚かないのだけれども、今年のアリの多さには参っている。

今すでに水不足が言われ始めているが、雨が降るとわが家はすぐ湿気がきて、カビ臭くなってしまうので、梅雨はあまり好きではない。しかし野菜や稲作には水がほしいし、暑い夏のことを思うと水不足は困るので雨が降るべきときには降ってほしい。

それもこれも「異常気象」や「地球温暖化」のせいなのでしょうか。わたしたち人間があまりにも便利で快適な生活を追い求めたために、地球がおかしくなってきたのでしょうか。

今さえ良かったらよいのか。地球のどこかで起こっている変化を新聞や映像を通して知らされても、危機感を覚えるけれども、なぜかその危機感は長くは続かない。今、食べるものがあり、何とかすごせるから困らないのでそれでいいのだろうか。目の前のことしか思いを馳せられない自分の想像力の貧しさをつくづく思う。

町に住み花屋さんで売られている作られた花を見ている限りでは気がつかない自然界の変化を、今ここで見ることが出来る。土と水、植物、虫、動物、それに気候、風土などが複雑に絡まり作用しあって時間が流れていく。その見事なサイクルには驚かされる。でもそれが微妙に崩れているようで不安になることがある。

環境用語にエコリュックサック（エコロジカル・リュックサック）ということばがあります。ネットで調べてみると「ある製品や素材に関して、その生産のために移動された物質量を重さで表した指標。最終的な目標であるサービスに関連づけて、製品の全ライフサイクルにわたって集計される物質量を論じるために導入された概念」と書かれていた。これを読んだだけではピンと来ないけれども、先日麦刈りをしたことから考えさせられたことをご報告しましょう。

今年もピザやパンにと栽培した強力粉用小麦は素人なりに豊作でした。刈り取った麦をコンバインにかけて穂からはずして、唐箕（とうみ）にかけ、振るい分けをする。その上で天日で乾燥させ、製粉機で粉にして、こねてパンやピザを焼く。でもその前に土を耕し種を蒔き、麦踏みは何度もして、水や肥料をやり、様々な世話をして育てていく。朝食に食べるひと切れのパンにも実に多くの手間暇が年間を通してかけられています。でも、わが家の小麦粉の移動距離はホンのわずか。わが家の目の前にある畑と庭をあちこちするだけ。外国産の小麦粉を車を使って遠方まで買いに出かけることを考えると、わが家の小麦粉に関しては移動エネルギーのエコ・リュックサックはとても軽い。それでもコンバインで軽油エネルギーを使っています。環境への負荷を考えるとできるだけ控えたいのですが。

（奈津江／第五〇号）

セリ（セリ科　ネジログサ）

田の畦に水がチョロチョロ流れているところにセリが沢山はえていました。この寒いのに植物たちは元気なんだと思うと嬉しくなり、夕食の一品に加えようと冷たい水の中に手を突っ込みました。

さっと茹でてゴマで和えるか、あるいは韓国風ナムルに、または炒めてもいいな、それとも鍋の青みにしようか等と思いを巡らせながら摘みました。栽培されたセリと違い、丈も短く茎も固い。それを柔らかそうなところだけ丁寧に摘み取りました。本によれば、生のまま一夜漬けにしてもいいとか。またよく伸びた根を茹でてきんぴら風にするそうです。

セリの香りがして、春がそこまで来ているのだと感じる幸せなひと時でした。

（奈津江／第二〇号）

カリン（バラ科）のジャムが出来ました

一一月のはじめにある雑誌に「カリンのジャムの作り方」が出ているのを見つけました。それを見て作りたくなって、お店でカリン三個を買ってきました。何しろわが家のカリンの木はまだ小さくて実がなっていないのです。

時間がないのと、もう一つ作り方がよくわからなかったので、なかなか実行できずにいました。熟したカリンは一週間位家中に甘い香りを放っていました。一一月中旬ごろ「ひろしま人と樹の会」の人たちがわが家の里山の手入れに来てくださいました。その時Y先生がカリンとジャムの作り方のレシピを持って来てくださいました。しかも、ご自分で作られたジャムも持参して下さったのです。そのジャムの薄いピンクで酸味があって上品で美味しかったこと！

次の日わたしも早速作ってみました。固い固い皮と芯を取るのがたいへんでしたが、美味しくできました。ちょっと煮詰めすぎたらしく、少し煮くずれして、Y先生のよりも色が濃くなり、少し渋みが出てしまったようです。でもわたしはとても気に入っています。いつか自家製の実でホームメイドカリンジャムを作りたいものです。

（奈津江／第一三号）

第51号＊07/8/25～第60号＊2009/2/25頃のできごと

第 51 号＊2007/8/25

◆日本語教師のボランティア募集（活動地域：東マレーシア　サラワク州　クチン）
◆稲刈り＆はぜ干し作業＆トトロの森づくり作業
◆大阪桃山学院大学「聖歌隊」と「らぶ＆ピース」援農合宿／ソバの間引き／稲刈り＆はぜ干し援農
◆トトロの家族が共生庵に住み始めました !?

◆サラワク州メランガン川ルマ・ウンジャのロングハウス再建始まる

第 52 号＊2007/10/25

◆A Turn Project　東マレーシア・サラワク州イバン人社会に奉仕する現地 NGO「SCS」ボランティア募集（活動地域：東マレーシア・サラワク州　シブ）

第 53 号＊2007/12/25

◆オーガニック生活学校「ロケットストーブのワークショップ」で共生庵のロケットストーブを解体、再構成。講師を務める
◆PHD 研修生を迎えて研修と交流の夕べ
◆ピザ窯作り方講習会～解体・修理作業を通して～裏山の赤土で化粧直し
◆マレーシア・サラワク州クチンへ日本語教師ボランティア　第１陣出発！（以後、派遣継続される）
◆西日本五教区宣教研究会「農」を考える
◆びほく森のサポーターズ　研修会
◆虹の森すくーる　冬のお泊まり会　４家族 20 人

第 54 号＊2008/2/25

◆共生庵前の美波羅川の桜並木 6.9 kmが満開

◆岡山県中部地区牧師会研修会（6 名）
◆フリースクールスイス村の子どもたちとスタッフが来訪。バウムクーヘン作りに挑戦
◆黒川地区子ども会来訪　ピザを焼き食べた食べた！
◆ロケットストーブのベンチが L 型になり、あとは左官仕上げを残すのみ

第 55 号＊2008/4/25

◆ホタル鑑賞と星座観察会　講師・久保禮次郎氏（星のソムリエ）
◆フィリピン　シリマン大学　DIVINITY SCHOOL 教師と学生が来訪（日本聖書神学校との交歓交流プログラム）
◆日本ミツバチ２群を譲り受け、飼育開始
◆広島北分区牧師会
◆田植え

第 56 号＊2008/6/25

◆ミニチュアシュナイザー犬の心音（ここね）が共生庵の家族に加わる
◆自給用ソバの種蒔き
◆発達ルームそらハーブ園草刈りボランティアの谷口夫妻　引退
◆観音町教会キャンプ
◆広島キリスト教社会館保育キャンプ
◆周陽教会キャンプ
◆大正めぐみ教会ファミリーキャンプ（23 名）

第 57 号＊2008/8/25

◆東梅田教会 CS キャンプ
◆世羅西黒川地区子ども会
◆広島市東区牛田中子ども会
◆JICA 研修制受け入れ～NGO 連携による実践的参加型コミュニティ開発～６カ国９名＋他 12 名
◆NPO 法人善菊会理事会
◆東広島教会ピクニック
◆くらすばワークショップ
◆桃山学院大学援農隊「らぶ＆ピース」とともに稲刈り＆はぜ干し

第 58 号＊2008/10/25

◆日本語教師ボランティアを派遣しているクチン友好協会（マレーシアサラワク州クチン）スタッフ 10 名来訪

◆宗教を超えて平和を作り出す女性活動家ナプサさん（アジア保健研修財団（AHI）研修員／フィリピン）のお話を聞く会（三次教会、甲山教会）
◆サラワク・イバン指導者３名来訪

第 59 号＊2008/12/25

◆ロケットストーブの製作マニュアル本「ロケットストーブ」発刊・販売

◆「日本ロケットストーブ普及協会」（代表／荒川）設立記念ワークショップを共生庵で開催
◆広島市倉掛公民館「団塊世代いきいき講座」　受講生来訪
◆西日本 YMCA 三水会スタッフ研修会（18 名）
◆死んだ鹿を共生庵の田んぼで発見、数日後見事に骨だけに。自然界の多様な食物連鎖の一部を確認
◆PHD 研修生を迎えて研修と交流の夕べ

第 60 号＊2009/2/25

◆工房の横に洗い場を作りました
◆サラワクスタディツアー事前学習に、なぎさ高校２年生が来訪、農体験・竹藪整備作業
◆関西 NGO 大学関係者来訪　ロケットストーブ体験、農体験

第六章　里山の風を受けて感性を養う

自然界のバランスを崩しているのでは!?

夏は親子連れの来客が多い。特に幼児は、ほとんどが昆虫に興味を持って探しまわっている。捕獲用の網や虫かごをもって来ることもある。先ずつかまえやすいカエルが彼らの犠牲になり、それからトンボ、カブトムシ、メダカなどである。

大正伝道所のファミリーキャンプのときには、子供たちが真夜中に脱皮し始めたセミを見つけて叫ぶ。その生まれてくる美しさにふれた大人たちは久しぶりに心が弾んだ。

家の裏、山側には常時水が流れていてそれが我が家の全ての生活用水となっている。その溢れた水が流れている小さな溝に大小さまざまなトンボやチョウチョがやってくる。時々溝の掃除をしようとするが、枯れ葉や泥の中に大小のヤゴがいて、ここにも自然界の営みがあるのだと思うと掃除ができなくなってしまう。（というわけで我が家はあまり溝掃除をしていないのですが？？？）

最近、葉にちょっと当たっただけで虫に刺されてしまうことが何度か続いてあった。その痛いこと、当たり前のことですが、虫によって痛さが違ったのには新しい経験でした。

研修棟と呼んでいる建物のテラスに、広島から引っ越しのときに持ってきたムベが大きく茂り、今年も沢山の実を付けている。それに面白いかたちをした黒と茶と白色の幼虫がいる。アケビコノハという蛾の幼虫でうっかりすると柔らかい葉っぱを食べて茎だけにしてしまうので、見つけては取ってやるのですが、これがふ化するとどんな蛾になるのだろうかなどと想像しながら、一方では退治してしまうのは、自然界のサイクルを壊すことになるのだろうかと思う。

畑や庭では食べるのに必要な野菜を植え、好きな花だけを育てている。草を取り、少し周りを綺麗にするだけで生き生きと育つこともあるけれども、自然界では光と空気、風、水、土、そして虫や動物が微妙にバランスを保っている。その中で人間は都合の悪いモノだけ殺したり、抜いたりしてバランスを崩しているように思う。

山道を散歩すると、もう秋の草花が咲いている。それを見つけると嬉しく採りたくなるのですが、草花が好きでドイツでの生活が長いNさんは野原に咲いている草花を決して採られない。「一本位いいじゃない」と思うのですがその一本が自然界のバランスを崩す一歩となるのでしょうか。そんな彼女を通して、ドイツという国の自然に対する思いを垣間見た気がした。

八月になるとご近所の田圃では、農薬が何度か散布される。我が家の田圃では農薬は使わないので、いつもサギがやってきて餌をついばんでいる。何が益虫か害虫かは人間の都合で決まってしまう。我が家の野菜や果物は大抵虫がついている。消毒薬や殺虫剤を使うことを躊躇するからだ。虫が大発生して木が弱ってしまうこともある。里山に暮らしてみて自然とうまく共生していくことは、多くの知識と努力が必要であることをつくづく思う。

コンパニオンプランツ（共栄植物）に興味をもち、植物がお互いに影響をしあって病害虫を防ぎ、成長をしていく、この関係をうまく使って野菜作りを始めています。まだ知らないことが沢山あり研究中です。

（奈津江／第五一号）

夢がかなった！

夢をもつこと、夢を描くこと、夢を追い求めることは素晴らしいこと。ましてそれを実現に至らしめることは更に喜ばしいことです。そしてその喜びや感動を素直に表現して「僕の夢がかなった！」と周りの人と共感・共有することができればその素晴らしさも倍増するというものです。最近のわたしは、そんな感動の時空間からしばらく遠ざかってしまった感じがしています。皆さんは如何ですか⁉

お客さんをツリーハウスに案内するたびに思い起こす出来事があります。「僕の夢が叶った！」と誰彼となくその喜びをぶつけたT君のことです。年に何度か共生庵を自分たちのフィールドとして利用している広島市内のグループに属する常連の小学生です。

ひと一倍共生庵にこだわりと関心を持ち、「共生庵便り」が届けば隅から隅まで目を通し、新しい発見をしたらグループの先生に直ぐ報告するという。共生庵をこよなく愛している彼は、ツリーハウスの存在を知ってから「ここで奈津江さんに入れてもらったお茶を注文して飲むんだ！」とずっと思い続けていました。

あるときもう帰る間際になって「奈津江さん紅茶を注文しますから、ツリーハウスまで持ってきて下さい」と言い出しました。「もう！ 今頃になって」と言ったか、心で思ったか定かでないが、彼女はあわただしくも直ぐにお茶の出前をしました。間もなくT君はとても良い顔をして帰ってきました。「ああ、これで僕の夢がかなった。どうしてもあのツリーハウスで紅茶を飲みたかったんだ。もう思い残すことはないから帰ろう」と興奮気味にみんなに言いました。引率の先生はすかさず「T君はずっとこれを願っていたんよね。夢がかなえられてよかったね」とフォローしていました。

このやりとりの一部始終をみていて、最後の彼の満足げな素晴らしい笑顔にわたしまで嬉しくなり感動しました。「そんなの大げさにはしゃがなくたって、どーってことないじゃん」とやり過ごせない出来事として私の中にストンと入ってきました。これは今も忘れられません。

ツリーハウスとウッドデッキからの景色をみて多くの人が「素晴らしい」と感動し、「ここでのんびりお茶でも飲めたらなあ、ビールなら最高！ ハンモックに揺られて昼寝できたらなあ」と口にされます。でもその願いを自ら申し出て実行される人はまず誰もいません。それをT君はやってのけたのです。率直に「この子はすごい！」と感じました。

思っていてもそれを求めない。願っていてもそれを実行してみようとしない…そういう自分を思い知らされたのです。「そんなことくらい どうって事ないよ」とやり過ごすのは大人。でもそれを願い続け、実行・実現させて「夢がかなった！」と喜ぶ。ここに「小さなものの中に大きな夢を見つけ出す」子どもの素晴らしさがある。しかもその感動は、実際にやってのけたものにしか与えられないものです。それをT君は喜びと満足を精一杯に表現して、無感動になってしまっていた私に分かち与えてくれたのです。

小さな夢。そんなの夢じゃないとその芽をつぶしてしまうとすれば、人生をどんどん無駄にしていることにならないのかなと思うこの頃です。いつまでも「小さな（?）夢」を追い、喜び合う万年夢追い人でありたい‼

（純太郎／第五五号）

わたしたちは星くずの兄姉です！

人、動物、植物、そして宇宙人はみな星のかけらからできた兄弟です

フランク・ドレイク博士

集会を始める前に和んだ雰囲気の中で相互理解を深める手法として「四つの窓の自己紹介」というアイスブレーキングがあります。四つに区切られたワークシートの窓に名前・所属・好きな食べ物・今の関心事・得意なこと等の設問に、短時間で思いのままに書き込みます。それをもって一人ずつ相互に向き合って自己紹介を始めます。最近わたしはその所属欄に「星くずの兄姉です」と記入していいます。そして人も動物も植物も宇宙次元では、みな同じ仲間だと思うようになったと話しかけることにしています。それは冒頭の言葉に出会って以来のことです。

このF・ドレイク博士の言葉はDVD「地球交響曲Ⅱ」に登場するもの。カリフォルニア大学で宇宙人探索を研究する博士は、宇宙には地球と同じような生物がいる星が存在するはずだと「地球に知的生命体あり」と宇宙の仲間に呼びかけるメッセージを発進している。その彼が「人、動物、植物、そして宇宙人はみな星のかけらからできた兄弟です」という。

これはわたしにとって非常に意味深く感じられ、いつまでも心に残っている言葉です。

ここ最近共生庵では、会員の星の案内人・ソムリエ久保禮次郎さん（理学博士）を迎えて天体望遠鏡をのぞいたり、宇宙の話を聴くプログラムが加わり、とても豊かなひとときをもつことができるようになりました。

講師の星座解説と壮大な宇宙講義は、聞く者の心をとらえてはなさない。驚きや気づきに促されて矢継ぎ早に質問が出てきます。最近は曇天・雨天になると工房においてパワーポイントで講義してもらえるようになりました。また囲炉裏端での宇宙のロマンに満ちた話には、星がキラキラと輝くように、わたしたちの貧しい想像力も刺激を受けて、芽が出て花が咲き始めます。

お話や映像に出てくる星数・年数・距離・大きさなどいずれをとっても万・億・兆単位で、想像しようにもとてもおぼつかない膨大なもの。その中で地球がどんなに小さなものか、またそこに住む人間の存在は、それこそいかに微小な粒子のようなものかを思い知らされます。

星座について聞いたり観察した参加者からは、共通して宇宙の美しさ・神秘性・広大さ・不思議さ・不可解さ等に打ちのめされたようにため息が出てきます。そして小さなことに揺れ動く地球上の事象のはかなさに気づかされる。それと同時に、そこから解放されたかのように、何故か心が豊かにされる不思議な感覚に浸れるようになるのです。

F・ドレイク博士は、人間に一番大切なものは何か、人は何者なのか、生命とは何か、文明とは…と問いかけています。そしてそれらを教えてくれるかも知れないと宇宙の仲間（星の数二〇万～二〇〇万個）にすでにメッセージを送ったという。もし届いて返事が返ってくるとしても、四万八千年後だという壮大な話。それでも誰かが呼びかけなければ交信は生まれない。

人間もずーっとずーっとさかのぼって行くと、星の中で生成された元素でつくられたみな同じ存在だと言われる。そんな思いでいると「すべてのふる里がこの宇宙にある／すべてものは宇宙を共通の先祖に持つ星のかけらから出来た姉妹・兄弟そして家族なのだ」ということに合点がいく感じがしてきます。

夜空の月や星を眺めて、地上の様々な事象から解き放たれて、こんな思いにふけってみませんか。そして「人間って・命って何？」とつぶやけば、いつか宇宙の仲間が交信に応えて教えてくれるかも知れませんね…⁉


（純太郎／第五六号）

感情の交差点

今夏も広島なぎさ高校生のサラワク・スタディツアーに同行が許されました。大自然と共存するイバン人のロングハウスでの共同生活体験から、彼らが得た大きな衝撃と発見の中で、今回もお伝えしたいことがあります。

「ロングハウスでは知らない人が向こうから心からの感情を出して言葉が分らなくてもどんどん話しかけてくれ嬉しかった。だから自分からも心を開けられるようになりました。いろんな人が感情を交差させて、生き生きと過ごせることが素晴らしい、これが本当の幸せなのだと感じました。それはインターネットのブログでのやりとりの交差とは全然違うものです」

こう振り返りを語ったSさんは、携帯メールに「笑い絵文字」を笑いもせずに付け加える自分の無感情を「いつも気持ちが単独だ。だから一人で悩み、悲しくなるのだと思う」と付け加えました。このユニークなキーワード「感情の交差」をめぐる気づきにわたしは強く心引かれました。これが更に他の生徒に受け継がれ、次のように展開を見せました。

みんな自分の手でニワトリの首を絞め、さばく体験をしました。温かい生命が自分の手の中で息絶えていく一連の作業をほとんどの生徒は泣きながらすすめました。この体験をめぐってDさんは自分の気づきを次のように語ってくれました。

「一つのいのちを殺して自分が口にするこの衝撃は、やってみなければ分からないことでした。その時に何故泣いたのか言葉にならなかったけれど、今考えると、流した涙は『かわいそう、ごめんなさい』というニワトリとの『感情の交差』があったからだと気づきました。それまで肉の断片でしかなかったものが、生きて体内に入ってきたようで『いただきます』という言葉の意味やいのちへの感謝が分かったような気がします。これを家族に伝えます」。

この二人の関連した気づきは、大切なことを教えてくれました。すなわち「感情の交差」が生まれるところに人とひとの幸せが広がり、さらに「食」と「感謝の心」がつながるということです。

現代社会では感情が交差しないまま、すれ違いが起こす一方通行の状況は、様々な問題を引き起こしています。あふれるほどに情報が飛び交っていても、いつも気持ちが単独で孤独だという人間社会に、もっと感情の交差点を増やし、自らの感情をぶつけていくことが求められているように思います。そのために人間を支える「食」(ニワトリ・魚・牛・豚のみならず野菜・果実も)や環境(水・空気・

土・樹木・草花・河川・海・山など）にも感情を交差させ、彼らと心を交わし癒され、感謝の思いを呼び起こされることが大切ではないでしょうか？

（純太郎／第五七号）

共生庵とは？　豊かな感性を養う場にしたい！

人生を河に例えるなら皆さんのお一人お一人はどんな河になるでしょうか。多くの川が合流して大きな河になっていく。あるいは濁流が流れる河、穏やかにゆったりと流れていく等さまざまでしょう。過去のことを思い返した時、あの時大きく曲がったなとか、あの時は穏やかに流れていたなとか、思うことがあります。

わたしの場合は三〇年前、連れ合いがイバン・メソジスト教会に宣教協力牧師として赴任するにあたって小学生だった子供たちをマレーシア・サラワクに連れて出かけたとき、そして一〇年前、広島牛田教会を辞任して町から田舎での生活をはじめ、どんなかたちになるかわからないまま共生庵活動を始めたとき、この二つの流れは特にわたしの生き方を大きく変えました。マレーシア・サラワクとはどんなところか、どんな生活が待っているのか、全く想像もできませんでした。今ほど情報網が発達していませんでしたので、食べ物は、気候は、病気になったら、子どもの教育、生活費は…と不安材料はいくらでもありました。

そして、共生庵活動を始めたときも、牛田教会の教会総会で一年後に辞任することを承認していただいてから、活動をする拠点、つまり家探しを始めました。収入も一切なくなるので、わたしも仕事探しを始めました。何もかも決まらない不安でイライラする時期もありましたが、神様のなさる業は不思議で、その時に必要なものを必要なだけ下さるのでした。

例えばマレーシア・サラワクでは何時も傍にいて支えてくれる多くの友人（サラワクの友人と日本国内の支援友人）が与えられました。

共生庵活動を始めたときは、家も仕事も共生庵を支えて下さる仲間もいつの間にか与えられていました。病院勤務が決まり、ロッカーの奥にしまい込まれていた薬剤師免許の埃をはらい、猛スピードで進歩する医療の現場で働くなどできるのだろうかと言う不安、自信のなさなどで押しつぶされそうな自分がありました。でも一方では再度勉強をする楽しさ、主婦の生活にはない社会人としての新鮮さ、牧師館を離れた開放感などがありました。

共生庵活動をどんなものにしていくのか方向性が見えないけれども、はっきりしていることは、このめまぐるしい社会にうまく乗れないで右往左往している人や自分を見失う忙しさの中にいる人等が日常生活から抜け出してホッとできる場、そして何よりも人と人との繋がりが大切にできる場にしたいということでした。

田舎生活が始まってから一年半後に、借家では何もできないだろうと神様は三和町に現在の良き場所を与えて下さいました。それもわたしたちが人との繋がりを大切にして絶えず、自分たちの思いを発信し続けた結果でした。

「共生庵は何をするところですか。共生庵は何をしているのですか」とよく聞かれます。それはピザを食べながらグループの「和」を作りに来る人、親子で自然にふれ親しむために来るグループ、懐かしい出会いを求めて来るグループなど。わたしたちは場所をお貸しするだけではなく、わたしたちと来訪者との出会いを楽しみ共に学び合う場です。

わたしたちは感性の豊かな人間になりたい、またわが子にそんな子どもになってほしいと願って子育てをしてきました。どんな小さなことでも喜び、うれしさ、かなしさを素直に感じられる人に、また特に怒らなければいけないときには、内に閉じ込めないで怒ることのできる人になってほしいのです。

わたしたちは人との関わりの中でしか生きていけない。でも多くの方が人との関わりの中で疲れ、息苦しさを感じています。あくせくした生活からほんの少しだけ抜け出して、共生庵で四季折々に変化する自然の中に身を置いてみて下さい。虫や花等がいのちを繋いでいくために様々な工夫をしているその小さな出来事に驚きをもって眺め、季節の変わり目のかすかな光や風の変化を感じる感性を養い、リフレッシュして下さればと思っています。

またお金を出して買えば簡単ですが、わたしには自分が使う物や食べるものはできるだけ素材から作っていきたいという思いがあります。サラワクでの生活とイバンの人々との出会いはわたしのその考え方を強めてくれるものでした。彼らは森にあるもので生活に必要なものだけを作り出していく。食べ物だってその日に食べる量だけ森から取ってくる生活でした。それでも生きていけることを知りました。

（奈津江／第五七号）

傾いた看板

「思い込み」とは恐ろしいもの…ということを思い知らされた苦く愉快な話をご紹介しましょう。

共生庵から三次の街に出かける途中で車窓からいつも見かける「傾いた看板」のこと。タタミ二枚ぐらいありそうなコンクリート製の立派なもの。ある日突然現れたのを見て、違和感をもった。何故ならそれは傾いているからです。

「わざわざそういうデザインにしたのだろうか」とも考えましたが、「いやいや立派すぎて土台が弛んで傾いたんだ。そのうちに直されるだろう」と思い込んでいました。でもいつまでたってもそのままでした。街から帰るとき、反対の下り坂から見てもやはり明らかに傾いているのです。

ある日現場を通りかかったとき、何気なく連れ合いに「あそこの看板はいつまでも傾いたままだね」と話題にしました。「あんたバカね」…とは言わなかったものの、あきれたように「ちゃんと垂直に立っているわよ。今までずっとそう思い込んでいたの～」とズバリあきれ果てたように大笑いされました。そこには信号があるので、いつも横目にみながらそそくさと通過していました。そこで、よぉーくよく確認すると、確かに堂々と直立しており、書かれた文字も傾いていない。

看板は「坂道」の国道（本線）に直角に交わるT字型三叉路の町道（支線）側の角に立てられています。そこは確かに平行・平面だったのです。

「傾いているのは、看板でなくこっちの道路の方でしょう！」と指摘されて初めて自分の思い込みが間違っていたことに気づいたというお粗末な話です。「曲がり傾いているのはあんたでしょう！いつものことよ」といわんばかりに隣席で高笑いされてしまいました。

この体験は妙にわたしの中に巣くっていて、いつもここを通過するたびに苦い思いがよみがえってきます。何事についても「あれは傾いている、曲がっている」と思い込み決めつけるとき、想起しなければならない。そういう自分の立つ土台が水平かどうかを。

もしかして自分の方が間違っているかも知れないという謙虚さとチェック機能を兼ね備えるためにはどうすればいいのでしょう。

「自分こそが本線・本流・正当である」という思い込みや自負が、しばしば他者を支線・支流・間違い等と決めつけ、切り捨てることにつながることを自戒したいと思います。

「そうだ。そうだった。わたしの勝手な思い込みで、それは間違っているんだ」と素直になりたい。なのになかなかそうは行かない。まずは醜い自己弁護が始まったり、「攻撃は最大の防御」と語気を荒げてしまうことしばしば。

最近特にいろいろな意味で固くなってきた自分を省みながら、そう思うようになりました。

皆さまの足元は傾いていませんか⁉

（純太郎／第五八号）

コンパニオン・アニマル…心音（ココネ）

四月に娘家族からもらわれて共生庵の住人となったミニチュアシュナウザー犬の心音（ココネ／一歳八ヶ月♀）は毎日屋外で様々な生き物を見つけて遊んでいます。夏のはじめはバッタやカマキリなどの小さな昆虫を前足でつつき、飛んでいるチョウチョや小鳥などは追いかけて飛びかかっていました。動くものが目にはいるとすぐ反応するのです。あるとき、地面にハチがいたらしくいつものように前足でつついて刺されたようで凄まじい悲鳴を上げてうずくまってしまいました。よほど痛かったのか、半日ほどその足は使われませんでした。そしてそれ以来ハチの羽音が聞こえると逃げていました。

最近ではあちこちにある水路の近くにいるカエルを見つけて捕まえることに熱中しています。わが家の主、大きなヒキガエルに出くわしたときは、さすがに心音も自分の頭のような大きさに前足が出せなくてうなり声をあげながら追いつめていました。このヒキガエルは、毎年夏になると何度かどこからか出てきてわたしたちを楽しませてくれています。

さて、実りの秋になるとツリーハウスのある場所にはドングリ、クリ、カキ等が沢山落ちており、それを目当てにタヌキ、野ネズミ、イタチ、カヤネズミなどの小動物が出没します。様々な小動物の臭いがするらしく、心音（ココネ）は鼻を地面にくっつけて臭いをかぎ回るのに忙しい。ある晴れた気持ちのよい昼下がり、タヌキが共生庵の庭を散歩していたらしく、それを見つけた心音は猛烈な勢いで追いかけていき、自分と同じぐらいの大きさのタヌキを竹藪の端まで追いつめてしきりに吠え、わたしたちに知らせてくれました。

老人ホームなどで高齢者がペットとふれあうことで表情が明るくなったといわれます。最近コンパニオン・アニマル（伴侶動物）という言葉を聞くことがありますが、動物を一方向な愛情の対象としてではなく、心が通じ合う対象として考え、共に生活をするという考え方です。イヌはその代表的な動物で、昔から人と共に生きてきました。最近ではネコ、ウサギ、ウマなどもコンパニオン・アニマルと言われているそうです。人は動物によって安らぎをもらい、動物は人によって一生養われていく。つまりわたしたち人間は動物のしつけをきちんとして暮らしを最後まで守ってやる責任があるのです。

確かに、わが家に心音がいることで気をつかうことも沢山あるけれども、共生庵に来た人たちと話題が膨らみ雰囲気が和らぐことも沢山あります。

心音がわたしたちに完全な信頼を寄せて、目を輝かして田圃や土手の草むらを走り回る姿は美しく、世話をしているわたしたちが一番安らぎを貰っているのです。

（奈津江／第五八号）

うなずき　Nodding

瀬戸内の島でグループホームの看護士をしているTさんから聞いたお話です。

認知症であちこち徘徊する元教師のご老人は、スタッフ会議の部屋にもよく入ってくる。ある日の会議のこと。いつものようにドアを開けて顔を見せた彼は、ちょうど椅子が一つ空いていたのを見つけると、そこに座り込んだ。会議はそのまま彼を受け入れて進められた。その日は深刻な話が続いたが、彼は腕を組んでいつものように「うんうん、ふーん、なるほど」と首を縦に振る動作を繰り返すだけで、何も発言しないで座り続けた。

話が重たくなり行き詰まったとき、あるスタッフが彼に「○○さん、あなたはどう思いますか？」と振ってみた。彼は「そうですねぇ。ふんふん、うーん、なるほど」と言うだけで相変わらず同じように腕を組み、首を縦に振りながら相づちを打ちました。

そのタイミングのよいしぐさは、笑いを誘い一同たまらず大笑い。その場は明るい和やかな雰囲気に満ちたという。そこから気分転換が生じて仕切り直しができたとのこと。

Tさんはこの話を紹介しながら、こう付け加えてくださいました。「理解できているかどうか分からないけれど、そこに存在するだけで、彼はちゃんと全体に貢献しているんですね」と。

このお話は、私には正に文字通り首を縦に何度も振って強くうなずけることでした。というのも、例えば礼拝で説教する時などに感じること。たった一人でも顔を上げ、うなずきながら聞いてくれる人がいれば、どんなに慰められ励まされるかを常に体験しているからです。何もかっこいい言葉を発せられなくてもいい。何らかの小さなアクションを示すことだけでもいい。そこにそういう形で存在するだけでＯＫ。すでに何らかの貢献ができているのだ。無意味な存在（者）などないのではないか!?…等を教えられた次第です。

人間関係で大切なことは、お互いに言いたいことが言え、それが相互に受け入れられることでしょう。それを実感できる重要な要素は「しっかり聞いているよ」という相づちやうなずき（nodding）

でしょう。「うんうん、へぇ～、なるほど、それで？」などの相づちがタイミング良く入ってくると話は進み、心地よいもの。更に言葉と共にわずかな動作が伴うと一層有効な展開をもたらす。それは、その通り・同感だよというサインを表す「うなずき」という小さなしぐさではないでしょうか。下を向いたり顔をあっちの方にやりながら聞くのでなく、心を通わせるしぐさを大切にしたい。そして言葉にならない仕草やうなずきを敏感に正しくキャッチできる感性を（何よりも自分自身の中で）研ぎ澄ませるものでありたいと願っています。

（純太郎／第五九号）

「溜《た》め」がありますか？

ここ数ヶ月、共生庵の裏山からの湧き水が、滝のように音を立てて多量に流れ落ちています。水脈が変わったのか、今までと異なる現象です。麦畑や田圃に掘られた溝の中からも浸出して、あちこちに水溜まりが生じ、水はけが悪くなって困っています。この湧き水を何とか有効利用できないものかと思案中です。

ともあれ、共生庵の雑木林の裏山が送り出す水は、大勢の泊まり客がある真夏でも幸いなことに枯渇することはありません。しかも名水（軟水）の判定を受けているのだから、大きな自然の恵みという他はない。その恩恵を忘れてはならじと、冬場に連れ合いと裏山に登り源泉の森林整備に汗を流しています。

森は様々な生き物の共生を可能にする場です。空気も水もきれいにして、適度にバランス良く提供してくれる循環システムを有しています。特に多様な植生をもつ森ほど保水力や涵養力があり、豊かな水をたっぷりと溜め込み、少しずつ浄化して湧き出してくれます。共生庵では、この湧き水がすべての生活用水で、全面的に依存しています。昨今の気候変動を考えると「いつか枯渇するのでは⁉」という不安がよぎりますが、それを知ってか知らずか一度も断水を起こしたことはありません。

でもこの森の「溜め水」が十分でないと共生庵の生活はたちまちに困難に陥ります。この「溜め」という言葉に注目させられたのは『反貧困』（湯浅誠著、岩波新書）からでした。本書は副題にあるように、一度転んだらどん底まで滑り落ちてしまうのではという不安を「すべり台社会」と定義し、この世界規模の経済危機がもたらす巨大な貧困社会を暴き出しています。誰もが有するべき雇用・社会保障・公的扶助の三層のセーフティネットから次々滑り落ちて行く「非正規雇用者」等の現実には胸が苦しくなるほどです。そこには五重の排除（教育課程・企業福祉・家族福祉・公的福祉・自分自身）が引き起こされていくと指摘されています。

特に最後の最後、こうなったのも「あなたのせい」と自業自得の自己責任論に追われて、さらにそれを「自分のせいだ」と内面化し、過度の自助努力につぶされていくとき、ひとは自尊感情を失い、人間の尊厳性喪失へ追い込まれて行かざるを得ません。この「第五の排除」まで滑り落ちると「自分の腑甲斐なさと社会への憤怒」でやがて爆発に至る。それを避けるために希望・願望を自ら破棄することで「死なないから生きているだけ」という事態に自らを追い込むという。

どんなに一人ふんばっても「どうせ無駄」と思いつつ「このままではまずい」という揺れ動きの間をつなぐために必要なものは「溜め」だという。色々な意味でゆとりや自己防衛のバリアーが立ち上がる契機になる。それが「溜め」という概念で用いられています。

様々な社会的救済システムを再構築することと並行して、本人が「自分自身からの排除」から脱出できる居場所が必要です。そのために自立生活サポートセンター「もやい」のネットワークが設けられています。人間らしさとその尊厳性を回復する場として家族・仲間・人間関係という「溜め場」が求められています。お互いに「溜め」を創出していける場の回復をめざしたい。（純太郎／第六〇号）

スイートバジル（シソ科）のオリーブ油漬け

今わが家の庭先では直播きされたバジルがとてもきれいに育っています。いろいろなところで利用されて好む人が多く、わりと楽に手に入ります。わたしも好きなハーブの一つです。もう三～四年前になりますが、ある店でバジルのオイル漬けの瓶詰めを見つけました。それにヒントを得て、沢山できたバジルの葉を小さくきざみ、塩をまぶし、小瓶に入れオリーブオイルを加えました。うまくいくかどうか不安だったのですが、数ヶ月後にそれを出して使ってみました。青々ときれいな色で、しかもバジル特有の香りもあり、スパゲッティなどに使うと塩加減も丁度良くとてもステキでした。冬場、新鮮なバジルの葉のない頃とても重宝し、約一年くらい楽しみました。今年はたくさんのビン漬けを作って、来た人に差し上げることができるといいなと思っています。

（奈津江／第一〇号）

第61号＊2009/6/25～第70号＊2010/12/25頃のできごと

第61号＊2009/6/25

◆日本ミツバチのハチミツが16.5kg取れました！
◆日本ミツバチ集団脱走！
◆新しいNGO「SCS活動支援グループ」発足
◆大正めぐみ教会ファミリーキャンプと甲山教会の合同礼拝

◆三和町NPO法人善菊会4回連続研修会
◆宇治教会13名来訪
◆サラワクスタディツアー事前学習　なぎさ高校
◆工房裏に風呂・シャワーユニット設置
◆「がんばってる会」リユニオン11名来訪

第62号＊2009/8/25

◆甲子園教会CS（21名）
◆牛田子ども会（20名）
◆JICA-NGO連携による実践的参加型コミュニティ開発　広島フィールドワーク開催　（アルゼンチン・東ティモール・ケニア・エクアドル・ブータン・パプアニューギニア・日本7カ国の計14名　受け入れ）
◆桃山学院大学　援農隊「らぶ&ピース」来訪
◆炭出し◆炭材詰め作業
◆SCS活動支援グループへ第1回支援金約10万円を渡す
◆黒川地区子ども会9名来訪
◆天城教会修養会　来訪

第63号＊2009/10/25

◆竹原・甲山教会　合同礼拝
◆日本語教師ボランティア活動プロジェクト会議 in 共生庵
◆第10回炭焼き体験

第64号＊2009/12/25

◆PHD協会研修生を迎え相互交流の夕べ　～報告と学びの持ち寄りパーティー～

第65号＊2010/2/25

◆農村伝道神学校卒業生を研修生として（8ヶ月）実習受け入れ
◆広島なぎさ高校サラワクスタディツアー事前学習農体験
◆大阪東梅田教会から2組グループ来訪
◆桃山学院大学　援農隊「らぶ&ピース」春の援農隊　ピザ用小麦畑で肥料散布と土寄せ作業

第66号＊2010/4/25

◆三和町NPO法人善菊会連続研修会

第67号＊2010/6/25

◆三次市子どもチャレンジ講座（24名）共生庵にて（三次市教育委員会主催）
◆大正めぐみ教会（大阪）と甲山教会（世羅郡）の朝食愛餐会と合同礼拝

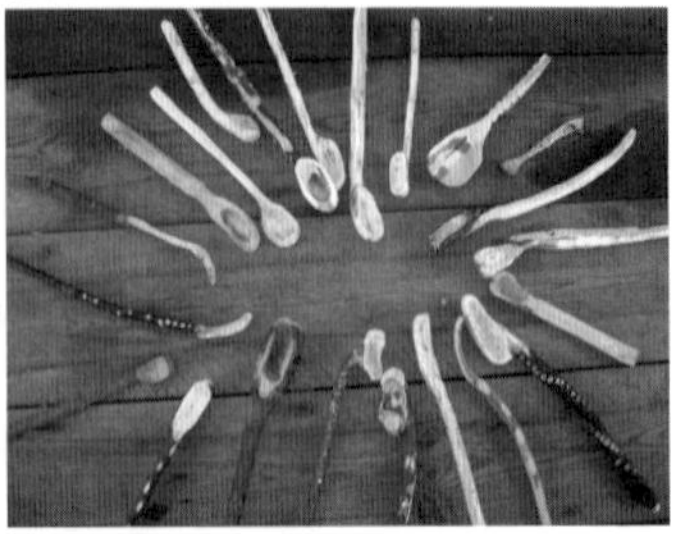

第68号＊2010/8/25

◆マレーシア・サラワク州観光団15名来訪

第69号＊2010/10/25

◆Iターン・Uターン・Jターン志願者・etc.　ゆるやかネットワークづくり　事始め
◆超小型薪ストーブ「コーヒーピットストーブ」を設置
◆日本クチン友好協会　発足
◆古いガラス戸5枚をリサイクルしてサンルーム設置
◆関西NGOサラワクスタディツアーグループ有志　堆肥散布など農体験で奮闘
◆イノシシ・鹿侵入防止対策で地域の農家の方々総出で共生庵周辺にフェンス設置

第70号＊2010/12/25

◆PHD協会研修生交流会
◆ミニ「逆手塾」in 共生庵
◆東日本大震災の大津波と原発事故を逃れて新天地を求めて若い夫婦の来訪が相次ぐ

第七章　農・自然の摂理の中で

好奇心とセンス・オブ・ワンダー

森の精に　我が子に
最も役に立つものを授けて下さい
と願うなら、それは好奇心である

（ルーズベルト・エレア夫人）

好奇心（こうきしん／curiosity）とは生まれながらにあるものと同時に後から習得されるものでもある、といわれます。

自分が持っている認知構造とのギャップがあるところに生じるのが好奇心。そのずれやバランスが小さいと生じないが、大きすぎると不安や恐怖心をもたらすと考えられています。「適度なギャップ」は心地よい刺激を与えてくれる。そこからモゾモゾと何かが動き出して、いろいろな広がりや深まりが引き出される…それが好奇心なのでしょうか。

好奇心旺盛な人に出会うと、とても楽しくなる。逆に何かを見せたり、話しかけたりしても関心を示そうとしない人もいる。人それぞれ、どちらが良い悪いと言うつもりはない。でも話題が弾み、質問・議論・共感などがこんこんと湧き出してくると、確実にワクワクして一緒に過ごす時間がとても濃くなる感じがしてきます。

冒頭の言葉は子どもへの願いですが、これは大人への呼びかけでもあります。特に老いを感じ始めると、この好奇心は大いに役立つことに気づかされます。いつもお元気で若々しい高齢者に出会うとその秘訣は何だろうと、探ってみたくなります。色々なくくり方ができるでしょうが、行き着くところは、この好奇心ではないかと思う場合が多く、その方の表情や生き方は、まさに「光（輝）齢者」という表現がぴったりくるようです。

人は誰でも年を重ねるに従っていろんな感覚や感性が乏しく鈍くなります。現代の子どもたちもまた、本物に出会えず、リアルな体験をすることが少なくなっています。

そのような問題をめぐってレイチェル・カーソンは、次のように同じようなこと語っています。

「もしもわたしが、すべての子どもの成長を見守る善良な妖精に話しかける力をもっているなら、世界中の子どもに生涯消えることのない『センス・オブ・ワンダー＝神秘さや不思議さに目を見張る感性』を授けて欲しいと頼むでしょう。」（『センス・オブ・ワンダー』レイチェル・カーソン、上遠恵子訳二三頁、新潮社）

このようにエレア夫人の言う「好奇心」が「センス・オブ・ワンダー」という別の言葉で見事に表現されています。「知ることは感じることの半分も必要ではない」とも語り、神秘性・不思議さ・感動を受け止める「感性」と「好奇心」が知識偏重の現代人に問うているようです。

五感をフルに使って味わい、嗅ぎ、聞き、触れる等の刺激を楽しむ「知覚的好奇心」を活き活きさせたい。また様々な情報を読み解いていく「知的好奇心」もさらに育みたい。広く地域社会・日本・アジア・地球・宇宙への「拡散的好奇心」等もバランスをとって持ち合わせ生かし続けたい。そうして常に成熟した若さを持続させたいものです。

（純太郎／第六一号）

エコ　ECO　えこ　～キャンドル ナイトから考える

夏至の日に、夜の八時から一〇時の間、電気を一斉に消してキャンドルナイトをしてみましょうという運動があります。共生庵でも時折、囲炉裏端で室内の電灯を消し、キャンドルに火をつけてゆっくりしたときを過ごすことをします。晴れていたら外に出て星を見て自然にふれる。今の時期なら共生庵の庭先ではホタルを見ながら、普段ゆっくり考えることのない大切な人のこと、地球環境や自然の営み等を考えるのもいいでしょう。

毎日、雑用で忙しく過ごしていて、周りに自然がたっぷりありながら自然を楽しむゆとりの無い自分があることをつくづく感じています。このキャンドルナイトは自分を取り戻す良い時間になります。二〇二〇年までに日本の温室効果ガス排出削減一五%が目標といわれて多くの議論がなされ、それに向かって様々な政策が行われています。わたしたちの日常生活でもCO_2削減にますます努力をしなければいけないようです。

久しぶりにあるスーパーマーケットに行きました。そこでは買い物袋を持参すると代金から二円引いてくれるようになっていました。結婚した頃は買い物用バスケットを持って市場にいくことが当たり前でした。もっと前の子どもの頃はお鍋をもってお豆腐を買いに行かされていました。それがいつの間にか何もかもがパックされて綺麗に包装され、買い物袋まで付けてくれるようになってきました。消費者として包装を最小限にしたくてもできないシステムになっています。野菜や果物は一つずつバラで好きな量だけ買えればいいのですが。お店側では商品管理上パックをした方が便利だとか、あるいはパックをした商品の方がよく売れると聞きました。便利な生活に変わっていくことは簡単ですが、少し不便なあるいは面倒な生活に逆戻りすることは難しいことで努力が必要です。

昨年ドイツに行く機会がありました。スーパーマーケットでレジ袋はなく、こちらからくださいと言わなければ出してくれないので戸惑いました（もちろん買うのですが）。また、あるとき、ミネラルウォーターを買いました。一ℓ入りが約二〇〇円のペットボトルでしたが、空になったペットボトルをお店に持っていくと約四五円も戻ってきました。こんなにお金が戻ってくるのなら、多くの人がペットボトルをお店に持って行くでしょう。そしてそれはエコにも協力するということになります。日本も誰もがエコに協力しょうと思えるような思い切ったシステムが出来ないかなと考えてしまいました。

エコのことを考えて何が出来るでしょうか。わたしたち一人一人は買い物袋を持ち歩く、電気を消す、電源はこまめに抜く、無駄な水は使わない、できるだけ公共交通機関を使う、食べ物は必要なだけ準備して大事に最後まで食べる等々…気を付けることはたくさんあります。でもそれが社会全体となると個々の力ではどうすることもできないことが多く、社会全体が変わっていかなければと思います。例えばマイカーを使わないで公共交通機関を使いたいと思うけれども、三和町に住み始めた頃には、何便もあったバス路線が最近は一路線に。しかも朝夕のみで土日はなしとなり、マイカーを使わざるをえません。利益と便利な生活と地球環境を良くしていくことと、どこで折り合いを付ければいいのでしょうか。

電気を消してゆっくりと夜空の星でも眺めてと思っていたのに…。星を見ながら、地球環境のことを考えると、何とかしなければ…と目に見えて変わっていかないイライラのようなものを感じる夜になってしまいました。

（奈津江／第六一号）

眼は遠くを見るために　若さと情報を得よう

今夏も広島なぎさ高校二年生とボルネオ島にある東マレーシア・サラワク州のイバン人村落共同体を訪ねました。毎回の様に、熱帯雨林のロングハウスで自然と共生する彼らに学ぶことは多い。今回あらためて気づいたことは、彼らのほとんどが眼鏡をかけていないこと。たまに投網を編むときに老眼鏡を見かけるくらいです。かたやこちらはわたしを入れて半分以上が眼鏡かコンタクト族。

ジャングル・ウオーキングのときに様々な場面で彼らの視力の良さに驚嘆させられました。森の恵みを得るために素早く視線を走らせ、遠くの獲物も見つけ出す鋭く確かな眼力を感じました。それは人間が基本的に持ち合わせていると言われる眼の「空間認識能力」なのでしょうか。

ビジョントレーナーの田村知則氏が、眼を通して外界の情報を得たいという好奇心や知識欲は、

「脳を若返らせる」と語っています。そもそも人間が細かい文字や映像を見るようになったのはごく近来のことで、元来人間の目は手元にあるものを長時間見るようには創られていないと言われています。

日常的に眼は手元にある情報として文字・絵・画像・TV・ゲーム等の中で働かせています。これらのほとんどは平面的なもので、現実に人の眼に映る「外の眼」で見たもの。他方こころの中に描く意識の風景というような「内の眼」があると言われます。この双方のバランスが大切で、人の性格や行動にも影響してくるそうです。

平面的な眼の動かし方ではあの空間認識能力が弱くなっていくので、昔遊びのお手玉、縄跳び、カルタ取り、コマ回しなどの三次元的な眼の使い方が大切だと勧めている。

アジアの子どもたちの眼がキラキラ輝いているとよく言われる。それはいろいろなものを見たい知りたいという好奇心や知識欲の故なのか。いつも豊かな鋭い眼力をもつイバンの人たちの眼もまた明るく澄み、行動も若々しく、躍動感にあふれている。

情報や知識が溢れかえるわたしたちの生活で動く眼は、どうなのでしょうか⁉　加齢に勝てず、眼の衰えから老眼鏡が手放せないとしても、くじけることなく手元のものをしっかり見て読んで好奇心も知識欲も旺盛でありたい。でもそのままではストレスが溜まりかねない。脳の活性化に、特に身体と心の若返りには、遠くを見て眺めて「内なる眼」を回復させる必要があります。「手元の細かいものが見づらくなった」と嘆くことなかれだ。もともと遠くを見るように創られた眼の使い方を回復させる時が来たのだ。情報と刺激を得て若返るために。

（純太郎／第六二号）

愛しい日本ミツバチ　その恵みと逃避行

昨年の春、連れ合いがミツバチを飼うと言い出した。そのときは内心「また、好奇心が動き出した。いやだな！」と思いながら、世話をするのは連れ合いで、わたしは何もしなくていいと言うことなので、「まあ、いいか」と彼のすることを黙ってみていました。

ご近所に日本ミツバチを飼っておられる方があり、どうやらその人にすすめられたようです。教わったように、巣箱はすべて手作りして、入居の準備をしました。

四月の中頃、二群の日本ミツバチが我が家にやってきて、母屋の西側の軒下に吊されました。暖かくなって花があちこちに咲き始めると、ハチは盛んに出入りして賑やかでした。

スズメバチとは違ってミツバチの方からはあまり攻撃はしないが、危険を感じると攻撃をしてくることがある。そして日本ミツバチは西洋ミツバチより攻撃力が弱く、その毒の量や成分も少ないと聞いて、少し安心しました。ハチに刺されたらいやだな！　でも、うっかりその近くで草取りをしたときや、なにかの用事で近くに行ったときなどに二度から三度ばかりハチに刺されました。特にハチが頭の髪の中に入ってしまうとなかなか出てくれなくてパニックになってしまいます。考えてみるとハチの方も出たいのに出られなく、人間を攻撃して刺してしまうのでしょう。刺されて痛いことは痛いけれども、痛みや腫れはそんなに強いものではありません。二日目から酷いかゆみが三日から四日続きます。そんなわけで来客や子供たちが刺されないようにとずいぶん気を遣いました。

日本ミツバチは西洋ミツバチに比べて寒さや病気に強いけれども、蜜を集める量が少なく、西洋ミツバチは日本ミツバチの三倍も四倍も集めるので養蜂家はほとんど西洋ミツバチを飼っているそうです。したがって日本ミツバチの蜜は希少価値があるようです。昨年は蜜がどれだけ集まっているか様子が分からないので採蜜をしませんでした。

今年の六月のある日、連れ合いは頭から足先まで完全武装をして一つの重箱状の巣箱をあけて三段ほど採蜜をしました。最終的に収穫したハチ蜜は一六・五キログラムでした。

残った巣から蜜ロウを取りました。結局収穫した蜜の分離や瓶詰め、蜜ロウ作りはわたしの仕事になってしまいました。蜜や蜜ロウが収穫できたことは、やはり嬉しいことで、ミツバチを飼うことに興味がわいてきて、まじめに研究して取り組んでみようかなと思いました。

その矢先、事件が起こりました。七月末、雨上がりの蒸し暑い夕ぐれどき、草取りをしているとミツバチが騒ぎ始め、すごい数のミツバチが一斉に飛び始め、あっという間に空高く舞い上がり、消えていってしまいました。

それは一瞬の出来事でした。その時何が起こったのか分かりませんでしたが、どうやら分封（ハチの数が多くなって巣分かれをして新しい巣を作る）ではなく、逃亡・脱出でした。巣箱を見ると空っぽ。残っているだろうと思っていた蜜もありませんでした。残念!、採蜜の時期が悪かったのか、蜜を取りすぎたのか、アリやスムシ（ハチノスツヅリガの幼虫）のためなのか、スズメバチがきたのかなど様々な原因が考えられますが、とにかくミツバチはこんな所に住んでおれないと逃げ出したのです。

悔しい！、もっと、丁寧に観察をしてミツバチの様子を把握し、巣箱をきれいにし住み良い環境を配慮してやらなければならなかったようです。空高く飛び上がったミツバチたちは、共生庵よりも良い環境で新しい巣作りをしているでしょうか。元気で活発に働いているでしょうか。害虫などで荒らされた巣箱を再生して次のチャンスに備えています。戻ってこないかなぁ、あのハチたち！

（奈津江／第六二号）

個（枯）食から呼食へのすすめ

共生庵名物の一つはピザ焼き体験。まずひとしきり薪割りを楽しんだ後、煙の匂いと炎の熱を感じながら、薪で一時間半ほど石窯を暖めます。都会ではファストフードの典型のピザを、ここではたっぷり時間をかけてスローに味わいます。パン生地の小麦をはじめ、素材はできるだけ自家製のもの。長い日時をかけて育てられ、下準備されたものばかり。

共生庵ピザの美味しさの秘訣はいろいろあります。第一に家庭では叶わない四〇〇度ぐらいの輻射熱で数分であっという間に焼くこと。しかし、何よりも出来たてのアツアツを小さく等分して、みんなで分かち合いながら食べることが、一番の魅力でしょう。

トッピングには一枚ずつメリハリを付けます。ピザ片にバジルの葉っぱをのせてパクパク。何枚食べたか分からないくらいお腹一杯食べ、デザートの頃には一同身も心も幸せな思いに満たされます。いつも思うのですが、こうして時間をかけて立ったり座ったり、好きなところへ移動しながら様々な人と談笑する食事こそが最高で美味なご馳走ではないか、と。そして日常の食生活の貧しさを考えさせられます。

スローフードについてワークショップをするときに食生活のキーワードをめぐって話し合います。現代社会の食生活の貧しさを表す言葉に「個食・固食・弧食」などがあります。会話がなく早々と済ませる食事を続けていると、やがて我らの食生活は「枯食」になる、とわたしは自分で考えた新造語で問いかけます。そこから抜け出すことができるのはと、更に考えたのが「呼食」ではないかと。誰かを呼んで一緒に食事を楽しむことができれば、雰囲気・食材・食欲等にも様々な変化と豊かさが醸し出されるのは間違いない。「他者と一緒に食べることから、他者への思いやりや社会性が身に付く。食べることことをないがしろにするとき、他のいのちを犠牲にして活かされているということに気づかないだけでなく、自らのいのちも軽視している事になる」という指摘がある。「日々の食行動」は、人生や命そのものを偏った貧しいものにするか、豊かなものにするかを左右するように思います。

そういう事柄が心身に悩み苦しむ若者に共通していると言われています。自らの意思で食行動を正していくことが、課題の克服に繋がっていくと指摘されている。

ですから近くの友達・遠くにいる家族・孫・新しい友等々を呼び出して一緒に食事しようという「呼食パーティ」をお勧めしたいと思います。これが月に一度でもできると良いですね。そしてその食卓に「見えざる客」のために一つ空席を設けて、ここに呼ぶべきひとは誰かとか、飢餓の課題などを考えながら愛餐のときを過ごせないかなぁ。

（純太郎／第六三号）

自己変革は「低みに立って見直す」ことから

一年が何とも早く過ぎていく！　この思いは最近とみに強くなっています。そして気がつくと、イヤでも「加齢」を意識させられる日常の出来事に敏感になっている自分にも気づかされています。そしてその底流に言いようのない不安があることも。

それは漠とした「もう後があまりない」というか「先が見えてきた」ということから来る焦りなのでしょうか。それだけに日々を無駄に過ごすことなく充実して生きようと思いますが、現実はままならない。思うように足腰は動かず、フットワークは軽くないことを思い知らされます。

いつものことながら一年のカレンダーを取り替えるときに思うのは「悔い改め」という言葉です。惰性に流されるいい加減な生活を反省して、これからは思い新たに、悔いを残さぬように生きようと心改めるのです。

これとても毎年繰り返されていることで何を悔い、どう改めたら歯止めになるのか。

今秋、釜ヶ崎で働く本田哲郎神父に出会い、研修を受ける機会があり、多くの示唆を与えられました。そこで学んだことの一つ。悔い改めについては「自己変革のキーワードは『低みに立って見直せ』」と教えられました。

悔い改めるべきは何か、どうするべきかいくら真剣に取り組んでみてもたかが知れている。自分の立っている場に立ち続ける限り、大きな限界がある。悔い改めと訳されるギリシャ語のメタノイアは、

「視点の転換」を意味する語。「判断の筋道を変える」「視点を移す」ときに初めて今まで見えなかったことに気づくと解説されました。しかも視点をどこに移すかが重要。それは「人の痛みを共感できるところ・抑圧され小さくされた人々の立つところ」だと語られました。社会の底辺に立つ人々の視座を借りて、そこからもう一度見直してみることが大切だ、そこから何よりも自分自身を見直し、人や社会との関わりを見つめ直すとき、自己変革への可能性が開かれるのだと教えられました。

年末を迎えると、人はだれでも過ぎ去った一年をふり返り、新しい一年に向かって生き様のチェックをするものです。そこで避けられないことは肝心の自分がどこに立っているかを吟味することだと思います。自分にも他者にも厳しく悔い改めを求めること以上に、お互いに「低きに立って見直す」ことができればおのずといろんなことが明らかに見えてくるのではないかということでしょう。

自分の立場を高く固持しながら、あれこれ悔い改めても、本質的には自己変革には繋がりませんね。自分の思い・足場を低きに移し直し、そこから指し示される判断の筋道を大切にしたいと思います。「漠とした言いようのない不安」をもう一度見直してみると、そこに潜んでいるものは、自らの足場にしがみつき自らのことのみにかまけて一年を過ごしてきた自己中心的な生き方とそこから来る空しさではないかと思わされます。

すきま風のように時折過ぎ去っていく不安感・焦燥感・虚無感などが少しでも和らぎ「これでいい、これで良かったという充足感」に満たされる一年でありたい。そのために低きに立ち、小さくされた人を尊敬し、大切にして関わろうとする謙虚な生き方が求められているのだろうと気づかされています。

（純太郎／第六四号）

評価をしないで 今を生きる

ひとは誰でも日々を心安らかに過ごしたいと思います。でも常に心穏やかであるのは難しいこと。いろんなことに思い悩み、心が落ち着かず、葛藤があるものです。そんなときの対処方法に何か秘訣でもあるのでしょうか。

最近アティテューディナル・ヒーリングという言葉に出会いました。英語の姿勢や態度を意味するattitudeからくる言葉。「人や物事に対する気持ち・考え・意見・身構え・心構え」という語意です。嫌なこと・不安・怖れ等に対して「こころの姿勢を自分で選ぶことによる癒し」と定義されています。

アメリカで研修を受けた水島広子氏（対人関係療法専門クリニック長・精神神経科医師）が日本に紹介したワークショップです。著作に『怖れを手放す　アティテューディナル・ヒーリング入門ワークショップ』星和書店（続編もあり）がある。同じような人間関係トレーニングのワークショップを試みる私には、多くの共通項があってなかなかおもしろく、参考になるものでした。徹底して「今を生きる」ことを求められるのですが、それは過去や未来のデータにとらわれずに「評価を下さないで人の話を聴く。同時に評価を下さないで自分の話をする」ということです。これが難しい！

わたしなどは、あらゆる場面で他者にも自己にも常に評価を下して「あーだ、こーだ」と決めつけています。ときには（自虐的も含めて）快感を覚えるような（悪性？）なものですから問題になりません。話としては分かるけど実践するのはとても難しい！、と悲鳴を上げてしまいます。

関連して想起したのが「いいんだよ。過去のことは」というひと言を投げ掛けて、心の平和を取り戻させる少年補導に情熱を傾ける元先生の話です。歓楽街の夜、非行に走る子どもたちを捜し歩く活動を続ける水谷修氏は夜回り先生といわれる。夜眠れない子どもたちに心砕いてきて、たどり着いたたった一つの答え。それが今までのことに評価を下さないで「いいんだよ。過去のことは」とやさしく語りかける一言。これが一三年間という活動の積み重ねから見つけ出された唯一のフレーズ。この彼の一言の重さと癒しのすごさには圧倒されます。（水谷修著『夜回り先生と夜眠れない子どもたち』サンクチュアリ出版）

もし悔いが一杯詰まった過去が一切評価されず、今あるがままの自分だけが受け止められ、その今を生きることができたら、人はどんなにこころに平和を取り戻せるだろう。他人や自分自身を許せないとき、「それは問題だ！」という聴き方・とらえ方をしがちですが「それもまた人間として当然のことだよね」と認めることができれば、怒りや苦しみから解放されます。この癒しを可能にするのは、どちらを自分で選ぶかという心の姿勢によるという。

人生に次々起こってくる出来事は必ずしも自由に選ぶことはできないけれど、それらに対する心の選択はできます。そこにあるのは心の葛藤を選ぶか、平和を選ぶかの二つしかない。誰かによって運命的に「自動操作」されるリモコンが働いているわけではないことに気づくことができれば、それだけでも随分楽になれます。平和を選ぶことができず、葛藤を選んでしまっても、（誰かに押しつけられたとか運命だと考えないで）「今それを選んだのは私だ」と自覚し、客観的に見つめることができれば、もう随分、怖れを手放しやすい領域に入っているように思うのですが…。（純太郎／第六四号）

わたしを読んで下さい『リビングライブラリー』

Living Library（リビング ライブラリー）という運動をご存じですか？ この図書館では貸し出す本は生きている「人」。派遣された人の話（本）を聴く人を「読者」という。
Living Library 本部ホームページ（http://living-library.org）によると「障害のある人やホームレス、セクシャルマイノリティなど、誤解や偏見を受けやすい人々を「生きている本」として貸し出します。読み手は普段あまり触れ合うことのできない本を借りることで、その語り部である当事者から直接話を聞くことができ、自分の持っている固定観念に気づき、新たな視点を得る機会となります。そして『生きている本』と読者との対話を通して、多様化に対して開かれた社会の実現を目指す試みです」と紹介されています。
　日本では二〇〇八年京都で始められていますが、もともとデンマークのロック音楽祭の一企画として二〇〇〇年に始まったとのこと。これは、ある特徴を有する「人」を借り、その人と三〇分話をすることを通じ、その特徴について理解を深めることを目的としています。
　先日NHK福祉ネットワークの映像で、このリビングライブラリーが紹介されました。「わたしを読んで下さい」と火傷で顔が変形した三〇代女性／ビッグ・イシュー販売員のホームレス／だんだん女性になっていく父親等が登場しました。自分で書き込んだ本やメモった本を読者の前で語り、苦しみや課題を乗り越えていくさまを伝えていました。

三〇分の語り／聴くという相互共有の時空間ですが、「生きている本」は言葉で人に伝えることで苦しみや呪いなどから解放されていく。そして対話の中で読者の側にも、また新たな物語が生まれていくのが分かります。たいへん興味深く、いろいろ考えさせられました。

特にこの運動が始められた動機なのですが「現在世界で起きている暴力行為や武力侵略が、人々がお互いのことを理解しあっていないからである」とある。これには全く同感。

わたしたちがもつ様々な不安や怖れの背景には、「事柄やその人自身について知らない／知ろうとしない」ことがあると思います。自分の勝手な思いこみやステレオタイプの見方・偏見が、どれだけ『異質な他者』との素敵な出会いから自分を遠ざけていることだろうと反省されていました。遠ざけ避けて無関心を装ってきた人を貸し出してもらい『生きた本』として紐解くことができれば、今までの誤解・怖れ・不安等も解消されていくでしょう。

この図書館運動は特別な人ではなく、一般からの応募者によって進められて行きます。物質としての「本」でなく、「生きた本」として生きた語り部から聞く（読む）という形を取ったユニークな運動です。これならどこでも、誰にでもできそうです。まず「わたしを読んで下さい」「聞いて下さいますか」と読者に自分の本を差し出すことができるでしょうか…。また広く関心を持てば、今まで手にしたことのない生身の人の生きた課題の本を読む（聞く）という出会いの機会ももてるのではないかな…。

この新しい生きたライブラリーが、ロケット・ストーブの周りで、囲炉裏端で、あちこちで開館すると楽しいですね。貸し出し自由の移動型・神出鬼没型の三〇分の出会いに祝福あれ！、貸し出し

「本」よ、来たれ！

（純太郎／第六六号）

インディカ米とジャポニカ米

一〇数年前、不作のため米不足になり、タイ米が市場に出回ったことがありました。そのとき、多くの人がタイ米は美味しくないと感じたようです。細長いインディカ米であるタイ米はパサパサしていて粘りがありません。日本でわたしたちが食べているお米はジャポニカ米で、炊くと艶があり適当な粘りがあります。それに慣れ親しんでいるわたしたちにはパサパサしたタイ米は美味しく感じないのでしょう。どちらかと言うとあっさりした日本のおかずは、少し独特な香りがあるインディカ米には合わないような気がします。あの辛い香辛料のたっぷり入ったカレーやインドネシア風の焼きめしのナシゴレン、あるいは様々の薬味を入れて食べるお粥等がタイ米に良く合います。嗜好あるいは味覚というものは変わっていくのでしょうか。はじめて少数民族イバン人教会自立のお手伝いでマレーシアに行った時、ある方が「日本料理が食べたいでしょう」とクアランプールの日本料理店に連れて行ってくださいました。そのとき、出てきた料理の中に巻き寿司がありました。一口食べたそのとき愕然としました。頭の中では日本で食べるお寿司をイメージして、味覚もそれを期待していました。それは今までの巻き寿司ではありませんでした。以後、旅行先ではその土地の物をその土地の料理方法で食べることが一番美味しいので、できるだけその土地の料理を食べるようにしています。

マレーシア、サラワク州シブの生活では、食材はその土地の物ですが、どうしても味付けは日本風になってしまいます。家族が美味しいと食べてくれるように工夫をしているうちに、いつの間にかインディカ米にも慣れてきました。市場のお米を売っている所に行きますと、黒色、小豆色から白色まで様々あり二〇種類ぐらいのお米が並んでいます。もちろんうるち米やもち米もあります。香りもそれぞれ違い、黒い米の方が白い米より値段が高いのです。日本米のように炊くと艶々して、真っ白な米はありません。

イバンの人たちが住むロングハウスでご飯を炊いている様子を見ていると、ボールのような丸みのある鍋にお米と水を入れて下から加熱します。しばらくするとグツグツ吹いてきます。ここまでは日本の炊き方と同じですが、驚いたことに、そのあと蓋をとってしゃもじで混ぜ、炊け具合をみて中の水分（いわゆる重湯の部分）を捨てます。そして火を弱くして蒸らします。彼らはパサパサした米の特徴を生かした炊き方をします。

食べ方もご飯とおかずを別々に、交互に食べるのではなく、ご飯にスープやおかずを乗せ、混ぜて口に持っていきます。粘りのある柔らかいご飯はどうやら日本人が美味しいと感じるほど美味しいと感じてはいない。むしろ苦手なようでした。やはり味覚は人それぞれで、慣れ親しんだ味が一番いいのでしょう。

わが家の田植えが終わって一ヶ月。稲が少しずつ大きくなって、緑色が濃くなってきました。それを「田圃に色が出てきた」というそうです。やがて暑い夏に穂がでて、緑から黄金の絨毯に変わっていきます。その色の移り変わりはとてもきれいですが、収穫まで農家の人たちは草刈り、肥料、殺虫、水の管理や天候に至るまで、沢山のことがあり、気の休まることがありません。農薬や化学肥料を使わないでお米を作ろうとしているわたしたちです。収穫量は少なくても安全で美味しいお米ができるといいな！と楽しみにしています。

わが家に来る人たちが喜んで食べて下さる食事は何だろう。自然の恵みを一杯受けて、裏山からの名水で出来たお米や野菜で、素材そのものを味わえるような食事にしたい！　（奈津江／第六七号）

ＫＹからＪＹへ　状況（情況）を読み込もう！

若者の流行語に「ＫＹ」があります。空気（Kuuki）を読めない（Yomenai）の略。彼らの間では何でも略語にしたり、それをローマ字化してしまう傾向があり、「ＫＹ式日本語」という一群があるともいわれます。　例えば「ＡＭ＝後でまたね」「ＮＤ＝人間としてどうよ」「Ｍ３＝マジでもう無理」等。携帯メール等では便利かも知れませんね。

空気を読まない（読めない）者は仲間や共同体から排除される。若者は結果的に狭いムラ社会を目指しているとの指摘があります。確かにその場の空気を敏感に感じ取り、それに合わせて機敏に必要なアクションを起こしていくのは、人生の生きる術として必須条件になるのでしょう。

限定された空気・空間に気遣い、神経をすり減らすよりも、もっと大きな広い世界で大切な素晴らしいことを読み込めるようになりたいと願う。

ＫＹに関連して最近特に思うことは、今や大切なことは「ＫＹよりもＪＹだ」ということです。それは「状況（情況）Joukyou を読む Yomu」ということです。国語辞典には【情況・状況】とはその場の、またはその時のありさま／ある人を取りまく社会的・精神的・自然的なありかたのすべてをいう／様子／情勢等とある。自分自身やその生きている社会を客観的・構造的にとらえることができると、本質を見抜く大切な視点が与えられます。

今夏も広島なぎさ高校のサラワク・スタディツアーに同行が許され、多感な高校生から多くを学ぶことができました。旅の終わりにふり返りのときをもちます。

Tさんは飛行機から見えるジャングルの樹海を見ながら、突然現れる「油ヤシプランテーション」を見て、とても人工的で育てられていると感じ、その周辺の森はごく自然にのびのび育っていると思ったという。長方形に整然と整備され延々と何キロも続くプランテーション。それに追いやられ分断された自然のジャングル。その区別がとても対照的だったと報告した。またジャングル・ウオーキングで体験した森は、なにも手入れしていないのにとてもきれいで必要な食材や道具の素材等を人間に何でも与えてくれるものだとの報告もあった。

他の高校生は、転ばないかと下ばかり見て歩いていたが、顔を上げると素晴らしい森の中に自分が包まれている事に気づいたと。わたしはこれらの発表にまとめとして「KYも大切だが、今からはJYだよ」とコメントしました。広くアジアに目を向け、日本がどんなに恵みを受け、また善きにつけ悪しきにつけ大きな影響を与えているかなど状況（情況）をしっかり見極め、読み取る人であって欲しいと。その時です。誰からとなく「このJは『状況』というより『ジャングルのJ』だね」「ジャングルの森を読め」という言葉だよね」と声が上がりました。彼らは早速、今自分たちがいるサラワクの森・ジャングルに重ね合わせて、そこにある状況を読み取っている。このとき、「ジャングル

(Jungle) のJ」とまで読めていなかったわたしは深く感動させられた次第です。

ジャングルの豊かな森から読み込んだ自分自身・自然の雄大さ・その中に展開される不自然で巨大な人工的プランテーション・それが「地球に優しい植物油」といわれて日本の生活の隅々にまで入り込んでいる…等々と広く深いあり方を読み込むことができたのです。わたしたちも広く深く、また謙虚に「人を取りまく社会的・精神的・自然的なありさまのすべてを」構造的に読み取っていく者でありたい。そうすれば、何が本質か、自分はどこにいるのか、どこがおかしく狂っているか、何をすべきか等が見えてくるように思います。


(純太郎／第六八号)

「大きな樫の木も 小さなドングリから」

表題は先日ノーベル化学賞を受賞した根岸英一氏の恩師ブラウン博士の座右銘。NHKテレビ対談で「クロス・カップリング」という幅広い分野に活用されている素晴らしい発明には、とても長い年月がかかっていることを紹介したものでした。

「日本の若者に何を伝えたいですか?」とのインタビューに同博士が教えた以下の三点を挙げています。
(一) 新しい大陸を見つけよ。(二) 論理的な探求を続けよ。(三) そのために必要なものは永遠の楽観主義である。同時受賞者の鈴木章氏も加えた対談はとても興味深いものでしたが、わたしが強く心惹かれたのは、「永遠の楽観主義」というキーワードでした。Eternal Optimism がこの化学研鑽の底流だったということに驚きました。更に大切なことは、何にでも興味を持つこと、そしてあきらめないことだとも。彼らとは「天と地ほどの差」があるのですが…実は「わたしもそうだ！」と確認したのです。わが人生の底流にもこの楽観主義（中途半端な？）があるからです。そして「大切なことは何事にも興味を持ち、好奇心を持続させることだ」という指摘に、わたしの心の奥底をくすぐられたようで、とても共感し嬉しくなったのです。

自分を表現するキーワードに「興味・好奇心」や「楽観的生き方」がある。永遠不滅の楽観主義とまでいかなくとも「いい加減な」」という修飾語が付くオプチミストではないかと思う。

「人生一度しかない。同じ生きるなら楽しく！」と自分に言い聞かせながら、積極的に創造的に楽しくというスタンスはずっと持続させたい。そう願っていますが、凡人には「新しい大陸」はなかなか見つからず、いまだに到達しないのが現実です。徹底的に楽観主義を貫けば必ず夢は実現するということなのでしょう。この基本的スタンスを底流にもてばいいんだ！　と言うことは、何だかとても慰められますね。

どんなに小さくても興味をもって関わり続ければいい。そしてそこに見え隠れする真理を論理的に探求していく作業を怠らないで楽しめばいいというわけでしょうか。

そこにドングリが芽を出し、大きくなろうとする事実に出会うことができるのかも。

そういえば「偶然のチャンスをつかめ」とも言われていました。小さくてもいい、その何気ない中にチャンスが秘められている。それを見極める感性が求められることが示唆されているように思いました。

（純太郎／第六九号）

コショウ（コショウ科）

マレーシア・サラワク州は世界有数のコショウの産地です。インド原産の常緑のツル性低木で三〜四mにもなります。ブドウのように枝に丸い小さな実をたくさん付けます。それらが熟すと赤くなります。昔は金一オンスとコショウ一オンスが交換されたほど貴重で高価なものでした。防腐作用があり、コショウがヨーロッパに伝わったおかげで肉が保存できるようになったそうです。

サラワクのイバン人のロングハウスに行くとゴザの上にコショウが広げられ、天日干しされています。それが緑→赤→黒と変わって行きとてもきれいです。グリーンペッパーは未熟なものを塩水漬けにしたもの、ブラックペッパーは実をよく乾燥させて黒くなったもの、ホワイトペッパーは完熟した実を数日間水につけ外皮をとって乾燥させたものです。

昨年、純太郎がサラワクからグリーンペッパーを少し持ち帰りました。それを塩漬けにしてサラダや肉料理に入れて楽しんでいます。粉にしたものにくらべて風味も辛みもあり、料理が引き立ちます。お試しあれ。(奈津江／第二三号)

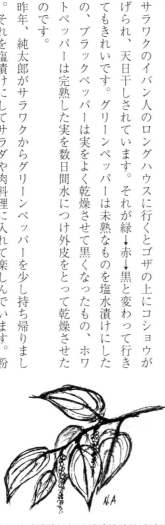

第71号＊2011/2/25～第80号＊12/8/25頃のできごと

第 71 号＊2011/2/25

◆こひつじの会　来訪
◆第 2 回ゆるやかネットの集い
◆多様なロケットストーブ開発される
◆広島平和文化センター理事長　スティーブ・リーパー夫妻　来訪
◆樹木医　藤原さんがお仲間と共生庵の庭木・果樹の剪定奉仕
◆田植え
◆福岡女学院大学短期大学部学生 6 名と上原教授　農体験宿泊研修

第 72 号＊2011/4/25

◆スティーブ・リーパー氏（広島平和文化センター理事長）率いる第 2 回共生庵ツアー

第 73 号＊2011/6/25

◆広島南部教会　来訪
◆「筑豊の子どもを守る会」「がんばってる会」50 周年の集いが筑豊で開かれ参加
◆あやめ幼稚園（広島市東区牛田）のミニログハウス解体作業、共生庵に譲渡される
◆広島なぎさ高校サラワクスタディツアー事前学習「日本の農体験」
◆広島観音町教会　教会学校と大人のキャンプ
◆ミニログハウス再建のための雑木林開墾作業
◆大正めぐみ教会と甲山教会の合同礼拝
◆畑に放置されていた切り倒した竹の整理と草刈りを貫徹！すっかりきれいに整備されました！
◆ツリーハウス下のスタードームにブラックベリーがたくさん実をつけました

第 74 号＊2011/8/25

◆台風襲来のため、桃山学院大学国際ボランティアサークル「らぶ＆ピース」稲刈り援農隊　肩透かし食らう、代わりに東日本大震災の「風評被害」について学ぶワークショップ
◆稲刈り体験　昨年の 1.5 倍収穫！
◆ゆるやかネット　第 3 回交流会（I ターン移住者宅の土壁塗り作業）
◆福山市勤労青少年ホーム「若者自立支援プログラム」で 2 度目の来訪、23 名がピザ焼きとワークショップで交流を深める

第 75 号＊2011/10/25

◆竹原教会と甲山教会　合同礼拝
◆ミニログハウス再建・再生プロジェクト「土台作り」
◆キッチンロケットストーブ　改良を加える
◆農林水産省中国四国農政局広島センターの役員 3 名視察のため来訪
◆日本語教師ボランティア帰国報告会・慰労会

第 76 号＊2011/12/25

◆PHD 協会研修生との交流会　2012 年
◆PHD 協会研修生 3 名（ネパール 2 名、インドネシア 1 名）三次市立三和小学校訪問
◆ロケットストーブ見学者　相次ぐ
◆東中国教区中部地区牧師研修会

第 77 号＊2012/2/25

◆I・U・J ターンゆるやかネットの例会「里山整備とお花見」
◆ロケットストーブマニュアル本「ロケットストーブ」第 1 刷完売、改訂第 2 版販売開始

◆こひつじの会 22 名
◆早稲田女性会生活環境部の皆様　来訪

第 78 号＊2012/4/25

◆田植え
◆広島長東教会ファミリー　来訪
◆広島南部教会リピーターグループ　来訪

第 79 号＊2012/6/25

◆共生庵の唐箕（とうみ）が祇園カトリック教会に出張

◆大正めぐみ教会ファミリーキャンプ
◆こそ丸（がん）ワークショップ
◆三和町元気祭りでもキッチンロケットストーブ活躍

第 80 号＊2012/8/25

◆稲刈り
◆上山一区子ども会（ピザ）
◆桃山学院大学「らぶ＆ピース」が 1 年余り放置されていたミニログハウスを再建・組み立て完成

◆西中国教区　農を語る会～農の体験プログラムと生産者の話から～ 37 名
◆関西学院高等部バイブルキャンプ
◆熱帯雨林保護団体ひろしま研修会
◆福山市勤労青年ホーム　自立支援事業の社会体験グループ今年も来訪、ピザとワークショップ。

第八章　共生・共存の視座をめぐって

しあわせってなに!?

三・一一東日本大地震と巨大津波による自然災害は、原子力発電所の安全神話を完全にくつがえし、放射能汚染というとてつもなく困難極まりない人災をも引き起こしてしまいました。すべてのものが呑み込みまれ、根こそぎなぎ倒され流された惨状と直接被災された人たちの涙・苦悩・悔しさ等々には、本当に胸が押しつぶされ自失茫然とさせられます。

作家　村上龍氏がニューヨークタイムズ紙に「大地震で多くの生命と財産が奪われたが、一方では日本人は再び希望の種を蒔こうとしている」と寄稿したとのこと。

危機の大地に蒔かれ始めた希望の種が、芽を吹くことを願って、多くの人たちが様々なかたちで自分にできることを手がけています。ここに希望の光を感じることができます。

「予想外・想定外」という言葉が、飛び交っています。言い訳とあきらめに利用される都合のいいフレーズのようです。人間が英知を集めて予想を立て、万全の対策を立てても大自然の脅威には打ち克てなかったことが証明されてしまいました。今回の史上最大といわれる惨状に直面して多くの人達が、今までの飽くことの無い豊かな生活を求め続ける生き方を厳しく問い直し始めていると言われています。

先日幼い子ども二人を連れた若夫妻が、共生庵を紹介され、やってきました。放射能から子どもを守りたいという強い思いと共に、今までの生き方考え直し、ライフスタイル自体を変えなければと決意したとのことです。自然の恵みに生かされ、ゆったり生きる田舎暮らしを願う彼らに、新たな移住先がここ三和町で与えられると嬉しいのですが。

しあわせってなに
欲しいものをすべて手にいれること
それとも
ほしいものをさがし求めることだろうか

これはスウェーデンのベストセラー絵本「あなたへ」のシリーズ（レイフ・クリスチャンソン著岩崎書店）にある「しあわせ」についての一文です。当たり前に幸せだと思うことを述べた上で、後半に「それとも…」と違う視点と感性で「幸せとは何か」をいくつも問いかけています。いろいろ考えさせられます。

ノーベル経済学賞の受賞者カーネマン名誉教授（プリンストン大）はしあわせについて電話調査（四五万人対象）をした結果を次のように語っています。

「高い収入で満足は買えるが、幸せは買えない」との結論を得たという。アメリカでは日常の幸せ感は年収七・五万ドル（六二〇万円）くらいで頭打ちになるという調査結果が出ている。「幸福感」は必ずしも高収入に比例して、大きくならない、小さな喜びを十分に味わえるとき、しあわせに満たされるということなのでしょうか。

この絵本の最後に締めくくられている言葉をご紹介しましょう。

「しあわせってなに
自信を持つこと
自分を大切にすること
そして　自分とおなじくらい
ほかの人もたいせつにできること」

（純太郎／第七二号）

淡いピンクから若葉色に　そして深緑色に…なることを願っています

四月九日（土）にU・J・Iターン移住者「ゆるやかネットワーク」の方たちが共生庵に集まってきました。目的は川土手の花見ですが、桜の蕾はまだ堅く一、二輪ほころんでいるだけでした。その後、暖かい日が続き咲き始めましたが、いつまでたってもチラホラで満開に成りません。どうも様子がおかしいので近くに行ってみるとすでに若葉が出ていました。

三月一一日に大地震と津波が発生して以来、沢山の余震それも大きな地震が広い地域で多発していますし、安全だと言われ続けた原子力発電の事故、次々に発覚する事故後の処理の困難さ、見えないし匂いもなく感じることもできない放射能への不安などが心に重くのしかかってきます。これらの様々な不安が自然界にもおそってきたかのようです。

例えば、ツクシやワラビが取れない。暖かくなってきて土手や田圃の畦には草が少しずつ伸び緑色が濃くなって、山野草が楽しめる時なのに、カンゾウ、セリ、ヨモギ、フキなどはあるのですが、ツクシやワラビが何時もよりか少なく、まだ一度も食卓に上っていません。家の近くにいつも沢山生えるツクシやワラビがあまり見られません。いつまでも寒さが続くからでしょうか。何かが狂い始めている気がしてなりません。

共生庵でも畑では夏野菜のために準備がされ、田圃では稲の作付けのために水が張られ始めています。被災地では放射能の影響があるために今年は稲の作付けは行わないとか、あるいは丹精込めて作った野菜を廃棄せざるを得ないなど、どんなにか辛いことでしょう。

新聞やテレビで伝えられる被災地の映像はあまりにも悲惨で強烈ですが、カラーテレビなのに色が感じられないし、ゴミの悪臭も伝わって来ない。あまりにも無機質な感じで、その裏にある哀しみ怒り、苦しみを受け取る側がどれだけ想像豊かに感じ取れるかが問題になってきます。今わたしに出来ることはいろいろある中で、最もしなければならないことは、被災された人々の生活や風、雨、海、ゴミの匂い、粉塵、音そして人々の動きを感じて、その哀しみ怒り、苦しみを出来るだけ共有すること。五感を使って感じたいと思います。

桜が被災地にも咲き、春の色ピンクに染まれば心が少し明るくなり、微かに希望が出てくるでしょうか。ピンクがやがては若葉色に成り、様々な色が復活することを願っています。

（奈津江／第七二号）

「旅の人」考

このあたりの方言に昔は「あの人は旅から来たんじゃのう」という表現があったという。最近自分が紹介される際「こちらは旅の人」といわれて戸惑ったという話が出た。ひとしきり「旅の人」について語り合った。昨年一〇月に立ち上げたI・Uターンなどで田舎暮らしを始めた人達の「ゆるやかネット」事務局会議でのこと。

大阪から三和町に家族ぐるみで移り住み、ホームヘルパーや地域の仕事をしながら良い評判を得ておられるNさん夫婦が、ご老人から何度も「旅の人にこんなによう世話してもろうてありがたいことで」といわれるという。決して悪い意味で言われているのではないことは分かるけど、何となく違和感があるねということをめぐって語り合いました。こちらが永住する決意で全財産投げ打って家屋・土地を入手して移住、日々生活している現実は、どう受け止められているのかと考えさせられました。「地元の人（身内）」に対して、村へ移住してきた外からの人との区別化の呼称なのでしょう。高齢者から聞かされたこの言葉には、「いずれどこかへ旅立つだろう」という思いがあるのかも知れない。でもわたしは、この呼称にはもっと深い問いかけが込められていると受け止めています。地元に溶け込み、根を下ろし、苦楽を共にして移住後の人生を全うすることの重さと厳しさに思いを馳せるようにとのメッセージが込められている…と。

実際に村に移り住み、生活を営んでも、様々な理由で、やがて再び村を出て行くという事例をあちこちで見聞きする。それがやがてどこかへ消えていく「旅の人」だという受け止め方も可能でしょう。それに対して「そんな言い方はないでしょう⁉」と反発して、農村の閉鎖性・封建性等を容易に口にすることは許されないと常々感じています。

畦やその側に積み上げられた大小の岩、棚田の石垣等を見るにつけ、そこに営々と米作を続け、草刈りを続けてこられた「農」の辛苦や歴史の重さを垣間見ることが出来ます。特に一度も都会にも出ず、故郷に留まり続け、田畑を耕し、山や水路を管理し、農耕文化を守り通して、日本の農山村の基幹を底辺から支え続けて生き続けてこられた方に出会うと、わたしはいつも深い畏敬の念をもちます。その思いは、仮住まい時代によく遊びに来ていた隣のおばあちゃんが「わたしゃ、まだ一度も新幹線に乗ったことがないんよ」と言われた言葉に重ね合わせて忘れられません。

地方の教会に赴任したある若い牧師は高齢の求道者に「あんた、わたしが死ぬまで絶対に住み続けてくださるんね」と何度も問われたという。それを真に受け止めた時、長い間洗礼を受けなかったご婦人は「それなら受ける」と決断されたという。自分の葬儀を任せられる存在が現れた時、人は大きく前に踏み出せることを知らされ感動を受けました。

「葬式はしてや、頼むよ」と乞われながら、わたしは何度裏切ってきたことだろう。牧師は所詮根無し草のように、いずれいずこかへと消えていく「旅の人」。それなのに営々と教会を守ってきた信徒やその労苦・歴史の重さを尊重尊敬しないで、外からやってきた者がいとも簡単に批判・非難・排除など許されることなのかを思わされています。

地方の田舎でちょっとやそっともがいても動かない農村の重い現実を思うと、高慢で無責任・無理解な「旅の人」にはなれない。地元の人（教会も）に敬意を払いながら謙虚に学びつつ、ゆっくりじっくり日々の生活を営々と続けて行きたい。いずれすべての人は天国への「旅の人」になれるのだから。


（純太郎／第七三号）

そして…

文章を書きながら行き詰まってしまうときがある。それ以上進まなくなって頓挫する。その場合にひと呼吸おいて「そして」とひとこと書いてみる…と前に進み始めるという。

ある小説家がどこかで述べていたこの「そして」がなぜか頭の隅っこに残っています。

それ自体特別に何の意味もない接続詞。あとで読み返しても、なぜそこに使ったかよく分からない。それがなくても意味は通じる。

しかしこの「そして」は、ひと言も進まなかったペンを動き出させる不思議な存在であるという。

このことは物事を考えるときに大切なことを教えているように思います。わたしたちは絶えず「何が正解なのか、それはどこにあるのか」を追い求めています。そうしてそれに到達したら、それ以上思考を深化させる事をしなくなりがちです。多くの場合ステレオタイプの常識的範疇に収まってしまう。

すなわち正解探しをしてゴールにたどり着くと安心してか、そこで思考を停止してしまう。そういうときに、ひと呼吸おいて「そして」とつぶやいてみる。そこから「何故そうなのかそこから何が出てくるのだろう、さらに何を学ぶことができるだろう」という問いと気づきが引き出される。

次々と新たな展開が出て、自分で考えることが促されていくことは楽しいものです。ありきたりの常識や紋切り型の考え方にとらわれると、答えはステレオタイプになる。それに満足して、思考はストップしてしまう。どんなときにも新たな視点から複眼的に自分で物事を考える習性を身につけることは大切である。

行き詰まったり、そこで停止したところから抜け出すために、ひとこと「そして」をつぶやいてみる。そうすれば思考は次のステップを踏み出せるのではないかというわけである。

人との会話でも深い味わいあるものになるかどうかは、相手へ関心を寄せ傾聴する中で話題や感情が次々と相互に引き出されることにかかっています。

そこで有効なのは「そして…」のひと言である。「それでどうしたの？　それはどうして？　そのときの気持ちは？　なるほど云々」と合いの手を打つことができれば、どんどん話は弾んでいくもの。

一五回の講義をすべてワークショップで進めている大学講座で、先日学生による授業評価が送られてきた。思いの外芳しくなかった。ワークショップ中心の授業は、どこまでもしつこく自分で何に気づき何を学んだかを考え、議論し発表することを求める。質問を受けてもさらにどう考えたらいいかという助言をするだけで、答えを直接教えたりはしない。質問しても答えを教えてくれないと不評である。学生たちには「自分で気づき、考え、深め議論して自分の言葉で言語化する課題」は、十分に理解されなかったようだ。「あれだけ繰り返してきたのに」という嘆きと同時にこれはどういうことだろうかと落ち込んでしまう。

やはり自分で多角的に考えることが難しいのか。正しい答を知ってさえいればそれでわかったことになるという「正解信仰」を植え付けられてきた教育の弊害なのか。「答えを知る」ことと「考える」ことはちがう。

「知っていることを考えることに結びつける」これが常識的（安心）な正解からの解放をもたらしてくれるのだ。「そうかもしれないけれど、そうでない」かも知れないと言う相対化をはかりながら物事をもっと自由に自分の頭で複眼的に考えていく人が増えると、この世の矛盾がもっと見えてくるし、その解決策も色々多様化されていくと思います。常識的な正解の前で安心して思考を停止させている自分に「そして？……」と語りかけ、次の自由な主体的考え方を始動させることにいつも励みたい。

その「そして仲間」が欲しい…。

（純太郎／第七六号）

「不幸の比較」はしないで

「あの人この人と比べたら自分はまだましだ」という言葉や感情が、三・一一東日本大震災・津波・原発事故等をめぐって、様々な情景で幾度も発せられてきました。

どうにも形容しがたい不条理な惨事に出会うと言葉を失う。そこからうめきつつ出されるのが「自分はまだマシ、軽い方。もっと大変な人がいるのだから」との感情や言葉である。

これは社会心理学的に「下方比較」といわれる現象。よりつらい立場にある人と比較して「まだ自分の方がましだから」と考えるとき、人は我慢し、自分の内にある感情を押し殺してしまいます。現実に向き合い受け止めることができず、自分の中にある悲しみ・つらさ・孤独・喪失感・怒りなどが抑圧され、沈潜化してしまう。それは自分自身の感情否定につながります。

「頑張ろう！　日本」のスローガンのもとで多様な激励のボランティア活動が展開されています。その陰で頑張れない状況を内に外に抱えている人達に思いを馳せたいと思う。

理不尽な状況にある被災地などに思いを寄せ、この不幸の比較がなされると気の毒にと思う心と自分はそうではなかったという乖離が起こる。自己中心的な生き方を反省をしながら、同時に今ある自分の幸いを感謝して終わる危険性が潜んでいる。

弱いことは恥ずかしいことじゃない／しまいこんだ深い悲しみや心の痛手を吐き出していいんだ／安心して助けを求めよう／等という「もう一つのスローガン」が自然に発せられるバランスがとれた社会が大切です。

目指されるべきことは、喪失や悲しみを受け止める力・想像力を身に付けていくことでしょうか。それはどうしたらできるのだろう。

日常生活ではどこでもこの「下方（または上方）比較」が顔を出す。そねみ・ジェラシー・焦燥・やっかみ・さげすみ等何ともいやらしいものだが、誰も手なずけられずに右往左往させられてしまう。

そこで人に振り回されないためには「俺は俺・わたしはわたし」と自分に正直になることが大事だ。

でもなかなかそうは行かない。何かにつけて上を向いてはそねみ、横を向いてはやっかみ、時には下をのぞいては「まだましだ」と歪んだ優越感を持つ。これは気を付けないと誰しもすぐに襲われる人間の弱さ醜さ。まさに業のようなものです。

まわりの動向に振り回されて、自分を見失うことがないような生活を送りたいものです。

特に最近「加齢」には逆らわず、肩を並べてゆっくり歩こうと（やっと？）思うようになりました。そこで大切だと気づかされたのが「分をわきまえる」ことでした。この「分」について広辞苑には「分け与えられた性質・地位・身の程・力量、当然そうあるべきこと、なすべき努め」とありました。ちょっとやそっとで動じないためにも「おのれの分」が何たるものかをわきまえる英知を求めたい。

加齢が進んだのか、その分、角が取れて丸くなったのか、残りの時間が少なくなったからなのか、あくせくせず、ゆったりした豊かな時を楽しみたいと思うようになりました。

最近気づいたことは、何事にもがむしゃらにやってきた今までの自分は傲慢であったのではないか、と。そして何故か、これからは謙虚な生き方を求めてオレはオレの日々を過ごしたいと思うようになりました。

（純太郎／第七六号）

三・一一から問われていること〜「成長中毒」と「選択」

三・一一東日本大震災・原発事故からやがて一年。天災と人災、いずれも「想定外」と言われる未曾有の出来事でした。ここしばらくいろんなことに思いをめぐらせて「世界中の忘れ物」といわれる想像力を鍛えてきました。そして今は、現実の日本社会及びそこに生きるわたしたち一人ひとりに突きつけられた問いが何なのかを見極めること。その上で新たなステップを踏み出す選択をするときが来たという思いにさせられています。

ということも二つの出来事から導かれたものです。一つには、原発事故・放射能汚染で自分たちのビジョンが押し潰されて、新たな新天地を求めて、ここ共生庵をたずねてきた若い子連れ夫婦三組との出会いです。いずれも新天地を探し求めて広島県下に、そのうち一家族はNPO法人「善菊会」のお世話で共生庵と同じ地区に移住、新たな生活を選択しました。

もう一つは、原発や石油等に依存しない自然エネルギーを模索し始める全国的な活発な動きによる触発です。ここ共生庵から拡散した薪によるロケット・ストーブへの関心も今や全国各地へ。新しいライフスタイルを模索し始めている人々のうねりです。

いろいろな出来事が生起した一年でした。繰り返し様々な切り口から被災の事象が伝えられる。その度に胸が苦しくなり、突き上げてくる熱いものを押し殺そうとうめく自分が何度あったことか。特に原発事故をめぐって初めて明るみに出された不条理・矛盾・不正義・不平等・無視・危険隠蔽等々…もっと憤らねば、行動に移さねばと痛感させられました。独占的な手厚い保護を受ける大手電力会社・そこにまとわりつく権力者・巧妙な推進保護政策・癒着・なれ合いなどの幾重にも見え隠れする構造はとてつもなく大きく重く暗い。過疎地町村では、人間の手に負えないほどのリスクを持つ原発を受け入れてでも経済成長の恩恵を受けなければやっていけないという現実がある。それを原発の電力供給の恩恵を受ける都会の感覚で容易に云々できない。しかし、原発事故はとても甚大に複雑にすべてのものに想定外の影響を与えてしまう。成長発展のためにひとは何でもできるという傲りをどこかで制御できる勇気や選択を残しておかねばならない。それが原発事故がわたしに教えてくれたこと。「これはエデンの園にある禁断の実だということが分かった」と教えてくれたのは、原発肯定派であった旧知の友。今までの認識を変えられたと語ってくれた。

ずーと頭の中をグルグル回っていることは「成長」にブレーキを掛けること。そして我が家では太陽光発電でエネルギーの半分はまかなっているとはいえ、原発の電気ではないものを自分で選択したいということです。どこかで方向転換しなければ必ず破滅する。成長とはある種の強迫観念・近代社会の狂気とも。成長依存からの転換という新しい生き方の選択が問われているのだ。

（純太郎／第七七号）

柔らかい心でつながる

東日本大震災の地震と津波による被害をうけられた方々、福島第一原発事故による放射能被害によって住むところを奪われ故郷を出て行かざるを得ない方々、どんなにか辛い思いをされていることでしょうか。そこは生まれ育ったところ、あるいは長く何年も住み続けていた場所、またはこれから先死ぬまで住み続けようを思っていた場所です。辛さ、悔しさ、悲しさなど計り知れないほど重いものがあるでしょう。

この冬は雪の被害も沢山おきました。この一年がどんなに長く感じられたことでしょうか。雪の多いこの冬、寒さがわたしたち以上に厳しく感じられていることでしょう。

二月に入り雪がちらつく日が多く、いつもより寒く感じるのは年齢を重ねたからでしょうか。久しぶりに太陽が出て温かい日に庭に出て、まだ溶けない雪と落ち葉を掻き分けてみました。そこに華やかな黄色の花の蕾を見つけることができました。昨年近くの花屋さんで買い求めた福寿草です。春は少しずつ近づいていました。雪の下の土の中で、草花の種や根っこが、そして虫やカエルが暖かい春がくるのをじっと待っています。福寿草の華やかな黄色を見ていると沈んでいた気持ちが明るくなりました。

数年前、金子みすゞさんの「生きた世界の映像」とその詩に接する機会がありました。彼女はわたしたちが少し観察すればわかるような出来事を通して、深い人間の摂理のようなものを何気なく詩にしています。

青いお空の底ふかく
海の小石のそのように
夜がくるまで沈んでいる
昼のお星は眼にみえぬ
見えぬけれどもあるんだよ
見えぬものでもあるんだよ
散ってすがれたたんぽぽの

瓦のすきに、だァまって
春がくるまでかくれてる
強いその根は眼にみえぬ
　見えぬけれどもあるんだよ
　見えぬものでもあるんだよ

これは金子みすゞさんの「星とたんぽぽ」という詩です。

自然界や人間の世界には眼に見えないけれど、大切なものがあることを海の小石や星、たんぽぽを通して優しいけれど力強く訴えています。また本当に大切なものは見えないものですよとも、言っていると思います。

わたしたちには見えないけれどある。…それは人と人との絆、愛、…、そして…うまく表現できませんが、ただ、その見えないけれど大切なものと繋がっていたい。それを感じることのできる心をいつも持っていたいのです。

日々の生活で事故や災害、肉親の死、病気など様々な出来事があり、どうしようもない悲しみや苦しみ、忘れたくても忘れることができないことなど沢山あります。それを一人で抱え込まないで半分、いやほんの一部分でも、ともに背負ってくれるものや人があればどんなにか心が安らぐことだろうか。それは絵画、詩や音楽であったり、心のひだに響くような人との出会いだったりする。

最近、あまりものごとに感動しなくなっている気がします。うれしいことや楽しいこと、そして悲しみや怒りを感じても一〇〇％心に受け止めないで、半分ぐらいで抑えている自分があります。それは感情に動かされて苦しむ自分、おろおろする自分を見たくないという自己防衛からでしょう。しかし、嬉しいときは心を震わせて喜び、腹が立つときは怒りを思い切り表現することが大切で、それが若さの源！、もっともっと感情豊かでありたいし、いつも心の叫びに響き応えられる柔らかい心の持ち主でありたい。

（奈津江／第七七号）

シンボルツリー「ユリノキ」

愛犬「ここね」と散歩をしていると色々な鳥のさえずりが聞こえてきます。「ここね」は、時にはその鳴き声に興味をもち、じっと空を見上げてみたり、勢いよく追いかけたりします。鳥のさえずりで朝はとてもにぎやかです。残念ですが、その姿はなかなか見つけられませんし、鳴き声から鳥の名前を見つけることができません。

今年は特に小鳥が多くいるような気がします。いろんな鳴き声が聞こえてきます。年によって小鳥の数も変化するのでしょうか。

わが家のシンボルツリーになった樹木に「ユリノキ」（モクレン科ユリノキ属　北米東部原産）があります。植えて約一〇年ですが、ずいぶん高くなり二階の屋根よりも高く樹形もきれいです。葉が茂ると大きな木陰を作ってくれ、その木洩れ日はとてもさわやかです。別名ハンテンボクあるいはチューリップツリーともいいます。葉が半纏に似ていて六〜一五センチぐらいの大きさです。六月の初めに花弁が六枚で直径五～六センチの黄緑色の花が咲きます。花弁の基部が橙赤色で花の形がチューリップの花に似ていて目立ちます。花が終わると実がつきそれがドライとなり、秋に葉が黄色く色づき落葉した後も残っています。

その木に鳥の巣箱を取り付けました。暖かくなり、葉が出始めた頃、二羽の小鳥が出入りし始めました。シジュウガラだと思いますが、白と黒でスズメぐらいの大きさです。ツツピーツツピーと高い澄んだ鳴き声でまるで二羽で話をしているかのようにさえずりながら巣箱の周りを飛び回っています。ユリノキの葉は見る見る大きくなり、日に日に全体が色づいてきました。そのうち巣箱は葉に隠れて安心して子育てができることでしょう。

この巣箱で昨年も子育てをしたらしく中にミズゴケが沢山はいっていたようです。ユリノキの花のハチミツは抜群に美味しいといいますから、虫やハチもたくさん飛んでくるでしょう。スズメバチに襲われないで無事に育ち巣立つことを願っています。

（奈津江／第七八号）

錠剤が見えますか？　こそ丸（がん）

先日、第三〇回記念「逆手塾」（旧過疎を逆手にとる会）に参加しました。県北に活動拠点をもち多彩なユニークな活動を続ける町おこしグループ（和田芳治会長）で、いつも敬意を持って関心を寄せている。わが家に視察して学んだロケットストーブを、最近は「エコストーブ」（二〇ℓオイル缶利用）と名付けて、エコ活動の柱の一つに取り込んでキッチンストーブの普及にも努めていて下さる。

今回紹介したいのは、当日受付で渡された薬（?・）「こそ丸」のこと。その丸い透明なケースのラベルに「見える人と見えない人がいます」と記されていました。以前新聞記事で知り興味をもっていたのですが、実物は初めて。たいへんユニークな企画で添付された効能書を見ると、思わず笑いながらも、うーんと感心させられてしまう。

薬品名の由来は、「親がおればこそ、子がおればこその『こそ』です」とある。あとは主人・妻・社長・社員・友達がおれば…と続く。れっきとした実在の（財）岡山旭東病院の製造。価格一〇五円・同売店でこそ丸のラベルがついたプラスチックケースが販売されている。

この薬品「特許」は有名な森岡まさ子氏。広島県府中市上下町MGユースホステル創設者で平和の伝道者と明記されている。このユーモアあふれるアイディアは、どうやらユースホステルのママを長年続け、若者等利用者の悩みに傾聴してきた同氏の体験から生み出されたもののようです。

服用効果は、不平不満がこうじて頭痛・高血圧・ねたみ・そねみ等で気分が優れず、体調不良な時、ストレスで心が病んでいる時に即効性あり。ただし効果が持続しないのも特徴と記されている。服用の仕方は「こそ丸」を二～三錠コップ一杯の水と一緒に飲み「〇〇がおればこそ」と心から念じ唱える。そこで大事なのは、すぐに心のチャンネルを替える事。効果が薄い時には一日何回服用しても良いという。ここで吹き出してしまうのは次の朱書きだ。「※間違ってもわたしが・ワシがおればこそなど唱えないで下さい」と。副作用や疑問は同病院・薬局まで連絡をとある。今まで副作用情報なし。ただし周囲の人が効き目に驚くことがあるのでご留意を！と念押しがある。

わが共生庵でもさっそく囲炉裏を囲んでこの「こそ丸」を回し飲みしながら、わが人生における「こそ体験発表会」を開催しよう。これまでどんな人との出会いがあったからこそ今の自分があるんだろう。あんな人こんな人との出会いを紹介し合うときがもてれば素晴らしいだろう。

助詞「こそ」は国語辞書によれば、係助詞として多くの中からある内容を強く指示する働きがあるという。その対象がいつも自分であれば、自己顕示・自己誇張・自己中心・主権拡張・自信・自慢などしんどくなる。そうではなく、数多くある中から他のもの、あのことこのこと、あの人この人へ心のチャンネルを切り替えてみると、いろんなことが見え、また思い出されてくるだろう。

特に人生を振り返るときに、自分から解放されて自分と関わりがあった数多くの人（事）の中からある特定のものに強く意識してみると、どんなに豊かに支えられ育てられてきたかを見つめ直すことが出来るだろう。

空しい思いにおそわれたとき、「自分の人生はイヤこんなものじゃなかったはずだ」と必死に意義付けしたくなるものです。おのが努力・功績・誇りがあったからこそなどと想起・確認するのも一つの抜け道かも知れない。でも空しいさを完全に払拭しきれないのでは…。それよりも自分の外のあの人（事）この人（事）へ思いを切り替えることができれば、それらによってこそ生かされ、用いられてきたと気づかされ楽になるだろう。

そういえばこの「こそ丸」の成分紹介を忘れていました。愛情・謙虚・感謝・元気が詰まっているそうです。見えないけれど飲んでみましょう。そして「わたしこそ」を乗り超え、「あの人この人こそ」にたどり着きたい。そしてさらにそれら双方の人間を超えた大いなる存在へ感謝し、「栄光を帰す」謙虚なものでありたい。

（純太郎／第七九号）

クワの実　桑（クワ科クワ属）Mulberry

長男が小学生の低学年のころ、カイコを飼ったことがあります。誰がどのようにして手にいれたのか、一匹のカイコがわが家にやってきました。

その頃大阪の大正区に住んでいましたので、町工場の多い下町で周りには緑は多くありませんでした。桑の木など近くになく、カイコの餌になる桑の葉をどこで手に入れたかすっかり忘れてしまいましたが、とにかく小さな紙箱でカイコを大事に育てました。毎日　新しい桑の葉をいれてやりました。一ヶ月もしないうちにカイコは繭（マユ）を作りました。それは白くて微かにクリーム色で艶があり、とてもきれいでした。それを湯煎して、糸口を見つけて一本の糸を切れないようにひっぱりだします。正に絹糸です。それはとても細い糸でしたが、意外にも強くて長く、わが家の玄関先から何軒も先の長男の同級生の家の近くまであったように思います。

調べてみると、一個の繭で糸が切れないで約八〇〇mから一二〇〇mもあり天然繊維でもっとも長く昔から重宝されたそうです。一匹の小さな虫ですが、それが作るエネルギーのすごさのようなもの、自然界の力に驚いたことを覚えています。

さて、カイコを飼うわけでもないのに、今共生庵には桑の木がなぜか四本もあります。荒地でも育つらしくて結構大きな木になっています。子どものころ桑畑で木に登って、口が真っ黒になるくらい取って食べたという思い出をもっている方があると思います。この梅雨の時期、桑の実は沢山なっています。雌雄株があるらしく四本のうち一本には実がなりません。果実は小さくて葉の付け根にしっかりと付いているために、とても採りにくいです。木をゆすって落ちてくるのは過熟になっていてあまりよい実ではありませんし、ジャムを作るだけの分量を収穫しようと思うと、少したいへんです。ジャムにすると酸味はなくなり、微かに香りがあってブルーベリーとは違った味わいがあります。くだもの酒にしてもいいでしょう。実は熟すと赤色から濃紫色になり沢山のビタミンCやアントシアニンなどを含んでいます。水分が多いので、熟すと日持ちが悪く市販されることはまずありませんが、ジャムやワインなどに加工されて、市販されているようです。

共生庵のお隣のご主人は山繭を飼って、繭から糸をとり、染めて織物に挑戦されているそうですが、カイコを飼って繭を、そして絹糸を作ろうかな⁉　桑の葉が沢山あるのだから！　なんて…考えるだけで楽しい？　いや気の遠くなるような話ですよね！

（奈津江／第七九号）

もしも　～ねがい～

一つのメロディーに歌詞が二〇六〇編を超える歌があるのをご存じですか。しかも世界三一ヶ国以上（二〇一〇年）にも及ぶ様々な自国の言葉で作詞され、同じ旋律で歌い続けられています。その歌の名は「ねがい」。発祥の地はここヒロシマ。しかもそこに学ぶ中学生自身の言葉と思いが編纂されてできた歌です。広島市立大洲中学校のある社会科教師の発案により二〇〇二年三月に発信されました。平和学習の感想文や生徒自身による「平和宣言」の発表などに散りばめられた、きらりと光る心響く言葉がある。これを歌にしようと関係の専門家に依頼して歌詞の編纂と作曲が手がけられました。一節は「もしも、この頭上に落とされたものが、ミサイルではなく本やノートであったなら、無知や偏見から解き放たれて、君は戦うことをやめるだろう」。四節まで「もしも…が…あったなら…するだろう」というパターンを踏みながら「爆音・地雷・戦争」などが取り上げられ、それが「自由の歌・分かち合い・愛と平和」というねがいとして歌い込まれています。

まもなく、この歌が生まれてきたプロセスや歌詞内容に共鳴した神戸の中学英語教師に伝播する。彼女は英訳して国際教育機関のホームページに紹介すると、次々各国語に訳されたものが届くようになりました。四番までしかなかったので、五番目の作詞を自分たちで作ってみようと呼びかけると、さらに大きな反響を呼びました。自分たちの言葉で整えられた歌詞で歌が出来るという音楽創作活動は多くの人に共感を与えたようです。反戦・平和のテーマに加えて新たな「五番歌詞」には戦争・貧困・人権・環境問題・差別・いじめなどが取り上げられています。

わたしたちも「こうありたい！」というねがいを「もしも…であったなら」と自分の言葉で綴ってみませんか⁉ そして千羽鶴のレイのように世界の人々の心やねがいと繋がり、一つの同じメロディで歌われたら。そこには素晴らしい波紋が広がっていくでしょう。

わが友人に、新約聖書の最初にあるマタイ・マルコ・ルカ・ヨハネによる四福音書に続くものとして、自分の言葉による「第五福音書」を書き続けている人物がいます。豊かな感性をもつ彼は、自分の実存から簡潔でやさしく含蓄ある深いメッセージを産み出しています。他者の言葉でなく、自分の言葉で表現していく作業には、深い思考を求められます。自分の思いを，自分では気づかなかった深く推敲された言葉で表現されたものに出会うとだれもが心打たれるものです。

普段は大切なことでもあまり考えずもせず、容易にありきたりの言葉を借用してそれで済ませてしまうことが多いものです。例えば…いつもわたしは「がんばる・がんばろう」という言葉で話の終わりをくくってしまわないように懸命に自分の言葉探しをしています。


（純太郎／第八〇号）

アンテナを張って　バランスを保ちながら

先日大正めぐみ教会のファミリーキャンプのとき、被爆証言を聞きました。昨年は広島南部教会のEさんに、今年は世羅町在住のAさんに証言をしていただきました。お二人とも被爆当時のことをよく覚えておられ、突然の出来事に悲しみや苦しみがどんなに大きかったかがよく伝わってきました。

わたし自身は、被爆そのものは三歳のときのことですからほとんど記憶がありませんが、戦争や原爆というものが、わたしのその後の人生に大きな影響を及ぼしたことは確かです。

六七年前、人々は原子爆弾で廃墟となった広島の町で、原子雲から落下した放射性落下物による被曝があることは知る由もなく、ただ生きるために一日一日を一生懸命に営んできました。アメリカも日本政府も放射性落下物による被曝は意図的に無視してきたようです。でも、多くの被爆者からさまざまなデータを集めてきたＡＢＣＣ（原爆障害調査委員会）は一九七五年に（財）放射線影響研究所と代わってきたけれども、戦後六七年もたった今、それらのデータを分析してなぜ、いま福島の原発事故による放射線被害に有効に使わないのだろうか。そして、もっとわかりやすくわたしたちに公開し、説明を行わないのだろうか。学者がそれぞれの立場で様々な意見を言っているのでますます混乱してしまう。これが最近まず強く感じていることの一つ目です。昨年の福島の原発事故当時、放射性降下物による人体への影響は「ただちに健康に影響はない」とやたらに繰り返され、それが今も耳に残っています。

広島では最近になって原爆投下直後に降った「黒い雨」が、政府が認定している地域よりもっと広い地域だったと問題になり、「黒い雨」にあい健康被害が出てきていることを認めてほしいと訴訟がおきている。でも、はっきりした因果関係がないと認められていません。直ちに健康に影響はなかったけれども六〇数年経った今、健康障害が出てきていると「黒い雨」にあった人たちは感じているのです。

放射性物質のことは薬学で大学時代に一応は勉強をしたことはあるものの、シーベルトとかベクレルなどの単位も馴染まないし、アルファ線、ベータ線、ガンマ線などがあり、それらの違いもなかなか頭に入ってこないのは、わたしだけでしょうか。目に見えない物質で半減期が長いものが多く、体内に入ると骨や臓器に集まって、影響し続ける。つまり「ただちに健康に影響はない」けれども、将来いつか「健康に影響してくる」と、だから不安で仕方がない。これがわたしたち一般市民の持っている気持ちです。特に幼い子どもを持つ親は不安を強く持っておられます。

そして、今回の原発事故で強く思ったことの二つ目として、原子力発電所で事故が起これば大変なことになる。ということは知っていたし放射能被害も怖いと頭ではわかっていました。原発は要らないから、では今ある原子力発電所をすべて廃炉にしましょう。といって簡単になくすることはできない、安全に廃炉にもっていくには何十年もかかる。放射性廃棄物の処分も大変である。こんな厄介なものを作らない、いや使わないほうがいいと単純なわたしは思う。が…世のなかはそんなに単純ではないらしい。そして、どこかに大丈夫だ、事故など起こらないという安全神話が自分の中にも住み着き、本気で心配し、原発の問題を考えようとしていない自分があり、その日その日が無事に過ぎていけばいいという安易な生き方をしている。なんとまぁー。

東京では毎週金曜日に原発反対のデモ行進が続けられています。同じ思いを持っている者が集まり行動をともにすることによって気持ちが高ぶり、ぬるま湯に浸かってはだめだという危機感を感じることができるだろう。こんな地方の田舎で出来ることは何があるのだろうか。どこで生活していてもさまざまなことにアンテナをはって、情報をキャッチして緊張感をもって生きることと、大自然の中でゆったり心豊かに生きること、そのバランスをどのようにとればいいだろうか。最近三次市の街中でも週一回のデモが始まったとニュースが流れた。

（奈津江／第八〇号）

クレタ島で出会ったマジョラムMAJORAM（シソ科）

ヒロシマ被爆四五周年の年に、かつて平和公園を案内したギリシャの友人から、ギリシャのクレタ島にあるクリスチャンアカデミーでの平和集会で被爆証言をするように招待されました。八月六日前後のことでしたので、乾季にあたり樹木にはあまり花を見ることはできず残念でした。

暇を見つけて、連れ合いとレンタカーを借りて田舎道をのんびり走りましたが、そのうちに行き止まりの農家に入り込んでしまいました。言葉がとんと通じず困りましたが、行きずりの旅行者のわたしたちに精一杯のもてなしをしてくれた老農夫のすてきな笑顔が忘れられません。

そのとき、その農家の庭先に沢山植えられていたのがスイートマジョラムでした。白い小さな花を付け、とても良い香りがしていました。

マジョラムは地中海沿岸地方原産の多年草で、強い精油分が含まれていて、消化、強壮、精神安定、消毒、解毒作用や保存効果もあるようです。ピンクの花を付けるオレガノはこれと同じ仲間です。どちらもトマトやチーズに合い、肉量料理にも合いますし臭みを消してくれます。ギリシャの人たちはこのスイートマジョラムをとても大切にしているらしく、ギリシャ正教会の会堂には、イコン（聖画）の前に束にしてこれが置いてありました。礼拝に来た人たちは礼拝堂の前にあるイコンに接吻したとき、このマジョラムで次の人のためにサッと拭いて退席します。そこでは消毒と香りの役目を果たしているわけです。

古代ギリシャ神話では、マジョラムの香りは幸福の神様のシンボルで愛と美の女神ヴィーナスによって創られたとされているようです。
わたしはこのマジョラムをパセリ・セロリなどとともにみじん切りにしてパン粉と混ぜ合わせて、塩・コショウした魚・エビなどの上に振りかけ、オリーブオイルを加えて焼きます。ただし、香り成分は熱に弱いので長時間加熱すると香りがなくなってしまいますからご注意を。

（奈津江／第四号）

第81号＊2012/10/25～第90号＊2014/10/25頃のできごと

第81号＊2012/10/25

◆開発教育研究グループ「地球市民共育塾ひがしひろしま」が広島大学卒業10周年リユニオンin共生庵

◆広島なぎさ高校サラワクスタディツアー同窓会（会場：オーティス（広島市））14年間のツアー終了

第82号＊2012/12/25

◆たくさんやってくる野鳥のためにエサ小屋を作りました

◆PHD研修生を迎えて交流と学びの会

◆立正佼成会　広島教会　体験交流

第83号＊2013/2/25

◆広島YMCAみのち学荘　来訪　ピザ

◆夢よもう一度　日本ミツバチが戻ってきてくれることを願って巣箱再設置

◆Ｉターンゆるやかネット　例会　里山整備と桜花見

◆熱帯雨林保護団体ひろしま研修会

◆桃山学院大学「らぶ＆ピース」ジャガイモ種芋植え付けとシイタケのホダ木にコマ菌打ち体験

◆立正佼成会　広島教会の皆さん　体験交流パート２

◆世羅西町大福振興区グループ　来訪　ロケットストーブ見学

第84号＊2013/4/25

◆新作の藤棚二つに満開の藤の花が吊り下がりました

◆小鳥の巣箱をエゴノキにかけました

◆直径１メートルのソーラークッカー組み立てました

◆田植え

◆「現代農業」杉原朝香文庫　オープン

第85号＊2013/7/1

◆何度かの集中豪雨、美波羅川は危険水域、畑にはミニ瀬戸内海が出現、ハウスの中の低い畝はすべて水浸しになりました

◆関東学院六浦中学校ボランティアキャンプ　10名

◆三原アライアンス教会ファミリーキャンプ

◆大正めぐみ教会・甲山教会　合同礼拝

◆桃山学院大学「らぶ＆ピース」畑の石の除去作業

◆在日大韓キリスト教会西日本部会牧師会ファミリーキャンプ

第86号＊2013/10/1

◆Ｉターンゆるやかネット　例会（会場：末國さん宅）

◆認定農業者団体　視察研修

第87号＊2013/12/25

◆PHD研修生を迎えて学びと交流のつどい

◆長男夫妻、共生庵へ引っ越し

第88号＊2014/4/30

◆田植え

◆里山整備作業

◆奈津江　ブラジル友人訪問の旅行へ

◆イノシシ対策で西の田んぼの山側にフェンスを２重にして高くしました

◆ヒロシマ宗教協力平和センターボランティア研修会

◆ロケットストーブの祭り「私はストーブだ！　inひろしま2014」開催（三次市和知）

◆JICA-NGO連携による実践的参加型コミュニティ開発（A）プロジェクト研修　８カ国１３名と日本人スタッフ

◆スズメの来襲で小麦畑が荒らされた

第89号＊2014/7/30

◆大正めぐみ教会ファミリーキャンプ

◆広島市役所前の被爆桜の苗木をGreen Legacy Hiroshimaの趣旨に賛同し植樹

◆桃山学院大学「らぶ＆ピース」農作業体験、ワークショップと星空観察

◆緑の牧場キリスト教会（東広島市）の皆さん　来訪

◆稲刈り

第90号＊2014/10/30

◆ロケットストーブの祭り「第２回　私はストーブだ！　inひろしま2014」開催（府中市）

◆立正佼成会一食（いちじき）地域貢献プロジェクト2014 広島教会委員会より共生庵の働きのために123000円の寄付を受ける

第九章　バケットリスト

フードデザート　食の砂漠化

ここは昔のバス通り・メインストリートだったんだろうな、当時の様子はどんなんだったのかな？と思わせるところがあちこちにあります。地方都市ではシャッター通りと言われるものに必ず出会います。

他方、十分な広さの駐車場をもつ大型スーパー・ホームセンター・ドラッグストア等がまるでセットにしたかのようにどんどん生み出されます。ここ共生庵に移住して一四年目に入ろうとしている。今まで様々な社会変化が起こっていることを知らされてきました。

この三和町には高速道路もＪＲ線もなく、バスも次々廃線に。わずか三次市街まで往復するだけになりました。福祉バスなるものが巡回しているものの、病院や買い物にも大きな制約があります。何をするにも車で移動する。そうしながらいつも頭をかすめるのは、健康もさることながら、いつまで運転できるだろうか、車がなくなったら生活はどう変化するのだろうかということです。自動車の運転ができず買い物に不自由する高齢者にとって、実は「低栄養化」という健康不安につながっているという指摘があります。それがいわゆる「食の砂漠化」フードデザート問題と言われるもの。具体的には生鮮食料品の入手が困難な地域のこと。また都心部・中心市街地などにおいて地元食料品店・日用品店の撤退した地区を指すとのこと。フードデザートとは、社会的弱者層の健康被害を意味する社会問題なのです。社会や経済環境が急速に変化することに伴う「生鮮食料品」が誰にでも平等に供給されないという問題です。

この課題の背景には様々な問題があります。独居世帯の急増（核家族化の進展）・貧困の拡大、社会から引きこもる高齢者の増加（コミュニティの衰退）、経営が成り立たないと生鮮食料品店や公共機関の医療、社会福祉施設等が撤退していく、各種の社会保障制度の見直しが必要等々が複雑にフードデザートにつながっています。今回それらの問題が、高齢者（だけでない！）の生鮮食料品不足から来る健康問題であることに改めて気づかされました。買い物の困難さから食事の栄養バランスが偏り、「低栄養」などの健康被害が拡大していることが危惧されるという指摘は傾聴すべきです。

そしてもう一つの側面は、社会的活動に参加していない人ほど栄養状態が悪いというデータも出されています。社会からの孤立は健康な食生活への関心を低くすることに結びついていると指摘されています。

先日、西中国教区「農を語る会」が共生庵で開かれ、食といのちの繋がりを農体験とみんなで調理した豊かな食事を共にすることで多くを学びました。

二日目の協議では、一人の酪農家がＴＰＰにからんで「食は人権問題なのだ」という事を忘れないでほしいと静かに、しかし強く発言されました。胸に深く残る言葉でした。

口にする「食」そのものには関心があっても、その背景にまで思いが至らないことが多い。特にその課題に巻き込まれている弱い立場に置かれている人たちの現状を理解することが求められます。そして多くは基本的な人権の侵害に関わっていることに心を馳せたいと思います。ひずんだ「食」構造に潜む不正義・不平等・矛盾などを鋭く見抜く感性を育むにはどうすればいいのでしょうか。

食の向こうにある見えない事柄に想像力を豊かに伸ばしたいと思います。（純太郎／第八一号）

「農」を食べ、楽しみ、考えました

一〇月八日（月）～九日（火）に西中国教区の「農を語る会」が共生庵を会場に行われました。遠くは山口県長門や島根県松江、近くは地元、三次や甲山から三〇数名の方たちが集まりました。

当日は秋晴れの気持ちの良い日でした。いつもとは違って、夕食を参加者のみんなで準備をすることになっていました。開会礼拝後、パワーポイントによって共生庵の働きについて紹介がありました。そして夕食時間まで数時間、様々なメニューが準備され、参加者全員で分担して作っていきます。

まず、畑作業でサツマイモを掘りました。土に触れて収穫するということはしんどいけれども、楽しいことでした。それをきれいに洗って焼き芋にしました。また少しずつお土産に持ち帰ってもらいました。次のグループは薪割りです。太い木を使いやすい大きさに割りました。スットンと半分に割れたときは気持ち良い。かってやったことがある人は懐かしく、初めての人はなかなかコツがつかめないでワイワイガヤガヤにぎやかでした。その薪をつかってお風呂をわかしピザ窯とキッチンストーブと新たに庭先に造られたかまどに火が入り、調理されました。

ご飯炊きグループは、まずかごと火箸を持ってツリーハウスの下でクリ拾い。きれいに皮をむき、栗ご飯を作ります。共生庵の新米コシヒカリに栗をいれて、羽釜で薪を使ってご飯を炊きました。クリの味がしっかりついた美味しいご飯ができました。

ソーセージを作るグループは、ミンチにした豚肉にスパイスや調味料を加えて豚の腸に詰めて燻製にして鉄板で焼きました。このことから市販のソーセージには沢山の添加物が加えられていることをあらためて思い知らされました。ゆで卵、チーズ、魚の干物などを燻製に、ゆっくり低温で桜のチップを使っていぶしました。お酒のつまみとしておいしいものが出来ましたが、残念なことにアルコール類は準備されていませんでした。

ニワトリが三羽用意されていて、鶏のつぶし方を学びました。ダッチオーブンに野菜と鶏を入れて丸焼きに。ガラはだしをとりブタ汁ではなく、鶏汁となりました。美味しい野菜たっぷりの汁物でした。あと、焼きそばに使った野菜はある教会員の作られたものや共生庵で出来たものでした。また、使った炭も共生庵の自家製です。最後にピザですが、約二時間火を焚いて温められた石窯でトッピングされた生地を焼きました。ピザの生地の粉は共生庵特製の小麦粉でこね、ピザソースやトッピングの材料もできる限り自給です。お茶は庭に植えられているハーブをミックスしたものでした。

デザートには、梨、りんご。甲山教会役員の梨園のオーナーの差し入れでした。（翌日には柿やお菓子も差し入れられました）

このようにできるだけ作られたところがわかっている自給食料を使い、夕食を準備しました。しかも、参加者がそれぞれ興味のあるところでグループに分かれて作りました。調味料や乳製品など自給することが難しいものがありますので、自給率を一〇〇％にすることはできません。

今回の試みは、農にたずさわる人が生産している物を使って、既成ではない手づくりの食べ物を作り、それを味わいましょうということでした。買えば簡単に手に入るものが、こんなに面倒だということ。でも、自分で作ってみればそれは添加物の入っていない安全な食べ物であることや、素朴な美味しさがあることなど再認識しました。「農を語る会」が、とても豊かで楽しい「農を食べる会」となった第一日目でした。

二日目も秋晴れ。快晴の庭先で牧場をやっておられる方の発題を聞きました。乳牛が一二〇頭以上もおり、家族総動員で働き大変であること。「ＴＰＰに参加」するとやっていけなくなることなどの不安を訴えておられました。

後の意見交換で、ある方が日本の工場が中国、タイそしてベトナムへと人件費の安いところ、つまり弱いところへと進出している。それは国内での農業でもおなじで、弱いところは利用され益々弱くなり切り捨てられている実情がある。それを頭に入れて「農」のことを考えてほしいと訴えられていたのが心に残りました。食べることを楽しみながらも厳しい現実があることを学んだ二日間でした。この会のために「共生庵」が用いられたことはたいへん光栄ある出来事でした。（奈津江／第八一号）

パイロマニア Pyromania

地区自治会で防災訓練がありました。講義の中で火災原因の一位は「放火もしくは放火の疑いあり」で五〇％（全国平均）を超えるという。確かに広島県下でも放火や不審火の事件のニュースは後を絶ちません。

ここ共生庵から全国へと広がった「ロケットストーブ」は、今や薪ストーブや自然エネルギーやエコに関わる人たちの間で驚異的な動きを生み出しています。アメリカではロケットストーブ仲間同士をユーモアを持って自虐的に呼び合う呼称があるそうです。それが表題の「パイロマニア」という日本人には聞き慣れない英語です。辞書にはただ一言「放火魔（癖）」とだけあります。最初にこれを見つけた時は笑い出してしまいました。いくら何でも自分たちをそう呼ぶとは⁉　と他の意味をいろいろ探してみたが見つからない。アメリカ人に聞いても同じような意味で用いられているという。ロケットストーブのすぐれた神秘的でさえある燃焼の仕方・不思議な力・それが醸し出す雰囲気等に触れた人は、だれでもその魅力に取り憑かれます。そして自らがパイロマニアになるということも納得できるようになります。

例えばもっとも手軽に誰にでも作れるキッチン・ロケットストーブ。二〇ℓのオイル缶の中に「J字型」に煙突を組み込み、缶と煙突の間に断熱材を詰め蓋をしたもの。縦型の焚き口に突っ込んだほんのわずかな薪でとても効率よくクリーンに燃焼する。お湯・豚汁・ご飯・焼き芋等すぐにできる火力を発揮する。軽くてどこにでも持ち運びできて安全性にもすぐれている代物です。研究熱心な人達の間では、この原理をさらに工夫した多様な薪ストーブが改良製作されています。しかし、いずれも従来の箱形薪ストーブの概念を超えていない。それはそれでいいのだが、本来のロケットストーブ（マス・ヒーター）の本当の良さがわかるところまで到達していないということでしょう。

何よりもすぐれている点は、二〇〇ℓドラム缶の下部から押し出される燃焼ガスが地を這うダクトを暖め、その上に土と石で囲われたベンチやカウチベッドに蓄熱させるというシステムです。それは腸のように曲がりくねって一〇m以上でも可能なのです。どんなに高価で素晴らしい外国製の薪ストーブでも、作りだした熱エネルギーの半分（以上？）を無駄に戸外に吐き出し大気を暖めているようなもの。しかし手作りできるこのロケットストーブでは、薪の消費量は驚くほど少なく、座ればお尻から幸せがやってくることが実感でき、カウチベッドに横になれば五分もしないで天国に行ける！というものです。

火や炎は人を引きつけます。焚き火の炎・匂い・煙りなどは心を和ませます。出来るだけ化石燃料や原発に頼らず、薪でご飯を炊き、風呂を沸かし、野外でコーヒーを煎れて飲む。そのために必要なのは薪の準備だ。山里に柴刈りに、また竹藪の整備にでかけ、また薪割りに汗を流す。キャンプファイアの炎は熱と光の存在に気づかせ心を洗ってくれます。火をいとおしみ、火と戯れ、火に癒され、和み、火を生活に活かす。火は友を呼び、食を囲み、酒を飲み交わす場を醸し出す…。

これらに熱心で、何より火に敬意を払う仲間〝パイロマニア〟の仲間入りをしませんか。いい大人のおじさんたちがまるで子どものように楽しそうに生き生きと夢中になってロケットストーブの製作に取り組み始める。この楽しさは「癖」になるほどだ。火が教えてくれる価値観や「火遊び」心をはぐくみ大切にしたい。そして次世代の子どもたちに伝え体験させておかなければと思うこの頃です。

（純太郎／第八一号）

「騙《だま》される」もまた悪

最近、現代日本社会が何だか変だ、逆戻りしている、騙された感じだ…という思いをもっている方は少なからずおられるでしょう。

「チェンジ」を掲げてオバマ大統領が誕生し、民主党政権が大勝、保守政権が交代した三年前。長年の閉塞感を突き破って、何かが変わる、新しい時代が来るかも知れないと希望を抱いた。それが今や、あの時の期待は消え失せ、わが国では自民党政権下で、また来た道を引き返している…。

そんな思いがめぐる中で関連して思い出したのは『騙される』という悪徳」という言葉。中国新聞オピニオン欄（「今を読む」一二／一二／二五）で福間良明氏（立命館大准教授）が語っていたことが印象に残っています。

昔から今に至るまで、よく言われる「戦時中、国民は騙されたのだ」という見方に対して「騙されるということ自体がすでに一つの悪である」という言葉を紹介しています。映画監督の伊丹万作が「戦争責任者の問題」で取り上げているテーマです。

基地問題・行政機構改革・格差是正・脱原発・新しいエネルギー政策・経済的政治的閉塞情況の打

破等々、三・一一東日本大震災・原発事故も絡んで「変革」や「革新」が叫ばれた。何か変わるだろう。きっとよくなるという変革願望ばかりが先走りして、それが裏切られ、失望感に変わり、今回の自民党政権奪還へつながったのだろうか。それにしてもその反動的な動きは不気味だ。

政治家は何もしてくれなかった・失望した・騙された…と言う時、そこでは、自らしっかり現実を見つめ、反省し、熟慮し、具体的に関わったかという問いに向かわされます。騙されたといって人ごとのように考え、他人まかせにしない「熟考する自分」でありたい。でも現実には自分なりに考え、正しい見極めが出来ているつもりも、複雑多岐にわたった現代社会システムの中ではよくわらず自信が持てません。

近頃自分でもつい口にしてしまいがちなことは「もっと若かったら、こんな事をやり過ごすことなく、ちゃんと取り組んだのになぁ」の一言。そしてその後は、諦めてしまった無力な自己への嫌悪に落ち込んでしまいます。なんとも情けなく寂しい…。簡単に「騙された」と思ってしまうのは、批判力、思考力、信念さえ失っている無気力状態に安住していることになるのでしょう。

騙すのが悪くて、騙される方は悪くないという概念を考え直してみると、無自覚・無思考に逃避していたと言う事に気づくことができるのではないでしょうか。特に混乱時期にこそ、ガンバリズムが頭を持ち上げ「正論」が幅をきかせる。そこには、こんなときだからこそ、こうあるべきだ！　こうなければならない‼　と一見して誰もが反対できない正しい論理に呑み込まれる危険性がひそんでいることに注意したいものです。

正論の考え方に流されないで、自分の複眼的視点で物事を考え、主体的に批判的にもう一つの道を考え探り出していく道行きを大切にしたい。ここ共生庵では子どもに本物の体験をさせたいと願っています。そのためにすぐ正解や結果を求める彼らに、「何故？　どうしたらいいと思う？　考えてごらん！」と問いかけます。それは同時にわたし自身への問いとして投げ返されて来ます。

（純太郎／第八三号）

自然や人が大切にできる豊かな感性を持って！

共生庵にやってくるグループに、親子連れの方が結構あります。それは教会の方たちだったり、小さな市民活動グループだったりさまざまです。近くでは地域の子供会や広島市内のグループ、遠くは大阪、九州や山口などからもあります。どこから来られても何も特別に準備をするわけではなく、共生庵のゆっくりと流れる時間と自然、あまり上手ではないけれども共生庵で取れた食べ物で作った食事を楽しんでいただいています。

そんな中、子どもたちは遊具もなく、はじめはどのように遊んでよいか分からないらしくウロウロと親についてまわっています。でも夕方、帰るころになるとまだ遊びたいと名残惜しそうにしている子どもたちが沢山います。土や水、草や木そしてそこにある石ころや小枝、あるいは温かくなってきたら出てくる沢山の虫、蛙、小魚など、なんでも遊びの道具になるのです。子どもはどこからでも遊び方を見つけることができるようです。そして小さい子ほど上手に遊びます。また、育ってきた環境で自然に触れる機会が多い子ほど遊び方が豊かで上手です。

わたしは大阪の下町、工場地帯で子育てをしました。軒を連ねて家々が建ちならんでいるので、隣近所の方たちと親しく交わりました。特に同じ年頃の子どものいる人たちとはよく行き来をしました。住んでいた地域に図書館がなかったので、友人を誘い中央図書館まで出かけて行きました。そして二〇〇冊ぐらい本を借り「地域文庫」を開きました。本の貸し出しや読み聞かせも行いました。地域の方に協力してもらって資金づくりにバザーもひらきました。

最近、子供の虐待のニュースを聞きますが、確かに家の中で子どもと二人でいると気持ちが落ち込んでしまって、イライラしてくることが多くあります。そして、いけないと解っていても自分の気持ちを抑える余裕がなく、子どもに当たることがあります。普段から気持ちを聞いてもらえる場や人があり、ほんの少しでも話すことができれば助かります。現在ではあちらこちらに子育て支援のグループがありますが、当時はそんなものは身近にはありませんでした。地域で共に活動したことで、お母さんたちと子育ての悩みや学校の問題など話したり聞いたりできました。したがって、親子が家の中で孤立することなく、子育てのイライラをこのお母さんたちと話すことによって発散できたように思います。

わが家の孫「心音《しおん》」は、この二月で五歳になりました。体を動かして遊ぶことが大好きで共生庵にやってくると、様々な遊びを作り出して遊んでいます。それらに付き合わされるものとしては体力が追いつかず大変ですが、同じぐらいの仲間がいるとその遊びはさらに広がり楽しそうです。野や山での生きることの楽しさをしっかり味わってほしいし、いろんな人と遊べてよい関係が作れる者になってほしい。

心音はなぜか徹底した野菜嫌いで野菜料理しかないわが家では食べてもらうのに苦労しています。わが子なら叱ってでも食べさせるのに、孫となるとつい甘くなってしまう自分があります。畑から採ってきたばかりの新鮮な野菜、トマトやキュウリがどんなに美味しいか分かって食べられるようになってほしいものです。そして、収穫する喜び、育てる喜びなど共生庵でさまざまな体験をしながら、自然や人が大切にできる豊かな感性を持った人間に育ってほしい。これはわたしの子育てをしたときの想いでもありましたので、彼らがしたいと思ったことはできるだけかなえてあげたように思っています。でも実際にはどうだったでしょうか。いつか、聞いてみたいものです。（奈津江／第八三号）

自分は自分　貴方はあなた

この言葉は、二人の親友と旧交を温めた神戸の居酒屋で見つけた額入り書の言葉。「自分は自分」で主体性と独自性をもって自由に生きるものでありたい。そして「貴方はあなた」として誰からも束縛されずに輝いて生きていてほしい。誰もがそう願う。でもその間には何となく隙間風が吹いて来るように感じる言葉でもあります。

実はこのあとに次のフレーズが付きます。「…なんて錯覚している」という言葉。何とも含蓄があり、すぐメモした次第です。「あんたはあんた、俺はおれ」と口にしたり、心の内に叫んでみたりするときがあります。そこには「お互い違うのだから必要以上に踏み込まないで！」という関係性の断絶（拒絶）が生じます。突っ込まれて都合悪くなったときの逃げ口上でもあります。

皆さん覚えておられるでしょうか。「わたしはあなたとは違うんです！」と語気を荒げた報道を。福田康夫元首相の辞任表明記者会見でのエピソードです。

二〇〇八年九月一日のこと。「一般に、福田総理の会見が国民には他人事のように聞こえるというふうな話がよく聞かれておりました。今日の退陣会見を聞いても、やはり率直にそのように印象を持つのですが」とのインタビューに頭にきたのか、こう切り返しています。

「他人事のようにというふうにあなたはおっしゃったけれども、わたしは自分自身を客観的に見ることはできるんです。あなたとは違うんです。そういうことも併せ考えていただきたい」と。これは昔からの友人で共生庵会員でもある中国新聞社の記者Dさんが突っ込みをいれたものでした。確かに他人事のような対応が目立ち、いらだちを覚えていただけに拍手喝采したのでよく覚えています。

蛇足ですが、この「あなたとは違うんです」の発言がネットで流行語になり、後に二〇〇八年度ネット流行語大賞の年間大賞金賞（一位）受賞。立花隆氏は、この会見でこの部分が唯一面白いと評したと言われるほどでした。

「そうでしたか、おっしゃる通り反省してもっと自分のこととして考え取り組むべきでしたね。今後あらためます。ごめんなさい」とでも切り返せば良かったのに…！」でも、退陣声明の席上でそんな事は夢物語。やっぱり「自分は自分　貴方はあなた」と開き直って「あなたとは違うんです」と言うところへ逃げ込むしかないのでしょうか。

一見もっともらしく言われて、「意見の相違です」と関係性を遮断されてしまうことがあります。そのときには、そんなことに呑み込まれることなく「ちょっと待ってよ、そりゃ違うんじゃないの⁉」と突っ込みを入れる余裕と持論を持ちたいですね。

「呑む」は飲む（液体を口にする）とは違い、「かまずに丸呑みにする／受け入れる／あなどる／こらえる／相手を呑んでかかる／涙を呑む」と言う意味を持つ。人間関係で過剰に入り込まれるとお互いしんどいけれど、関係性のねじれ／恐怖／崩壊などからくる孤立、孤独、断絶はもっと深刻です。「自分は自分　貴方はあなた　でしょ！」と突き放されるとき、呑み込まれることなく「そんなあなた（自分）は錯覚しているよ」と言い返して、関係性の修復を図りたい。お互いの違いを認め合い、自立や主体性を尊重し合い、それでいて違いこそが楽しい人間関係を育てる豊饒な土壌だと信じたい。「自分とあなた」が出会い、ぶつかり合うことに恐れず、相互に尊敬し合う事はどうしたらできるのでしょうか。「異質な他者への好奇心」を持続させるところに秘訣がありそうに思うのですが、あなたはいかがですか。「錯覚」はなしですよ。

（純太郎／第八四号）

さあ、大変　排水溝が詰まった

一ヶ月前のことです。どうも台所のシンクの排水溝の流れがおかしい。詰まっている感じです。わが家の排水パイプは古く細くて、何ヶ所か曲がっている。そして、外の一番近い枡まで四メートルから五メートルあるでしょうか。しかも、そこまでセメントで固められています。普段から気をつけて洗剤や油類は流さないようにしていました。下水道が通って水洗化になり、今の排水溝に直結して六年になります。詰まるなんて夢にも思っていませんでした。もちろん、掃除など一度もしていません。

ワイヤーやホースでつつき、いろいろやってみたもののうまくいきません。どうやら石けんのような固まりがあまり太くない排水管内部に付着しているようです。湯水で温め、コンプレサーで空気を送って、少しずつ溶かしながら、二日間かかって開通しました。シンクの周りは汚泥と悪臭？　だらけ！　もう大変でした。

なぜ、詰まったのだろうか。掃除をしなかったからか、台所用石けんがよくないのだろうか、厳冬期に固まってできたのか、あるいは…？　今後、詰まらないためにはどうしたらいいのだろうか。自然破壊や環境のことを考えて、使う水や洗剤には気をつけていただけに、少しショックで、なぜ？といういう思いが心に残った出来事でした。

最近、大型のドラッグストアがあちらこちらにできて、日常雑貨から医薬品、化粧品そしてインスタント食品やお茶のようなものまで売られています。お医者さんに処方していただかないと手に入らなかった薬も販売されています。また、商品の種類の多いこと。特に化粧品、シャンプーや洗剤類の種類の多いことには驚きます。どれがどんな効果があるのか、あるいはAとBの商品とではどこが違い、どのような効果があるのか比較して、ひとつのものを選別することはたいへんです。ひとつひとつ説明を読み選んでいたら、そのうちどうでもよくなってきます。特に最近は小さい字が見えにくくなって、容器に書かれている説明は読みづらいし、カタカナの横文字は理解しづらい。たくさんある商品から自分が求めているものを選ぶことは時間も体力も必要です。

そこでつい普段テレビやラジオで耳にしている商品を手に取ってしまいます。つまり、コマーシャルに乗っかっている自分があります。しかし食べるものはもちろん、化粧品や洗剤などでも、できるだけ自然の素材を使いたい。

界面活性剤によって泡が沢山作れたり、解けやすくなっていたりします。あるいは人工甘味料や腐敗しにくくする薬品を加えられています。それらがアレルギーの原因になったり、アトピーを引き起こしても不思議ではない気がします。花粉によるアレルギーだけではなく、様々な薬品によるアレルギーもたくさん起こっており、出来るだけそれらから逃れるには化学薬品の入ってないものを使いたいのです。でも、それは今の世の中、たいへん難しいことです。

また、消臭や消毒、香りのコマーシャルが目に付きます。あまりに度を越して清潔にしすぎるのでは？　きれいに清潔に身の回りを整えることは大切です。でもあまりにも気にしすぎるといろんな菌に対する抵抗力も失われてしまうのではと思います。

自然界には風や草、土の匂い。昆虫や動物の匂い。山や川の匂い。人間が作り出す煙や料理の匂いなどなどが交じり合っています。春には春の匂いがあり、夏にはまた違った匂いがあります。種々雑多なものが入り交ざって上手く調和して自然は動いています。また、その変化が楽しいです。

愛犬のココネが先ほどから家の中をウロウロ、臭いを嗅いで回っています。今日一日中、雨が降っていたので野鼠が床下にでも迷い込んできたのだろうか。人間の何百倍もの臭覚をもつ能力にはしばしば脱帽させせられます。温室ではアマガエルが、窓の下におかれた水槽の上で大きな声で鳴いています。一匹なのだろうか、それとも二匹？　何時まで鳴くのだろうか、ラブコールなのか、それをうるさいと感じるか、あるいは愉快だと思うか。感じ方は様々、あなたはどう感じるでしょうか。

（奈津江／第八四号）

笛吹けど踊らず　私は私の笛を吹き続ける

栗原貞子

私は私のうたを

その人はうたった
炎と血と泥のいくさのうたを
それでもこのうたには
ひとすじの希望と
美しいメロディがあった
けれどもとどまってきく人はまばらで
人々は欲望のたぎる
原色の街へ向かって通りすぎた
私は私のうたをうたう
人が踊ろうと踊るまいと
私は私の笛を吹くと
吹きつづけた

とどまってきく人のためにうたい続けた

「産ましめんかな　己が命捨つとも」等で有名な闘う原爆詩人・栗原貞子さん。今年で生誕百年。先日、未発表の詩が発見されたと報道があった。その一つが右記の詩です。

九条の会ヒロシマや「八・六新聞意見広告」等の取り組みから自宅にうかがったこともあり、頼まれもしないのに目を通してもらいたい思いから、「共生庵便り」をお送りするようになりました。そのうちに共感を頂いたのか会費を払い込み共生庵の会員にもなって下さり、感動したことをあらためて想起しています。豊かな感性と鋭い視点からの詩作は、いつも深く心を打たれるものでした。特別な思いと敬意を払って注目してきました。

今回発見されたという一九八六年頃の直筆ノートにしたためられていた詩作。この詩を見てすぐに想い浮かんだのは以下の聖書箇所。

今の時代を何にたとえたらよいか。広場に座って、ほかの者にこう呼びかけている子どもたちに似ている。

笛を吹いたのに
踊ってくれなかった。
葬式の歌をうたったのに
悲しんでくれなかった。

（新約聖書マタイによる福音書一一章一六節―一七節／日本聖書協会新共同訳）

当時のわらべうたを引用してバプテスマのヨハネの「悔い改め」にもイエスの新しい「解放の福音」にも傍観者であった人たちを非難しています。

栗原さんは詩人としてヒロシマからのメッセージを鋭く広く国内外に発信しておられました。今回発見された詩もまた、人が聞こうが聞くまいが、歌い続ける。人が踊ろうが踊るまいがわたしは笛を吹き続けるという。

昨今、時代が逆行するかのようなあやしげな動きがいろいろな様相を呈している。原発再稼働の相次ぐ申請・憲法改正・九六条先行改正・歴史認識をめぐる論争・ＴＰＰ・原発事故処理・オスプレイ配備等基地問題・貧困格差・フクシマ被災地（者）の今なお重い課題・真に必要なところに適正な対処がなされず、弱者が省みられず、全くお門違いに巨額な予算が浪費されていく等々。どれ一つとりあげても複雑に絡む課題に胸が苦しくなります。

どこに真の問題があるのか、それは何なのかを鋭く見抜く感性と努力が求められる。

何かを叫ばねば！　行動を起こさねば！　と言う思いに駆られる。でもほとんどできないでいる自分の中のいらだちに打ちのめされそうである。栗原貞子の詩から問われているのは、あなたは言うべきことを言い、なすべき行動の主張をしているのかということである。

心していることは、無理をしないで、ギアチェンジをして、ゆっくり静かに、歳相応に生きて行こう。謙虚になって、若い人を立てて、自分は後ろに下がって等という思いだ。しかしその根底には「

加齢」という名の逃げ口実が潜んでいる事を否めない。あの「笛をふきつづけ／私は私のうたをうたいつづける」という信念はあるのか。いたずらに悲壮感に苛まれることなく、美しいメロディにのせた「ひとすじの希望」を伝える情熱はあるのか。人が踊ろうと踊るまいと私は私の笛を吹き続けるならば、きっと幾人かは立ち止まって聞く人がいるという希望や信頼はあるのか…等々。

わたしは時折、自らの微弱さとあまりに巨大で複雑な問題の前で無力感に襲われる。そのとき美しい絵のある小さな本を開く。南アンデスの先住民に伝わる民話「ハチドリのひとしずく」。（監修：辻信一　光文社）です。

森が燃えていました。／森の生き物たちはわれ先にと逃げていきました。／でもクリキンディという名のハチドリだけは行ったり来たり、くちばしで水を一滴ずつ運んでは火の上に落としていきます／動物たちがそれを見て「そんなことをしていったい何になるんだ」といって笑います／クリキンディはこう答えました。「私は、私にできることをしているだけ」「I am only doing what I ca do」たった見開きで六場面だけの絵本です。山火事を思わせる真っ赤な背景に描かれたマイケル・N・ヤグラナスの原画は素敵だ。その最後の六枚目には、背景は暗闇に変わり、沈黙の中で「ひとしずく」の水だけを描いています。鳥の中で最も小さいハチドリの小さなくちばしの一滴が、森の火事を消すキッカケになったことを想像させる。副題に「いま、私にできること」とある。倦まず、諦めず、落胆せず、私は私のうたを歌い、笛を吹き続けよう。美しい旋律に希望をのせて。そうしたい。

（純太郎／第八五号）

バケットリスト　Bucket List

映画「最高の人生の見つけ方」をご覧になりましたか？　大富豪（J・ニコルソン）と自動車整備工（M・フリーマン）が高齢になって入院。同じ病室で隣り合わせになった。まるでちがう人生を歩んできた二人に共通していたのはガンで「余命六ヶ月」という宣告。

そこで二人が始めたことは、学生時代の哲学授業でやった「棺桶リスト」を思い出して、棺桶に入る前に、今までできなかったこと、やりたいこと、見たいもの、経験したいことなどを書き出すことでした。

「そんなことしたって無意味だが」といいつつ書き出した。「スカイダイビング／世界一の美女にキスをする／泣くほど笑う／見ず知らずの人に親切にする／荘厳な景色を見る／入れ墨をする」等々…、いろいろ二人で語り合ううちに、それらをメモしやってのけようと病院を脱走し、実現していくという展開です。とても痛快でありつつ心温まる深い感動をもたらす秀作です。そこには「本当に生きたかった人生は何か？」「人生を楽しく生きるには遅すぎることなど決してない！」などの問いやメッセージが込められている映画です。

実はこの映画の原題が標記の「Bucket List」です。共生庵には宿帳のようなものがあり、来訪者には時間があれば「来訪者ノート」に何かひと言書いてもらっています。

ベジタリアンのナスリーン・アジミさん（「ユニタール（国連訓練調査研究所）」広島事務所所長）

が玄米を自分で作ってみたいというので、ここ数年お手伝いをしています。田植えでは手植えし、収穫の時には鎌で手刈りし、さらに「はぜ干し」しています。先日そのときに彼女の古い友人 David Eaton（広大教授）さんが誘われて参加しました。彼がノートに書いた文章の中に"Bucket List"があったのです。この言葉をめぐって興味がわき、その意味を教えてもらいました。映画を観た人も多く、しばらくランチ時の話題として盛り上がりました。

というわけで、あらためて映画とこのキーワードについて調べてみました。

文字通りの「バケツのリスト」とは映画の中にあった二人の主人公が書き出した「死ぬ前にやりたい事リスト」の事。俗語に「kick the bucket」（バケツをける）と出てくる。「死ぬ、くたばる、往生する」という意味。それは自殺をする人が吊り下げられた縄に首をかけるために踏み台にするバケツのこと。その上に乗り、意を決するときに自分でバケツを蹴り飛ばす行為が語源となっているというのです。

デイビットはずーっと願っていたリストに入れてあった日本での稲刈りが初めて実現したと大喜び。もう願いが叶ったので「これで死んでも本望？」と冗談にでも尋ねたかったのですが…彼のバケットリストにはまだたくさんあるのか、次回には「田植え体験」をしたいという。そのために来年五月頃に間に合うように再度日本へ戻ってくるとのこと。彼のバケットリストを満たすものがここ共生庵にあったとは光栄の至り。

さて自分はどうなのか。ランチトークの際に「あなたのリストはありますか」と問われて「バオバブの巨木を見にアフリカへ行きたい」とすぐ答えました。それも大切に種から育てた苗木が目の前にあったからなのですが、実際にはリストはできていませんね。

いざ書き出すとなるといろいろ沢山でてきて限りがないようです。でもこの話は余命数ヶ月という映画の舞台設定。ならばおのずとリストの制限もあり、そんなに欲張れません。

そこで考えてしまうのは、あれもこれもしたいが、そんなのこの自分には無理だ、お金も時間も気力も及ばないと言うことでしょうか。二人でドライブ旅行を続けながらやりたい放題を実現させていくのだが、相棒の大富豪と言うスポンサーがいるからできるのだと思ってしまう。でもその Bucket List 実現旅行のたどり着く先をみると、お前にもできるということを示唆しています。思いっきり楽しんだあれこれは、導入であって最終ゴールではない事がわかる。

この二人とも、終着点は、様々な事情で関係を絶ち疎遠であった自分の家族との再会と和解でした。この結末が示すことは、リストは今までやりたかったけれどできなかった自分の欲望の塊なのか。それよりも何より人生に残された時への危機意識・過去の振り返りと評価・どうしても手がけたいこと・それらの取捨選択・優先順位付け…等々ではないのかと考える。

そんな中でやっぱり「これだけは！」という夢を実現させて満足し切って死にたい、と本当にそう願う。

そこで聞こえてくるのは「そのやりたいことは真実のモノか。他にあるのではないか。もしかして、それはしたくないこと／避けたいこと／今まで逃げてきたことではないのか」というささやきです。「最高の人生の楽しみ方」とはできるだけしたいことをする中で得た勢いや勇気に助けられて、どうしてもしたくないと避けてきたあのことこのことにぶつかり「謝罪と和解。そして感謝」することではないのか。そこからまさにその時に与えられる心の安らぎと喜びこそが人生最高の楽しみではないのかと思わされています。

（純太郎／第八六号）

増え続けるモノ…豊かな老後のために必要なのか？

町から中山間地域に入り一五年。仮り住まいだった豊栄町能良から引っ越して、三和町に住み始めて来月の二三日で一四年になります。記念として頂いたり購入したりして、そのときに庭に植えた木々もすっかり大きくなりました。

手入れが悪いのか、果物の木なのになかなか実が結実しない。それらの木を植えた連れ合いは何の木だったか名前もはっきりと覚えていないのもあります。したがって、ただただ、木々の春の花、夏の日陰、秋の紅葉と四季の移り変わりを楽しんでいます。

引越しといえば前回のときに比べて荷物がずいぶん増えました。収納する場所があるためか、あるいは物が大型化して、わたしの管理外になってしまい、手に負えなくなってきたからかもしれません。そして、連れ合いの古いものを直しながら使い続けるスタンスに根負けをしたというのが本音です。彼はしばしば朝から何時間もかけて修理をして、本来の作業は夕方にという感じで、能率の悪いことこの上なしです。修理をすること自体を本人は楽しんでいるようだし、こんな自然豊かな田舎に住んでいて急ぐこともないだろうと渋々認めるようになってきました。でもやっぱり、少しは整理したい！　気力と体力があるうちに！　少しずつ増えてくるモノを目にすると将来どうするのだろうとイライラしてきます。

時々、愛犬ここねを連れて裏山に出かけます。その山のある場所に電気製品や自動車の部品が捨ててありますが、そこはハエや小動物の棲みかになっていて、周りの自然と違和感を覚えます。リサイクル法が出来て最近では大型電気器具を処分するのにお金がかかり、気軽に処分するわけにはいきません。無料で回収をしますというアナウンスをしながら車が頻繁に回ってきますが、回収された電機製品はどのように処分されていくのか気になります。自然を汚さないで稀少価値のあるものはリサイクルされて、適切に処理がなされているのでしょうか。

工場で造られた製品を、お金を出して購入して使い、壊れたら捨てる。そういうお金さえあれば簡単で便利なことに慣れてしまい、作られる過程も処分される方法も見えにくいのが現状です。何も知らないということで、それを使って生活をしている私たちがモノを大切にとか、地球環境を守るために行動を起こすことは本当に難しいと感じています。こちらの方が環境に優しいと分かっていても、便利で楽で速くてきれいなほうに気持ちも手も向いてしまいます。

これから先何年生きていくのか分かりませんが、生きるために本当に必要なものはどれだけあるでしょうか。少しでもモノを少なく整理をしたいと心から願います。生きるのに最低必要なモノだけにすれば身の回りがすっきりして、このイライラもなくなるでしょう。

半年前のこと、Nさんご夫婦が「八十路の作品展」と称して墨書とパッチワークの展示会をされました。その作品を見ながら、なんと豊かな生き方だろう、素敵だなとつくづく思いました。これからの人生を豊かにするために今までしたいと思ってきたことをやり、連れ合いの古いものを修理し大事にするという生き方も認めながら……となると……ああ！　やっぱり今のまま、モノに囲まれた生活から当分抜け出せそうにもありません。

中国新聞に「モノとココロの整理術」湯上みどりさんの連載に、モノを整理することは人生を整理して、残された人生を意義あるものにする。というようなことが書かれていました。

そう、確かにそうです。

母の住んでいた家を次の人が住むために整理をしたことがあります。その時沢山のモノが残されていて、捨てるのに心が痛み、迷いがありました。どんなにか母本人が自分で整理をしたかったことだろう。思いがあっても気力や体力がなくなっていた母はアルバム一冊と身の回りの物を持ってわたしたちと同居しました。今彼女の思いが痛いようにわかる年齢になってきました。

モノを整理して捨てる。ということはもったいないから、思い出があるから、何かに使えるからなどと思ってなかなか難しいことですが、これまでの生きてきた年月を振り返りながら、これからの人生をいかに生きるか考えるためにも、丁寧に整理をしていこう。まだ体力も気力もある今のうちに、「モノ」の整理つまり「人生」の整理を始めよう。

（奈津江／第八六号）

△で行こう！　○や×でなく

普段、わたしがいつも意識していることは、「答は一つではない」ということである。常識を覆し、物事を多角的にとらえ多様性を楽しむことができるようになると、人生の幅は広くなり豊かになるものです。何よりとても気が楽になります。

今回「△で生きる」という興味を引くキーワードで展開している著書を見つけた。鎌田實著『○に近い△で生きる～「正論」や「正解」にだまされるな～』（ポプラ新書）である。久しぶりに一気に読んだ。○か×という世界にいつも振り舞わされてしんどい思いをしている人にお薦めです。

この世は何事に付け○か×でレッテル張りが盛んになされている。しかし、その間にある△は「別解」であり、無数にある。それに気づくと限りない自由や魅力を感じるという。○に近い△の生き方は、柔らかな生き方だ。多様な正解があり、様々な考え方・価値観があることが分かってくると、随分楽になるものだ。生きるということは無数にある△の中で「別解」をさがしていくこと。「別解力」をつけることと著者は述べている。

本書にはいっそうのこと○も×もない「△で生きる」という提言はない。わたしには不満である。現実にはこの世の常識を意識してできるだけ「○に近い△」と言わざるをえないのか。

△だって間違いではない、正解の一つだと思うのだが。「×に近い△」を楽しみたいものだ。

○か×かという二者択一の中で窮屈な思いをさせられるのは、家庭・学校・会社・社会組織等いたるところにある。でもステレオタイプの常識では自由な発想・創造的な考えは生起しない。そこで必要とされることは、これしかないという絶対化を相対化してしまう視点であり、現実の文脈を読み取る「別解力」が求められる。観念的な世界でなく、現場に出て、見て、揺さぶられて正直に自分が反応していくとき、そこに教科書にはない「別解」が生まれてくるという指摘は深い。ナマの現場を避けていないか。ぶつかりながらも、そこから発せられているメッセージや衝撃に正直に向き合っているかが問われる。

最近はわが身体が次第に硬直化している。それに比例して、考え方や生き方も硬直化していく昨今、常識的な正論や正解が必ずしも〇ではないという自由さを取り戻したい。重い腰を上げて現場に出かけ、そこの文脈から正しく情況を読み取り、もうひとつ別の解答を導き出せるような柔軟さやユーモアを身につけていきたいと思います。

まずは「ストレッチ」でも始めるか!?


（純太郎／第八七号）

家出しました!?、～スーツケースに荷物をまとめて～

何度も聞かれました。「奥さんは?」と。

いちいち説明するのがだんだん面倒になり、自嘲気味に「荷物をまとめて家出しました！」と答えるようになりました。ちょっと驚かせておいてすぐに、「一ヶ月ほどスーツケースを持って地球の裏側に」と補足説明して安心してもらいます。詳細は次項の奈津江レポートをご参照下さい。

一ヶ月弱の一人住まいは、いろんな事を体験し、感じ、考えさせられる時でした。何より、これはいつか一人取り遺された（?）ときのための高齢者独居生活研修期間ではないかと言うことでした。

二人で一緒に生活してきたことを、すべて一人でこなすのはたいへんなことでした。何もすべてを同じようにしなければならないことはないと言い聞かせながら、たかが一ヶ月ぐらいならとそんなに苦痛ではありませんでした。何故なら「適当・いい加減」が得意なわたしですから。

でも悟ったことは、家事を担う者は「まるで百姓みたいだ」ということ。実に多種多様な切りがないような百（以上？）もの仕事を日々こなす者であると言うことでした。

洗濯をしたら干さねばならないのに、気づかないで放置していたり、その上取り込むのを忘れて何日か干しっ放しにしたり…。食事はいろいろ食材が準備されていたり、心配して下さった方から差し入れてもらった食糧もあり、食事時がきたらできるだけ規則的にわりと淡々と楽しみながら摂ることができました。少しはやせるかなとの期待は裏切られるほどでした。

ひとり暮らしのお供に、愛犬ココネは退屈しません。その上にたいへんなのは、今回ウサギとカメの世話が加わりました。今春大阪を引き上げて共生庵へ引っ越してきた長男夫妻が家財道具と一緒に連れてきたペットです。二人は一年以上かけての世界旅行中。ココネとウサギは今は、鼻をくっつけるほどに慣れてきました。熱帯に生きるリクガメは、暖房されたガラスケースの中で日々変わりなく徘徊。

普段の我がライフスタイルに組み込まれた仕事以外の雑事に多くの時間を取られて、責任ある仕事にとても忙しい思いをしました。そんな中で年度末を迎えたので、年間の活動まとめや年間予定などの教会総会資料作りに追われてしまいました。ついでに言い訳を許していただければ、この「共生庵便り」八八号発行が大幅に遅れてしまいました。どうぞご容赦下さい。

この言い訳も家出された（勧めた）とばっちりもあるのですが、すべてのことに渡って、取りかかる優先順位を間違ってしまったり、億劫になったり、なかなか腰があがらなくなったりというエイジング現象というわたしの怠慢のせいという方が正確かも知れません。これらはどうやらさらに厄介者になりそうですね。

以上のあれやこれやもさることながら、今回これはいかんなぁ、気をつけねばと思い知らされたことがあります。

それはネジ巻き式ゼンマイ仕掛けの柱時計のことです。共生庵にお出でになった方は必ずご覧になっているもの。「共生庵でお過ごしになる間は腕時計から解放されて、ゆったり流れる時に身を任せて過ごしましょう」と呼びかけます。共通の時間確認はこの工房前の柱に掛かっている一つの時計で行います。古い掛け時計でゼンマイ仕掛け。一杯巻けば一週間位は動き続けます。振り子のネジを微調節するととても正確に時を刻んでくれます。

これが時々止まってしまいます。ネジ巻きを怠ったためです。ここ二～三度やってしまいました。チクタクと動き続けさせるには定期的なネジ巻きが不可欠です。まさにアナログなのです。

この「止まった振り子」を見ると、何故かハッとしたりドキッとしたりすることがあります。そして思うことは、自分は決して忘れることなく食事を取り、エネルギーを補給しておきながら、柱時計にまで思いが行かない。多忙ゆえとは言え、何とも自分中心の生き方かと思わされます。そしてお前はしっかり時を刻みながらコツコツと生きているのか、中身はもう止まってしまっているんじゃないかと問いかけられているようです。急いでゼンマイを巻かねば息切れしそう。（純太郎／第八八号）

南半球の国　ブラジルに行ってきました（一）

わたしたちと家族ぐるみでお付き合いをしているSさんご夫婦の息子さんが日本人学校の教師として、ブラジルのリオ・デ・ジャネイロに赴任されています。その息子さんご一家を訪ねて、三月半ばから四月にかけてご両親のSさんご夫婦と私の三人でブラジルに出かけました。

滞在期間中、Sさんご一家は家族同様に扱って下さり、ゆったりと楽しく過ごすことができました。また、いろんなところに案内して下さり、たくさんのことを見て、貴重な経験をさせて下さり大変うれしかったです。何より大きなトラブルも無く元気に帰国できました。Sさんのご家族皆様、ありがとうございました。

ある本にブラジルは目で楽しむより、音を聞き身体全体で感じる国であるという意味のことが書かれていました。その通り様々な音を体感し楽しみました。

一八世紀半ばまでブラジルの最初の首都として栄えたサルバドールでは、現地民族や黒人などの様々な民族がミックスされた人々のエネルギッシュな営みに圧倒されました。特に黒人のカポエイラという舞踏のような格闘技とその音楽の激しさは今も耳の奥に残っています。一方、パンタナールは世界有数の大湿原、ここで出合った沢山の動植物はマレーシアのボルネオ島・サラワクを思い出すものでした。早朝から夜中までけたたましく鳴く鳥たち。それはニワトリではなく大小様々のオウムやインコたち、そしてホエザルの種類のサルたち。その騒がしさで早朝起こされました。沢山の種類の動物と植物、実がみのり、鳥や動物たちがその恩恵に預かっている自然の豊かさとそのスケールの大きさに感動しました。湿原の真ん中に高さ二〇メートルぐらいのタワーが作られており、日の出を見るために早朝そこに登りました。ぐるりと三六〇度地平線でジャングルです。その上を太陽がのぼっていきます。少しずつ明るくピンクからオレンジ色に変わっていく様子は何ともいえない美しさでした。あらためて地球は丸いのだ思いました。一方リオ・デ・ジャネイロでは、車のエンジン音、人々のざわめきなどが一晩中あり、眠らない町でした。

肌を刺すような太陽の光と吸い込まれそうな空の青さ、その中にある樹や花、家々の屋根などの色すべてにコントラストがあり、はっきりしています。音も激しく人間が奏でる音や動植物が発する音など様々ですが、共生庵という静かな山間に暮らしているものにとっては、ずいぶん刺激的でした。日本の山の静けさや風のやさしさ、川のせせらぎなど何もかもが中間的でほんわかしているとあらためて思いました。

熱帯の草花は懐かしく、果物や野菜は、日本で輸入された物では味わえないおいしさでした。三〇数年前に暮らした東マレーシアのサラワクを思い出しました。そこに暮らす人々の営みこそは違いますが、懐かしいものがありました。

国土が日本の約二三倍あるというブラジル。赤道直下から南へ東西に大きく広がり都市から都市にいくにも飛行機を利用して、時差もあるという広さです。場所によって気候も風土も違うし、住んでいる人々も様々な人種構成があるそうです。そのほんの一部を体験したに過ぎません。わたしにとって懐かしくもう一度行ってみたいところになりました。

帰国して飛行機から下り、外の空気にふれたとき、なんと柔らかくさわやかなのだろうと思いました。そしてサクラがもう散りかけていましたが、その柔らかいピンク色を見た時はとてもホッとしました。

（奈津江／第八八号）

南半球の国　ブラジルに行ってきました　（二）

暑かったブラジルを懐かしく思い出しています。スポーツのことはさっぱり興味のない私ですが、マラカナン・スタジアムはすばらしいと思いました。それは、サッカーのワールドカップが開催される数ヶ月前でした。

ワールドカップが終わりリオ・デ・ジャネイロの町は平常に戻ったことでしょうか。ワールドカップが始まると町中が黄色一色（ブラジルのチームカラー）になり学校の授業はお休みになったとか、お店は試合を観戦するために閉まって町は閑散となり、ブラジルチームが得点を入れると歓声が上がり爆竹がなったそうです。

ブラジルではワールドカップを開催するために様々な設備の工事が行われていました。そのために莫大なお金が使われ、ワールドカップに使うお金をまず、「教育と医療」の充実に使ってほしいという運動が起こっていました。ワールドカップが始まる前にはデモ行進のニュースが日本でも放映されていましたが、試合が始まると影を潜めてしまいました。新聞やテレビはサッカーの話で埋め尽くされました。サッカーの華やかな活躍の裏でどんなことが起こっていたのでしょうか。リオ・デ・ジャネイロは美しい町です。緑が多く公園もたくさんあります。あちこちにある海岸は整備されています。そして夕日がとてもきれいです。そこは市民の憩いの場となっており、多くの人々が散策し、スポーツを楽しんでいます。教会などの古い建物も多くありその装飾も凝っていて、歴史を感じさせます。

そんな町でふと、目に留まるものがあります。それは小高い丘に向かって箱庭のように家が立ち並んでいるところです。そこはずいぶん沢山の家が密集しています。ファヴェーラと呼ばれている地域で、もともと住むところの無い人々が丘や斜面のあまり活用しにくい土地（見放された土地）に、仮住まいの家を立て住み始めて出来た地域だそうです。そこは交通の便が悪かったり、電気、水道が充分でなかったり、急な斜面のために地すべりが起こりやすい場所だったりするそうです。貧しい人々がそこに追いやられているのです。

あちこちにあるファヴェーラや路上生活者がおり、一方では高級マンションやホテル、海岸では優雅にバカンスを楽しんでいる人々、その差があまりにも大きいのです。沢山の不満が人々にあるようですが残念なことに、さっぱり理解できないポルトガル語と、ブラジルの人々の陽気な気質などで、観光客に過ぎない私には人々の本当の思いを深く感じ取ることができませんでした。

先日、共生庵の田植えに来られたナスリーン・アジミさん（ユニタールの元広島事務所長）がリオ・デ・ジャネイロの話題になったとき、次のような話をされました。

一九九二年環境会議がリオ・デ・ジャネイロで行われたとき、彼女もリオ・デ・ジャネイロに行った。とてもきれいな町だったけれども、当時の政府は路上生活者や海外の人に見てほしくないようなものはすべて地方に追いやって環境会議を開催した。それはとても残念なことでした、と。旅行者ではわからない様々なことがその場に住み生活することによって分かってきます。そんなたくさんのことを貪欲に学んでいただきたい。そして、ブラジルの人の名前と顔の見える友人を沢山作ってきてほしいと、わたしを気持ちよく迎えて下さったSさんご家族に願っています。ゆっくり滞在し、いろんな所に連れて行って下さり楽しくすごせました。感謝です。

（奈津江／第八九号）

しないことリスト～引き算の発想～

「ひとつ聞きたいんだけど、みなさんは幸福って何だと思いますか？」。共生庵の庭でワークショップの振り返りをしている時でした。桃山学院大学ボランティアグループ「らぶ＆ピース」の学生を前に突然問われた。その人は共生庵の星のソムリエ・久保禮次郎さんでした。

しばらくあれこれ話し合った後で「わたしはこう思う」と切り出し、引き合いに出されたことは共生庵の母屋玄関にある板木「吾唯足知（吾ただ足るを知る）」（口絵iiiカラー写真参照）です。これを悟って生きることではないかと語りかけられました。わたしも同感でした。

現代社会の価値観では「すること」は前向きで積極的と良く評価され、「しないこと」は後ろ向きで消極的と見なされ軽んじられる。そこでは「すること」ばかりが重視され「いること」「存在している」は軽視される。わたしがイライラするのは、仕事が山積してなかなかはかどらない場合。そこで良くやることは、するべきことをメモしてそれらに優先順位を付けていく。その一つ一つを消去していく。そうすることで落ち着きを取り戻せるのです。

また「今の自分の課題は何ですか」と問われるといつも同じようなことを挙げています。することとすべきことの振り分けとその優先順序を付けることと答えることが良くあります。

「すること」のリストの究極はバケットリスト（死ぬまでにしたいこと）でしょう。

この「することリスト」は人を忙しくする。時間がなくなる。仕事や責任、そしてその成果に追い立てられる。最近、そういう生活は豊かな人生を生み出すのかと思うようになりました。

そんな中で、先日久しぶりに書店をぶらつくことがあり、そこで一冊の本に目が引きつけられました。『「しないこと」リストのすすめ〜人生を豊かにする引き算の発想〜』とあった辻信一氏の著書（ポプラ新書）。つい最近『バケットリスト』についてこの頁で述べたばかりでしたが、それはいわば「すること」リストのことでした。しなければならないことを優先して、本当にしたいことができなかったということで、それをリストアップした余命六ヶ月の二人のガン患者の話でした。「本当にしなければならないこと」と「したいこと」がぴたりと重なって、実行に移すという映画でした。いつまでも「したいこと」を先送りして目前の仕事に思いと時間と労力を消耗してきた自分に嫌気がさす時があります。常に「これでいいのか⁉」と落ち着かない思いがついて離れない。その真逆の言葉「しないこと」リストの本に出会い、強く気持ちが引きつけられ思わず購入したわけです。

辻信一さんは文化人類学者、環境運動家。明治学院大学国際学部教授。「一〇〇万人のキャンドルナイト」呼びかけ人代表。ＮＧＯナマケモノ倶楽部の世話人を務める他、数々のＮＧＯやＮＰＯに参加しながら、「スロー」や「ＧＮＨ」というコンセプトを軸に環境文化運動を進める有名な人で、早くから私の中にインプットされていた人物。何かにいつも追い立てられ、忙しすぎる、時間がない、イライラしている等で疲れたときはこのナマケモノ倶楽部のホームページをのぞいてみることをお勧めします。もっとゆったり、ゆっくり、のんびりしていたいと思う時に、そうできない自分のライフスタイルを振り返ることができます。

効率・競争社会は「すること」の無限増殖現象を生み出していく。その歯止めをしないことには身が持たない。それにはどこで止まるか、スピードダウンするか、少なくするかにかかっています。自己否定しろとか、欲するなとかじゃない。どこで切り替えるべきかが分かるということだ。そこから「しない」と言う引き算が豊かな生き方が始まることを教えてくれる。今あるもので十分、と知る人だけがいま生きることの豊かさを知るのだ。と指摘しています。「しないこと」を選ぶとき、「足るを知る」という境地にたどり着ける。そこには今ここにこうして生きている自分についての満足が溢れていることに気づかされる。そこから焦燥感、不満、いらだちから解放される。

詩人・長田 弘は言う「何をしたか、ではない。ひとは何をしなかったか、だ」と。

する／しないの境界をゆるやかにぼやかしておくことも大切だと進言されている。「絶対！」と肩を怒らせず、色々「曖昧な言い方」をしながら「しないこと」へとつなげていくことも必要。することとしないことの境界がぼやけているほど、絶対的区別などないと分かるようになって、「すること」リストは減っていき、「すること強迫症」から抜け出して重荷はきっと軽くなることも覚えておきたい。

（純太郎／第九〇号）

雨の日には…

最近、テレビやラジオの天気予報が気になって仕方がありません。秋晴れの気持ちの良い日が続くとホットしますが、雨が降ると何となく不安で気持が沈みます。今年の夏から秋にかけて、集中豪雨や巨大台風が何度も繰り返しやってきました。その為、共生庵では予定されていた多くのプログラムが中止になり、残念でなりません。また、広島市に土砂災害が起こった日より数日前、県北では集中豪雨があり、あちこちの河が危険水域を越え警戒警報が出されました。わが家の前の美波羅川もあともう少しで土手を越えそうでした。深夜は雨音と水の流れていく音が凄くてとても不安で眠れませんでした。

朝方、明るくなり始めたころ心配になって外に出てみました。すると裏山から川のように水が何ケ所も流れてきて、家の周りの低いところに向かっていくではありませんか。慌てて床下に流れ込まないように応急処置をしました。明るくなったころには雨も小降りになり、山から流れてくる水も減ってきました。その数日後、イノシシが出没して畑のあちこちを掘り返し始めました。イノシシの柵が流れてきた土砂によって大きく壊されていたことに気が付くまでに時間がかかってしまい、稲も数箇所荒らされてしまいました。

雨の降る量が半端ではなかったので、また、雨が降ればあのように水が流れてくるのではと不安になるのです。これをトラウマというのでしょうか。災害に遭われた方々はもっとたいへんな思いをされていることでしょう。共生庵の会員にも被害に遭われた方がいらっしゃると思います。そのたいへんさを共有できればと思っています。また、八月はほとんど毎日雨が降り家中、湿気だらけで思わぬところにカビを見つけ、憂鬱でした。

水といえば、共生庵では裏山からの湧き水で生活用水を全てまかなっています。湧き水を溜めて、ポンプアップして使っています。一五年前にここで生活を始めるときに水博士S教授に水質を大学で調べていただきました。「軟水の名水」と判定が出ました。連れ合いが来客に共生庵の紹介をするとき、トイレの水まで名水を使っていますとよく冗談を言いますが、確かに冷やした水は美味です。暑い夏に大勢の泊り客があり、トイレやシャワー、食事の後かたづけなど同時に水の使用が重なったときには、水量に不安をおぼえますが、今のところ水が足りなくなったことはありません。

マレーシア・サラワクのイバンの人々は、ジャングルで高床式のロングハウスで暮らしています。そこでは清潔で綺麗な水はとても貴重で大事にされています。洗濯や水浴は川で行い、飲み水は雨水を溜めて煮沸して使っています。彼らの生活を見て水の大切さを改めて感じました。日本は水が豊かでどこでも綺麗な水を手に入れることが出来ます。でも、町の水はカルキ臭くて…。最近はいろんなミネラルウオーターが売られていて水を買って飲む時代なのですね。

共生庵では都会と同じように水道の蛇口から栓をひねれば、山からの湧き水が出てきます。何人の方が共生庵の水はおいしいと気づいてくださったでしょうか。山や畑の草や木々の匂い、鳥や虫の鳴き声、さわやかな風、そんな平穏な日々があの猛烈な雨、風で脅かされるなんて！　自然というものは優しくもあり残酷でもあるとつくづく感じています。

（奈津江／第九〇号）

ポポー（Pawpaw）（バンレイシ科）

いつの頃だったか、広島市内の叔母の家を訪ねたとき、庭に入るとどこからか甘い香りが漂ってきました。何の匂いかと叔母に尋ねたところポポーだという。その時いくつか貰って帰り、美味しかったことを覚えています。次に訪ねたときポポーのことを聞いてみました。叔母が言うには食べる者がいないし、匂いもきついので切ってしまったと。

三和町に住み始めて一〇年になりますが、いつの頃か共生庵に入る入り口の道路際にポポーの木が二本あることに気がつきました。持ち主は三軒向こうのＦさん。あまり大きな木ではありませんでしたが、実はなっていました。持ち主のＦさんは、ポポーは好きではないし、食べないので切ってしまおうと思っているらしい。それではその木を譲って下さいとお願いをして、いつか時間がある時に移植をする事になりました。移植をしようと思いながら何年か時が過ぎてしまいました。そのうち木は大きくなり、ますます移植は難しくなってきました。ポポーの木の根はゴボウのように真っ直ぐに地下に伸びていて、移植を嫌うようです。秋に実が熟すと落下するので、バスケットを下げて愛犬「心音」の散歩がてら、それを集めます。籠にいれて飾っておくと家中にポポーの匂いが漂います。来客があるとポポーのことを話題にするのですが、知らない人が多いということと、美味しいと言う人といやだと言う人に二分されます。ポポーは熱帯の果物を思い起こさせるトロピカルな匂いがします。匂いはバナナで味はマンゴーとあるところに書いてあるのを見たことがありますが（？）、ちょっと違います。熟したクリーム状の果肉を食べます。黒い種が沢山ありますが食べにくいことはありません。熟しすぎたポポーは黒くなって保存が出来ませんので商業ベースにはのらないようです。

熱帯の果物を思い起こさせるポポーですが出身は北米原産。バンレイシ科では唯一の温帯果実です。寒さに強く明治の中頃に日本に入って来ています。病虫害に強く育てやすい、落葉高木で三～四ｍくらいになり、秋には黄葉になります。五月頃暗紫色の花が咲きます。果実は栄養価が高く、ＶＡ、ＶＣ、Ｆｅ、Ｋ、不飽和脂肪酸などがあり、ＰＨ値六～七です。果物としては珍しくアルカリ食品です。商品としてポポーワインがあるようです。また世羅町のドナ牧場にポポーアイスクリームがあったと聞いて、早速連れ合いがつくってみました。丁度来客があり最初の作品を試食してもらいましたが、好評でした。

マレーシア・サラワクから共生庵に来られた中国系の方が「ジャパニーズマンゴー」だと言ってポポーをとても喜んでくださいました。

（奈津江／第六三号）

第91号＊2014/12/30 ～ 第100号＊2018/1/1頃のできごと

第 91 号＊2014/12/30

◆神戸 PHD 協会の研修生を囲む交流会
◆広島 YMCA リーダー研修会　シイタケほだ木にコマ菌打ち体験
◆入口の看板を化粧直し

第 92 号＊2015/4/25

◆敷名 1 区の親睦グループがピザ焼き体験
◆大正めぐみ教会ファミリーキャンプ　甲山教会と合同礼拝
◆田植え

第 93 号＊2015/7/25

◆日本クチン友好協会スタッフ会議
◆「紛争解決と共生社会づくりのための実践的参加型コミュニティ開発方法」JICA 研修員一行を迎えて 12 カ国 16 名と日本スタッフ 10 名

◆桃山学院大学「らぶ＆ピース」農体験
◆ロケットストーブマニュアル本「ロケットストーブ」(原本) の共同執筆者レスリー・ジャクソンさん来訪

第 94 号＊2015/11/25

◆こどもの友セミナー実行委員会　下見のため来訪
◆PHD 協会の研修生を囲む交流会　毎年大雪の歓迎
◆長男夫妻が 2 年間の世界旅行から帰国
◆純太郎　甲山教会を辞任・隠退しました
◆東マレーシア・サラワク州チャイニーズメソジスト教会機関誌関係者 2 名来訪、取材を受ける

第 95 号＊2016/4/10

◆里山整備
◆田植え
◆大正めぐみ協会ファミリーキャンプ
◆こどもセミナーキャンプ
◆東梅田教会夏季キャンプ
◆広島東分区ファミリーピクニック 80 名参加
◆関東学院六浦中学校夏季 YMCA/ 聖歌隊　合同合宿農体験・ワークショップ 11 名

◆放課後デイサービス「ミリミリー」来訪
◆高齢者トレーニング教室の仲間たち、「あったかサロン」など地元の方々来訪

第 96 号＊2016/8/1

◆「紛争解決と共生社会づくりのための実践的参加型コミュニティ開発方法」JICA 研修員一行を迎えて 8 カ国 12 名と日本スタッフ
◆研修棟　老朽化に伴い解体工事、更地に。ガレージ整備・改造、工房（元納屋）2 階を長男夫妻住居化のためリフォーム

第 97 号＊2016/12/25

◆PHD 協会の研修生を囲む交流会　研修生が三和中学校を訪問
◆五島列島茅葺き移築プロジェクトチームのみなさんがロケットストーブ見学
◆聖文舎オーナーとスタッフ　来訪
◆共生庵オープンハウス

第 98 号＊2017/5/10

◆田植え
◆共生と摩也子　2 度目の黒米作り
◆ツリーハウス下の石垣が崩壊、業者依頼で新たなコンクリート垣が完成、新築平屋建て完成

◆今年の豊作はナツメ
◆三次教会青年会　来訪

第 99 号＊2017/9/1

◆稲刈り
◆立正佼成会ヒロシマ宗教協力平和センタースタッフ研修会
◆「ロケットストーブ」後発本「絵で見る火とかまどとストーブのはなし」「私はストーブだ！ in ひろしま 2015 講演録」出版・販売

第 100 号＊2018/1/1

◆PHD 協会の研修生を囲む交流会

第十章　リトリートハウス

ＮＩＭＢＹ～ＹＩＭＢＹへのステップを～

最近気になる言葉がしばしば頭をよぎる。それは「ＮＩＭＢＹ」（ニンビー）

「Not In My Back Yard」の略。

自分の裏庭以外なら結構の意。「施設の必要性は認めるが、自らの居住地域には建てないでくれ」と主張する住民たちや、その態度を指す語として使われる。原発や軍事施設、ゴミ処理場、刑務所、下水処理施設、老人介護施設、障がい者のグループホーム、葬儀場などの「迷惑施設」の設置に反対している状況・人たちを見て「必要なのはわかっているくせに自分のところに作られたらイヤだ」と言っていることを「ＮＩＭＢＹシンドローム（症候群）」と表現される。「総論賛成・各論反対」という態度の背景にこれがあります。社会の様々な課題を抱える現場では、「必要は認めるが、こと自分の庭先や地域社会で展開されたら困る。お断りだ」という状況は、よく垣間見られることです。実際に自分の住むコミュニティで精神障がい者のグループホームを作ろうとした女性活動家の闘いがテレビの特集で紹介されたのを観て、この言葉に出会う。地域エゴ丸出しの反対者に激しい義憤を覚えたものだ。その抵抗に会って、やむなく中止させられるケースは全国各地に沢山の事例があるという。日本は豊かになったが、とても心が貧しい地域社会がある課題を思う。

根底にある問題は普遍的課題で、自分の心の奥底にいつも潜んでいる。「じゃあ自分がそれに直面したらどうなのか」を問うたとき、こと自分の身に振り掛かってくるような事態になれば、こそこそと逃げ出し始める身勝手さを連想する。そんな自分に嫌悪感をもってしまう。もっともらしい理解を示しながら、うまく自分の責任を逃れようとするずるさが顔をのぞかせる。面倒だ、イヤだ、避けたい、自分の庭にはやっかいな課題は持ち込みたくない、怠けたい、ゆっくりしたいという思いが頭をもたげる。

様々な取り組むべき課題が次々と提起され、それらの情報を読みこなし、できるところで責任的に関わろうとする。が、そこで自分がやっていることは、せっせと自分の庭先から外へ運び出そうとしているのではないか。そんな自分を意識してしまう。まさにＮＩＭＢＹしているのだ。自己保身にやっきになる自分を見て情けなくなる。

もう年だから…何かと忙しいから…身体が思うようについて行かなくなったから…遠方まで一人で車を運転していくのが億劫になって…等々言い訳するのに、なんでも引っ張り出してきて身をかわしてしまっている消極的引っ込み思案な自分は、一体どうなってるのかと思ってしまいます。

一一月初めに自分の不注意で、右手中指の第一関節を電動丸鋸ですっ飛ばしてしまいました。これにはさすが（？）の私も心がへこんでいます。傷は癒されたのですが、見るからに一番目立つ利き手の中指がへこんだのですから、常時意識せざるを得ません。何とも格好悪いことで情けない。自分のいい加減さ、軽率さ、中途半端さ、無責任さ等を常に反省させられる象徴になっています。

それでも「よかったねぇ、それだけで済んで。これからは同じような体験をした人に寄り添えるようになったんだから」といわれて、自嘲的に笑いながらそうなんだと納得しています。指先が二～三センチ短くなっただけで、何ができないか、不便かを日々新たに体験させられています。そんなことも少しは影響しているかも知れません。エエかっこうしたり、話したりしているくせに、やっていることは、「結構なことだけど、俺の庭先ではしないでくれ、出て行ってくれよ」と口には出さなくともそう思っている自分の醜さを感じています。

ＮＯ！　でなく、ＹＥＳ‼「YIMBY」（Yes、いいよ、お出でよ、ウチの庭へ）と切り返し、踏みだせるようになりたい。

よく考えてみようと思っている二つの文章を紹介して終わります。

「あなた自身の社会～スウェーデンの中学教科書」という本からの引用です。「障害者は、書類やその他の文書を理解できない者、書くことで自分を表現できない者、スウェーデン語をマスターしていない移民、また、外国へ行った時、何もしゃべれない私たち…他人と自然に付き合うのに一杯ひっかけないとできない人など…。障害の程度は障害者に対するその他の人々の態度や環境がどれほど障害者のために整えられているかに大きく依存しています」

もう一つは（国際障害者年行動計画Ａ―六三）より。「ある社会が、その構成員のいくらかの人々を閉め出すような場合、それはもろく弱い社会なのである。障害者は、その社会の他の異なったニーズを持つ特別の集団と考えるべきではなく、その通常なニーズを満たすのに特別の困難をもつ普通の市民と考えるべきである」。

（純太郎／第九一号）

動物や虫と共存なんて甘い！

秋は実ったものを収穫し冬を迎えるために準備をしなければならないので、結構忙しい時期です。なのに、何度かあった大型台風の来襲や思わぬ怪我やちょっとした体調不良などなどであまり快適にすごせませんでした。そして当然、いやいつもの如く冬野菜の植え付け準備も十分に出来ないまま冬を迎えてしまいました。それでも、麦はどうしても作りたいと畑を準備して種を蒔きました。芽が出て青葉がうまく育ちつつありました。それは柔らかそうでとても綺麗でした。

平年より早く雪が降り始め寒い日が続いたある日、麦の若葉をハサミで切り取った様に食べられていることに気がつきました。シカです。どこから侵入して来るのか分からないので、あまり乗り気でない連れ合いをせかせて麦畑を金網で囲いました。夏の間はブッシュに覆われていた所からその雑草もなくなりそこから入ってきた様です。田んぼや畦のあちこちにシカの通った道が出来て、フンも沢山あります。それが麦畑まで続いています。悔しくもあり、その逞しさにも驚きました。全く動物と人間の知恵比べです。家と田んぼの山際は近所の方々のお手伝いもあって、すっかり金網で囲われています。それも時々破られて動物たちがやって来るのです。

まだ広島市内に住んでいたころ、里山で暮らしたいといろんな所に、見学に行きました。そしてあちらこちらで柵が設置され、人々は柵の中で生活をしている様子を見て、まるで動物園のオリみたいと驚きました。そしてそうはしたくないと思っていました。でも、今はそうせざるを得ない現実に直面しています。わたしたちには農作物の販売で生活の糧を得るという切羽詰まったものがないので、虫や野生動物と共存しているのだと、まだどこか心に余裕があります。それでも時間と動力をかけて作った作物を収穫前に食べられると、もう悔しくて悲しくてたまりません。

わが家には三月に長男夫婦が置いていったウサギの「コゲ丸」と陸カメ「かめぽん」。それに愛犬「ココネ」がいます。朝の忙しいときに彼らの世話に時間を取られます。「かめぽん」は相変わらずマイペースですが、はじめは全然なつかなかった「コゲ丸」は餌をねだるようになり、我々の足元に来てタッチするようになってきました。そして、「ココネ」は「コゲ丸」に遊ぼうよと手を出すのだけど「コゲ丸」は怖くないよと「ココネ」を無視しているその関係がとても面白いです。このように動物たちは世話をしてやるとそれに答えてくれます。

野菜や花も農薬や肥料を沢山あげるよりは毎日畑に行って、水は、虫は、病気はなどと顔を見て世話をこまめにしてやることで綺麗に大きく育ってくれるような気がします。でも農薬や化学肥料を使わないで上手に野菜やコメ、果物を作ることも難しいことだとつくづく感じています。有機栽培で頑張っている人たちには頭が下がります。動物や虫と共存なんて甘い！　ただただ反省のみです。何もかも中途半端な一年でした。

（奈津江／第九一号）

質の高い日常を丁寧に生きる

「今までの人生を一～一〇〇までの数字で表現すれば…」と問われて数字とその「根拠」を書き込む。これは「四つの窓の自己・相互理解」というワークショップに用いる設問窓の一つです。全く自由に表現すればいいものを多くの人が自分の人生を採点（一〇〇点満点）されます。わたしも輪の中に加わるときは、その時点での自らの人生を顧みて採点しています。微妙に変化し、最近は八七と書いています。科学的な根拠なんてなくおおよその勘です。まずまず自分の好きなように生きてきた、生かされてきた充足感というところでしょうか。でも残りは、まだしなければならないこと、したいこと、やり残していることがあるので…とその根拠を書いています。

この四つの設問を書いたワークシートを掲げて、参加者が一対一で対面しながら限られた時間内で合図があるまで自己紹介を繰り返していきます。次々と変わる相手から「やり残していること、まだこれからすることは何ですか」と何度も問われる。説明していくうちに、「本当のところ、どうするつもりなのか」と改めて自問自答することになります。

さらに「今の自分の課題は何ですか」の設問窓には「整理して優先順位をつけること」と記入し、根拠には「もう後があまり残されていないと思うから」と説明します。

そう言いつつも何かを始めているかといえば、相変わらず改良点は見出されず、生活態度は変わり映えなし。そんな中で連れ合いからいろんなものを整理処分しろとせっつかれると、ストレスは倍増。

この冬期体重が五キロ増えてしまった。やたら寒いのと野良仕事がないことをいいことにほとんど動かなくなったからでしょう。それに年齢からくる腰が重い／何事も億劫になる／体が硬くなり／動きが鈍くなっていると理由づけする。手元にはストレッチの本は幾冊もある。でも実行しない。自分の怠け心を棚に上げて、あれこれ言い訳ばかりをあげている。すっきりしない毎日である。

そんなこんな中で、つい最近出会った言葉が、作家・村上春樹がある対談記事（中国新聞二〇一五・四・一八）の中で語った「日常を丁寧に生きること」です。彼は何が善で、何が悪かを簡単に規定できなくなっているような世界を乗り越えていくことが大切だ。でもそこには自分の無意識の中にある羅針盤を信じるしかないと述べています。闇のような世界から善い方向性を示す羅針盤はどこから生まれてくるのでしょうかとの問いに、彼は「体を鍛えて、健康にいいものを食べ、深酒をせずに、早寝早起きする。これが意外と効きます。すごく簡単ですが、一言でいえば日常を丁寧に生きることです」とさらりと言ってのけています。

この何でもないと思われる言葉の中に、わたしの課題への示唆を感じ、不思議にストンと腑に落ちた次第です。たった一人でも朝に夕に確実にウォーキングを続ける人に尊敬の念を持つ。でも自分は一向に始めようとしない。そんな自分に愛想をつかしてしまいます。

お隣の八〇才を超える元高校教師の男性はたった一人で黙々と農作業をしておられる。元体育教師だったといえ脱帽です。彼は「自分の健康のためにトレーニングしているんだ」と爽快な笑顔で答えてくれます。

わたしも負けじと里山作業に野良仕事にと精を出して体を鍛えて健康な自己改造に取り組みたいと

思っています。まさに「日常を丁寧に生きる」ことです。それは五感を使って楽しむことでもあるとのこと。この「丁寧に生きる」に強く心をひかれます。誰からもせっつかれることなく、マイペースで、いい加減な投げやりでなく、悔いることのないように一つ一つ、一日一日を丁寧に充足感をもって過ごしたい。何かにつけ加齢／年だから／年相応に／…等々が頭をかすめますが、そんな自己規制から解放されて、元気で「質の高いひと日」を過ごしたいですね。皆様もお元気で。共生庵は英気を養うきっかけを与えてくれますよ。お出かけください。

（純太郎／第九二号）

その人の靴を二ヶ月履き終えてから

「その人の靴を二か月履き終えるまで　その人物を裁いてはならない」
「Don't judge a man until you've walked　two moons in his moccasins」

（ネイティブ・アメリカンの諺）

どこかでこの言葉に出会って、すぐにノートに書き留めていました。とても印象に残っています。何かとせっかちに自分も他者も裁きがちな自身に問われているようでした。それにしても、「その人の靴を二ヶ月も履き終えてからだ」ということが「裁き」に関して言われていることに衝撃を覚え驚きました。この言葉が使われる文脈はどこかにないかと探していると見つかりました。

アメリカのニューベリー賞受賞作品（九五年度）「Walk Two Moons」シャロン・クリーチ著とい

う本に何度か出てくるとのこと。その解説を見ると、いなくなってしまった母親を連れ戻したいとの思いから、祖父母と共に母の足跡を辿り、アメリカ横断の旅に出かけるというネイティブ・アメリカンの血を引く主人公一三歳の女の子 Sal の物語です。

Walk two moons は、本文中に何度か出てくるフレーズで、「Don't judge a man until you've walked two moons in his moccasins」に由来している。その人のモカシン（インディアンの靴）をはいてお月さま二つ分歩くまでは、他人を裁いてはいけないというのです。

英語では、「相手の立場に立って考える」というのを、よく「相手の靴を履く」と言ったり、「私の身にもなってくれ」は「Be in my shoes.」というように用いられるとの紹介文も付加されている。

「相手の立場に立つ」とよく口にするが　それにしても他人の靴を履いて二ヶ月歩くなんて考えられない。手作りのモカシンなら柔らくて何とか可能なのかな。それほどにその人の足型・サイズ・癖・感触・生活習慣・人生の歩き方などを自分の足で実感してみなさいというわけか。しかも「二ヶ月間も履き終えるまでやってみなさい。それからだよ。何か言うとしたら」。ということなのでしょうか。

最近、何かにつけ自分のことを棚に上げて、他人を裁きがちないやな自分がいました。そこでノートの隅に走り書きしていた表題の言葉を思い出した次第です。私もまた自分の胸に手を当てて考えてみると、同じようにせっかちな裁き人になっていることを思い知らされます。もっとゆったり構えられないのか／他者を許す寛容さはどこへ行ったのか／そんなに細かく気にしなくても…／誰も完全な人なんていないんだ／お互いもっと譲り合えないのか…等々反省。

ここでいう「靴」とは象徴的なものだが、実際にみんなで靴を交換し合って、とにかく歩き始めて今まで考えもしなかった「相手の靴を履いてみる」ことを想像してみよう。

まずサイズからして履けない・ブカブカだ。靴ずれして痛くて歩けない・デザインが気に食わない・そんなこんな光景を想像してみれば、けったいな格好で歩くその様は吹き出しそう。そんな自分たちを笑い飛ばそうではないか。そしてその感想を述べ合い、いかに相手の思いを共感できなかったか、自分中心の思いでしかなかったかを告白しよう。

他人の靴を履いてみよう。いろんなことを実感できるでしょう。他人の靴を履いたって、歩いた気分になれない。しかも二ヶ月も歩き通すなんて不可能だ。そんな自分に人を裁く資格なんてないということを思い知らされるだろう。その人の歩んできた人生の跡をたどってみることができれば、簡単に裁くことなどできなくなるだろう。

安倍シューズとオバマシューズを履き替えてもらって、その無様《ぶざま》な歩き方を笑い飛ばすことができたらおもしろいだろうなぁ〜。

まずは、夫婦間でも靴の交換はいかがですか！　一歩たりとも歩けない⁉　（純太郎／第九三号）

七七という数字をめぐって

パチンコの大当たりラッキーナンバー⁉　ではありません。私の年齢⁉　いえいえ、まだそこまでたどり着いていません。この数字は共生庵で今秋収穫された新米コシヒカリの「品質評価値」です。

先日友人の農家さんに誘われて農機具メーカーの展示会に初めて出かけました。新米を持参すれば成分分析をしてくれるというので提出した次第です。その時にもらった数字が「新米品質評価値七七」でした。添付資料には五段階の上から二番目「優良」と記されている。ランク付けの一位は数値が八〇以上で「極上」となります。お米の三大成分「たんぱく質」「アミロース」「水分」等を測定することで、お米の味を推定することができるといわれています。その他に「歯ざわり」等の物理的要素や「色」「におい」などの視覚的・臭覚的要素等も加わって相互に複雑に作用します。そのため、一概に論ずることは大変難しいので、一つの「目安」としてください。といわれるものです。

何しろ初めてのこと。大して期待もしていなかったので、結果値「七七」には驚きました。この評価はご一緒した農家さんと比較しても大して遜色ないものでした。添付資料をよく読んでみると、私にしてはまずまずの成績だということが判明して、うれしくなったものです。なぜなら正直なところ、真面目にコメ作りに精を出してやっていると胸を張って言えるわけではなく、当然成績は悪いと思い込んでいたからです。思いばかりが先走りして農作業の内容は技能・知恵・知識・努力・経験等どれをとっても非常に貧しい。怠け者の野良仕事では、お米の評価も期待できないと決め込んでいました。

でもこれには日頃のいい加減な野良仕事の反省を込めながらも、こんな評価を得てもいいのかと思わされました。そして思い出したのは生まれて初めて米作りに挑戦したときのことです。軽トラック山盛りの籾米を目の当たりにして受けた衝撃の出来事です。「これは自分が作ったんだ。すごい！」という感動等が吹っ飛んでしまうような頭をガーンと殴られた思いにさせられたのです。神様がつくられたものを俺が作ったなんて、なんと傲慢なことかと悟らされたのです。

そんなわけで今回の七七という『優良』の評価を前に、再度わたしは謙虚にさせられます。よく考えてみれば、そもそも神様がつくられた作品を人間が採点なんてできるのか⁉。さらにそのことに一喜一憂することが滑稽にさえ思えてくる。

最近見慣れた共生庵の田んぼ・畑・果樹園・裏山・桜土手などを見るたびに、四季折々そこに営まれている自然の素晴らしいサイクル・光景に心を奪われることがしばしばあります。そしてその素晴らしい不思議な営みの中で神様の摂理なるものを学び、人間もまたその一部でしかないのだということにも改めて気づかされています。そんなことからこの「七七」とは何なのかと考え直してみると、それは神様の働きのお手伝いをした評価なのかなと思うようになりました。

それにしてもいい加減で怠けていたのにこんなに評価してもらっていいんだろうかとの反省もしきりに出てくる。あるいはこの七七は、田んぼの土がよいということなのか⁉。もう一〇年以上続けているが、一度も化学肥料を使わず、完熟牛糞堆肥や鶏糞の有機肥料を散布し続けている。だから地力がついたのだろうか⁉　勿論無農薬栽培だ。あるいは水がいいのか。裏山から湧き出ている名水のおかげだろうか⁉　いやいやあちこちから駆けつけてくれる援農者の熱いお手伝いが功を奏したのか⁉いつも共生庵を覚えて祈ってくださる全国の支援者の念力が届いたのだろうか⁉　それとも長雨・日照り・台風などを含めた自然界の有機的な循環なのだろうか⁉　等々…と思いめぐらしています。

体力・気力の後退と闘いながら、与えられたわずかなタレントを生かして『忠実な良い僕だ。よくやった。お前は少しのものに忠実であったから、多くのものを管理させよう。主人と一緒に喜んでくれ。』（マタイによる福音書二五章二一節）というお手伝いの評価を素直にいただきたいものです。

間違っても「この俺様が！」と、しゃしゃり出るような愚行は避けたい。謙遜・謙虚を身に帯びていたい。我らの身の丈にあった自然体で生きて行きたい。

わたしは植え、アポロは水を注いだ。
しかし、成長させてくださったのは神です。（新約聖書 コリントの信徒への手紙Ⅰ　三章六節）

まさにこの一事を忘れずに、ゆったりのびのびと日常を丁寧に生きることにしたい。そしてできるだけ「質の高い日常」を。

（純太郎／第九四号）

『人生の秋に』最上のわざ

この世の最上のわざは何

楽しい心で年をとり
働きたいけれどもやすみ
しゃべりたいけれども黙り
失望しそうなときに希望し
従順に、平静におのれの十字架をになう
若者が元気いっぱいで神の道を歩むのを見ても、ねたまず

人の為に働くよりも
謙虚に人の世話になり弱って
もはや人の役だたずとも
親切で、柔和であること
老いの重荷は神の賜物
古びた心に、これで最後のみがきをかける
まことのふるさとへ行くために
おのれをこの世につなぐ鎖を少しずつ外していくのは、真にえらい仕事
こうして何もできなくなれば、それを謙虚に承諾するのだ
神は最後にいちばんよい仕事を残してくださる
それは祈りだ
手は何もできない
けれども最後まで合掌はできる
愛するすべての人のうえに神の恵みを求めるために
すべてをなし終えたら
臨終の床に神の声を聴くだろう
「来よ、わが友よ、
われなんじを見捨てじ」と。

（ヘルマン・ホイヴェルス著『人生の秋に』春秋社刊より）

最近この詩の断片がよく頭に浮かびます。

全編をきちんと覚えていたのではなかったので、インターネットで調べてみました。

ここ一年、歯や目の調子が悪くなり、見えていたものが見えなくなったり、できていたものができなかったりで、心穏やかでない日々が続いています。それにさらに追い打ちをかけたことは、今までどちらかと言えば低血圧気味であったのに、ついに降圧剤を服用しましょうと「かかりつけ医」に告げられてしまいました。薬剤師でありながら自分で薬を飲むことに縁のなかったのに、最近は朝夕と、しかも何種類か服用しなければなりません。

環境や人間関係等が少しずつ、変化していくことはそんなに心や体にあまりダメージをあたえないけれども、大きな変化についていくことは年齢が高くなればなるほど大変で、それを今実感していきます。

できていたことがひとつずつできなくなり、むしろ人の世話になることを謙虚に受け入れる。なんと難しいことか、柔和に年を取っていくことはなんと難しいことだろうか。

それはかたくな心を柔らかくして、古びた心に最後のみがきをかけることだとヘルマン・ホイヴェルスさんはおっしゃっている。そして老いていくことはできていたことがひとつずつ奪われていくことだけれども、神様は他者のために祈ることを残してくださるという。

まだまだ、いろんなことが残されていてできるけれども、少しずつ奪われていくその辛さに耐える

勇気と力を下さい、そして穏やかな心を下さいと祈る今日この頃です。（奈津江／第九八号）

共生庵の振り返り

二〇一六年三月末をもって日本基督教団甲山教会牧師を辞任・同時に隠退。人生の「裏作」に入って数ヶ月。長男夫妻が三月から同居を始め、目下生活拠点となる工房（元納屋）二階のリフォーム中。毎週説教を準備しなくてよくなった生活リズムの変調から「今日は何曜日？」と聞くことが多くなった。また我が息子とその連れ合いとの共同生活が始まり、かつて一緒に過ごした期間よりも離れて生活してきた方がずっと長い。その者同士が顔をつき合わせる生活が続くと日々緊張と刺激を受けて過ごすことになる。これから共生庵を新たにどのように展開するのかまだ不確定だ。急ぐことはないとしばらく相互に慣れるまでゆっくり成り行きを見ることにしている。ということでこのあたりで我々がどのように歩んできたのかその軌道を振り返ってみることにする。

そもそもの出発

広島県ほぼ中央部の中山間地域に農家・田畑・山林を求めて移住したのは一九九八年四月のこと。最初は取り急ぎ仮住まい・借家・田畑借地でスタート。そこで一年八ヶ月過ごしたが、所詮仮住まいでは、何をするにも建物や田畑に手を加えるにも大きな制約やリスクが伴う。そこで本腰を入れて物件を探し始めて、やっと建物・田畑・裏山を入手して移住先を現在地の広島県三次市三和町敷名に決めることができた。一九九九年一一月のことである。それまでの一年八ヶ月はいわば自分たちがめざしていることが本当に実行できるか否かを確かめるウォーミングアップの期間であったことになる。

共生庵とは

そこで始めたことはいわゆる農・自然体験ができる体験型日帰り・宿泊施設であった。しかし単なる農と自然に触れるだけの場ではなく、そこから多くを学び、教えられた体験を通して他者と出会う、あるいは自己に新たに出会い直して人間性の回復を目指すというステップが設定されている。共生庵とは…「農」と「自然」に触れ、学び「人と人との出会い」を求め、自分らしさを取り戻すために、「出会いと黙想」にふさわしい環境づくりと「そのためのプログラム」(地球市民共育塾)の提供をめざしている。共生庵の目的を表すキーワードにこの農・自然・ひとが掲げられている所以である。それらの目的が遂げられるように様々なプログラムが、メニューとして準備されている。そしてそのためにふさわしい環境を色々整えて待つことが目的とされている。

今や地方農村地域では各地で様々な農自然体験塾のようなイベントが目白押しである。共生庵はそれらとはひと味違うスタンスを持っていると自負している。一過性のイベントや、単なる体験型の「いいとこ取りだけ」をして帰っていくパターンは避けるように心がけている。受け入れは五〇％の準備をして待つ。やってくる方は残りの五〇％を自分たちで作りあげていくというフィフティ・フィフティの関係性を理想としている。従って決して「お客」として受け入れず、自然の中で限定された時間と空間を「共有する生活者」として受け入れる。そこでは主体的な希望・願い・動機が求められ、「あなたは何がしたいのですか」と問い、選択する決断を促がすのである。

（純太郎／第九六号）

五五歳になったとき「このまま人生を送っていていいのか」と問うたことに始まる

責任をもっていた教会はいろいろな意味で大変居心地の良い、やり甲斐ある働き場であった。だから自分から申し出ないで、そのまま続ければまだ当分ずるずる優柔不断で続けられたことだろう。しかし気がつけばすでに一三年経っていた。このまま続けて人生を閉じてもいいのかと自問した時「いやいやそうじゃない、死ぬまでにもうひと仕事したい」との強い思いが湧いてきた。辞任決断を促したポイント・動機であった。

そのとき実感したことは、五五歳という年齢のこと。人生の峠は五五歳（？）。この時期を逸すると、この先肉体的・精神的・社会的にも可能性はどんどん狭められていく。今、決断しなければきっとできなくなるだろうと考え、連れ合いに「辞任を申し出るがいいか」と問うた。ふたこと目にＯＫが出たので決断。

わたしの場合「このままで終わりたくない。死ぬまでにやっておかないときっとひどく後悔することになる」というのは、農的暮らしである。その動機はいたって簡単、できる限り自給自足の生活を試みたいと言う願望であった。根底にあったのは中山間地域の農村で自ら安全な食べ物を作って食べるスローライフをめざしたいという願望だ。これは長年秘かに心の底に持続させてきた願いだ。「それにしても何故移住先が農村エリアだったのか」と良く尋ねられる。そのときは、その背景にあるわたしのアジア体験を語ることにしている。

わたしは日本基督教団在外教師（宣教師）として東マレーシア・サラワク州（旧ボルネオ島）の少数民族イバン人メゾジスト教会の自立支援のお手伝いに遣わされた経験（一九七八〜一九八二年）がある。生き方に大きな影響を与えられた体験だった。この貴重な体験は、わたしの農村志向に一層の拍車を掛けたことになる。

イバン人は熱帯多雨林地帯を網の目ように流れるジャングルの大小の河川沿いにロングハウスを建て共同生活を営む。彼らの大自然と共存する見事なまでのシンプルライフから、現代先進国の都会生活がどんなに歪んでいるかを幾重にも思い知らされた。森はスーパーマーケットのようなものという彼らは、自然の恵みを大切にしてなんでも衣食住に活かして生きる。そのスローライフは衝撃であった。そこには大自然への畏敬と謙虚さが溢れていた。

新しい教会のあり方「十字架のない教会」を農村で模索したい

広島の街中で牧師と幼稚園園長を務めながら、実に複雑多岐にわたって人生に悩み、心病む人たちに出会ってきた。必要に応じて対応してきたが、いつも大きな限界を感じていた。そこで常に気づかされたことは、心と体のバランスが余りにも大きく乖離して崩れており、頭でっかち、心でっかちになってしまっていることだった。このアンバランスの修復には、心や頭はちょっと横に置いてでも、もっと人が自然の中で土や水・草木・木々・自然の恵み等に触れて癒しや助けを得ることだ。そこから本来の人間らしい感性を取り戻すことが必要ではないかと痛切に思うようになっていた。このことが共生庵を始めた動機に大きく影響している。

自分たちが引退後に田舎で隠遁生活をしたいという願望でなく、それを必要としている他者と共有することでお役に立てることができればという開かれた願いは、当初から重要な要素であった。宗教・思想・信条を越えてあらゆる人と出会い受け入れる。十字架を振りかざしたり、屋根の上に立てることはしないが、あえていえば「キリスト教精神」を公にしてどこへでもでかけていき、また迎えると言うことだろう。大自然のふところに抱かれ、黙想しながら自らを謙虚に見つめ直し、人は有限であり、弱く罪深い存在であることを思い知らされることが根源的に大事なことだ。そこから人間を越える大いなる創造主によって生かされているというメッセージが届くことをひたすら願っている。

五五歳でバケツを蹴って踏み出した。その決断は間違っていなかった。さて、さらに次のステップをどう踏み出すのか⁉　（純太郎／第九七号）

最初の頃はいろんな知人からしばしば「まだ若いのにもう隠退して田舎へ引っ込むのか⁉」といわれることがあった。誤解である。引退どころか、自分で新しい教会とその活動を開拓し模索を続けているのだ。そもそも「田舎に引っ込む」と言う言葉は田舎の人に対して大変失礼である。むしろそこは引っ込むところでなく、とてつもなく広く多くの知恵・恵み・文化・可能性・豊かな自然・人的資源等々があり、太平洋へ悠々と船出するようなところである。そんな思いはわたしの中でいつも持続されている。

いわゆる農自然体験は今やどこでも盛んに見られる地方農村の村おこし町おこしプログラムである。しかし、すぐに行き詰まってしまうケースも少なくはない。そこにはいいとこ取り体験だけで終わるイベントが多く、その後の参加者へのケアが十分ではないことが共通しているようだ。

そこで共生庵が大切にしてきたことは「自他に出会う」ということである。

せっかく素晴らしい体験や発見をしてもその受け皿がないため、しばらくしたらそれらはやがて霧散して行く。共生庵では「農」も「自然」も第三番目のキーワード「ひと」への導入ととらえている。ゴールは「ひと」だ。異質な他者と出会い、更に自分自身にあらためて出会い直すという事を大切にしている。

単にいろんな体験をして面白かったで終わらず、そこで何を学び気づかされたかを振り返ることを参加者同士で語り合う。そして自分自身にもあらためて向き直り、日頃のライフスタイルの歪みを修正することにつながれば、一過性のものに終わらず、体験を深め自己変革に繋がっていくのではないかと思う。

（純太郎／第九八号）

一九九八年ある思いがあって、既成の教会の枠を抜け出して、試行錯誤を重ねながら「共生庵」なるものを連れ合いと共同主宰してきた。わたしたちは、最初からテーマを絞りこんで「これで行くんだ！」というスタンスをとらなかった。あえて言うなら「農・自然・ひと」というキーワードがあったくらい。それもずいぶん緩やかなもの。気負わず、肩をいからせず、出来るだけ自然体でやっていこう。その中でやるべき事や進むべき道筋はきっと備えられてくるだろうという思いでやってきた。

とはいうものの、ひそかな思い入れがひとつあった。自分が牧師であるということから、牧師仲間とその家族の憩いや癒しの場に用いられたいという願いだ。これはずーっと持続されてきたもの。牧師職はたいへん光栄あるやり甲斐に満ちた素晴らしい仕事。他方、悩みや闘いの多い孤独な仕事であるのも事実。特に自分の思いを心開いて聴いてもらえ、語り合える牧師仲間とその場があればどんなにいいだろうと思う。

「共生庵」の働きや目的をひと言でどう表現するか。いろいろ模索して「これかな?」とぼんやり見えていたことが、「リトリート」というキーワードで示されたのだ。retreat とは退く・後退する・逃げるという動詞。名詞では退却(の合図)・後退、さらに静養先・避難所・隠れ家など。またカトリックの黙想(期間)という意味もある。昨今レジャー施設等で使われる例をみることがあるが、本来は日常からしばらく退き、静養・黙想・癒しを求めながら自らを立て直す意味を持つ。わが家は文字通り質素な「庵」故に、センターというより「ハウス」の方がふさわしい。

共生庵活動はすでに述べてきたようにキーワードの「農・自然・ひと」をめぐる様々な実体験をすることと、そこから気づき・学んだ事を参加者相互で語り合い、体験を肉づけしていく開発教育のワークショップの二本立てである。その二本柱をめぐって様々なメニューを準備しているが、それらすべてのプログラムを総称して「地球市民共育塾」と名づけている。広島市内からIターンで移住する以前から取り組んできた開発教育のグループ名でもあった。共生庵での多種多様な取り組みをいろんな人たちとワークショップを切り口に深め合いたいという願いが込められている。この呼称は農村の地域社会にあって有効に働いている。

というのもキリスト教や牧師を匿名化することなく、ごく自然に公表して活動を始めるとき、まず地域社会の人たちは安芸門徒の多いこの地で「この人は何者で、一体何を始めるのだろう」といぶかしく思われることが当然あったわけだ。このことは具体的な土地建物を入手しようとするとき、ここ共生庵でも自ずと問題になっていたことが、現在地を紹介してくれた友人が後になって告白して判明する。実際、気に入った物件があっても、双方の思惑・様々な条件・タイミング等が合わないとなかなか成立が困難となる。わたしたちが本腰を入れて物件を探し回っていた頃は、オーム真理教が富士山の裾野に入植して、コミュニティを形成し、地域住民とのトラブルで立ち退きを迫られていたころの記憶がまだ新しいときであった。その件とオーバーラップさせていろいろ心配されていたことは否定できなかったという告白である。

共生庵の活動が始まり出すと、何かと説明が必要になる。地図・「共生庵便り」・新聞報道・名刺などに短い言葉で表現することが求められる。そのときにこの「地球市民共育塾」はどうしても落とせなかった。ごく初期の頃地区の月一回の常会で話題になっていた。「地球市民共育塾ってなにするんかいのぉ。」「塾と書いてあるから何か教えてくれる学習塾みたいなもんじゃろ。それならよかろうじゃない」とこんな会話がわたしの耳に聞こえてきた。この「塾」というのは、一般に受け入れられやすい概念なのだ。それ以来わたしは納得し、説明は不要だと不必要な誤解や齟齬を避けるためにも、そのままにしている。

田舎住まいは多くの発見がある素晴らしい広い世界である。しかし遠隔地である以上、都会にあるような情報交換・集会・文化的催し・他者との出会い等々は当然限定されてくる。したがって意識して常に広い視点をもってグローバルな感性が必要である。それを意識化するためにも地球市民というカテゴリーを掲げている。ローカルに根ざし、足元の課題を大切にしながら、同時に広く関係を持続させたいと願っている。というわけで特に海外からの来客は最優先して受け入れることにしている。共生庵の会員・昔からの友人・関西や東京からの外国人受け入れ要請など、JICA（国際協力機構）・各NGO団体・YMCA・YWCA・キリスト教会関係などが来訪・研修・地域交流を重ねている。そこには一方通行の「教育」ではなく、相互に学び変革されていくという「共育」がワークショップを通して試みられていく。

（純太郎／第九九号）

「もう後がない！　今始めなければ」と五五歳で決断、行動開始。今や二人とも後期高齢者突入の七五歳となった。およそ二〇年間発行し続けてきたニュースレター「共生庵便り」が一〇〇号を迎えた。隔月発行で頑張ってきたが、最近はいつまで続けられるだろうかという思いを抱えるようになっていた。隔月がやがて季刊（三か月毎）となり、それも後半には延び延びに不定期となることしばしば。いろんな意味で継続が困難になってきた。どこかで区切りをつけねばという思いをこの一〇〇号に重ね合わせてもらったという次第である。

すべて手作りで毎号一二〇〇部印刷。途中からB五版八頁に増幅。約六〇〇～七〇〇部は国内外の会員・知人に郵送。あとはあちこちに配って回ってきた。果たしてどれだけの人が読んでくれているのだろうか？　と不安になりながら、読んでくれる人に読んでもらったらそれで良いんだと言い聞かせて持続させてきた。わたしが不注意の事故で右手中指第一関節を吹き飛ばした出来事もあまり伝わっていないことが判明するたびにがっくりすることもある。

それでも毎回すぐに読んだ感想をコメントして下さる方々が少なからずある。その一言がどんなに励ましを与えてくれたことか。

一面のわたしの記事は、わたしとしては共生庵からの発信として核になるメッセージを精一杯力を込めて書いてきたつもりである。しかし、ときに押し付けがましく、説教じみていると不評のようだ。それに比べて二頁の「奈津江レポート」はいつも評判が良く好感と共感を持って読まれているようだ。以前からいずれ機会があればこれら一面と二面のメッセージをまとめて出版したいという野望をもっていた。「ほんまに体裁のついた形になるんかいな⁉」という揺れ動きが今もなおあるのだが、「共生庵便り」一〇〇号を記念に、何とかまとめて格好をつけて出版するという目標が具体化してきた。かつ言い訳ともなっている。何より現在まで長きにわたりさまざまな形で支えてきてくださった会員を初め多くの友人・知人に感謝のしるしとしてお届けしなければと思いを強くしている。さらに、尊敬する先輩から、今まで何をしてきたのかという生き方・歴史・立証を遺すべきだという強い勧めがあって背中を押された次第である。

さて、以下に今回のメッセージを記して紙面による「共生庵便り」の最後にしたい。

一〇年を振り返って　もう一つの在り様を求めて

時折、「ここに温泉があったら、もう言うことないんだけどなぁ」と贅沢なことを口にすることがある。それほどに素晴らしい場所が与えられたということである。大きからず小さからず、我々の身の丈にあった理想郷。それを「共生庵」とし、施設も中身も少しずつ更新させてバージョンアップしてきた。大体の思うことが叶えられてきたというのが現在の心境である。何かにつけ「もう一〇年早く始めていたらなぁ」と思わされることもしばしば。それとても今更どうしようもない。それ以外に悔いることは何一つない。

今振り返って思うことは既成の教会を抜け出したはみだし（？）牧師の私の中にあったものは…現代キリスト教（教会）へのささやかなもう一つの新たな在り様の提示・提案にでもなれば幸甚だという願いが底流にあったということだろう。

自然に触れる・その中に身を置いてリトリートする・神と対座して黙想する・具体的に体を動かして山に出向き、田畑で汗し、安全な野菜・米を作って食するという身体で感じ取る感性を研ぎ澄ますことが求められているのではないか…キリスト教界にそんなこんな体験共同体なるものがもっとあっていいのではないか。あちこちで自由に多様な形で展開されることが現代社会に求められていることではないか。人は心も体もバランスのとれたホリスティック（holistic）な統合的存在である。そのためにキリスト教（教会）は率先して規制枠から解放されて農と自然に触れ、謙虚に学び、神と対座して黙想する。そうして自己と他者に新たに出会い直す。そこに「もう一つの道」が開かれていくことに気づかされて二〇一八年を歩み出そう。

（純太郎／第一〇〇号）

心豊かに生きるには

年末には小学四年生の心音が広島から一人でバスに乗ってわが家に来ました。世間では孫は目に入れても痛くないほど可愛いと言われていますが、確かに可愛い。しかし、何日も一緒に過ごしているといろんなことで気持ちが合わなくなって喧嘩をし、怒りイライラすることも出てきます。何といってもエネルギーの塊のような子どものペースに合わせられなくなり疲れてしまう自分があります。そして、「若いから体力があり子育てが楽にできるのだ」とつくづく子育てをしていた頃のことを思い出しました。

勤めていた職場で定年を告げられたとき、あるいは公的機関から高齢者手続きを告げられたとき、今回後期高齢者となって、社会的立場が変わり環境や人間関係が変わりました。

それらの節目で動揺し、（若い時ほどではありませんが）喜びや悲しみなどの感情に翻弄されています。環境や人間関係の変化で動揺して崩れたものを修復する力が若いときほどないことも痛感しています。ただ、年を重ね、様々なことを経験して来たことがプラスとなり、どのようにすれば最後まで崩れないで済ませられるか、その辺のさじ加減もできるようになってきたかなという感じです。どちらにしても若いということはエネルギーがあり、何でもトライできて素敵なことです。また、一方では美しいものや楽しいことに感動する豊かな感情をいつまでも残しておきたいとも思っています。

ある友人が年賀状に、夫婦共々に「忖度《そんたく》」が上手くいっているようで感謝と書いてありました。「忖度」とは単純に「他人の気持ちをおしはかること」ということですが、相手も気持ちを推測して善意であれこれお世話して差し上げてもそれが理解されなくて返って嫌な思いをされたり、こちらの気持ちが通じないと虚しくなったりします。何事も信頼関係がなければうまくいきません。政治の世界で「忖度」という言葉が使われていると思うと複雑な思いになります。

今は何でも自分のことはできるけれども、あと何年だろうか。やがて他人の手を借りないと生きていかれないときがくるだろう。それを含めて、常に好きな自然の中で草花の相手をしながら心穏やかに生きたい。年を重ねできることが少なくなり、何もできなくなっても何かに喜びを見出して生きたい。それは何だろうか？

心音が春休みや夏休みになると共生庵に来ますが、その度にできることが増えて大きな成長を見せてくれます。子どもの変化は早く驚かされますし、楽しみでもあります。年末にはその心音と愛犬心音（ここね）と裏山を散策し、楽しい時を持ちました。

霜が降りて寒い朝は空気が澄んで空も畑もとてもきれいです。霧が出て霞んでいる朝はお昼頃になると霧が晴れてとてもいい天気になります。冬は寒くて大変ですが春を待つ今、クリスマスローズの根元を覗くと大きなつぼみが暖かくなるのを静かに待っています。

準備をして待つことは素敵なことです。年相応に老いを受け入れて豊かに過ごし、そのときを待ちたい。

（奈津江／第一〇〇号）

ピーナッツ・落花生・南京豆

南アメリカ原産の一年草。豆が土の中に出来ると言うことを知っていますか？「豆が土の中にできる？　何で!?」と子どもたちが驚きます。五月末から六月初めの頃、晴れの続いた日に種子を蒔き、夏から秋かけて黄色い蝶型の花が咲きます。そして子房柄が伸びて地中には入り、さやの中に豆が出来ます。とても不思議な植物です。

もう何年も前に、千葉にいる知人が種豆を送って下さったので、ピーナッツ作りに挑戦しています。種豆が発芽するまでに腐ったり、カラスに食べられたり、モグラが食べたりしてなかなかうまく収穫できません。でも秋になると、若い豆を掘り出して、塩ゆでにすると本当においしいです。枝豆もおいしいけれど、それとはまた違ったおいしさがあるのです。マレーシアでは、ピーナッツソースを作ります。ピーナッツを細かく砕いて、それに多量の砂糖とチリと少量の塩を入れて煮詰めます。それをサテー（焼き鳥）に付けて食べます。ピーナッツをそのまま食べるより、またちがった味が楽しめます。

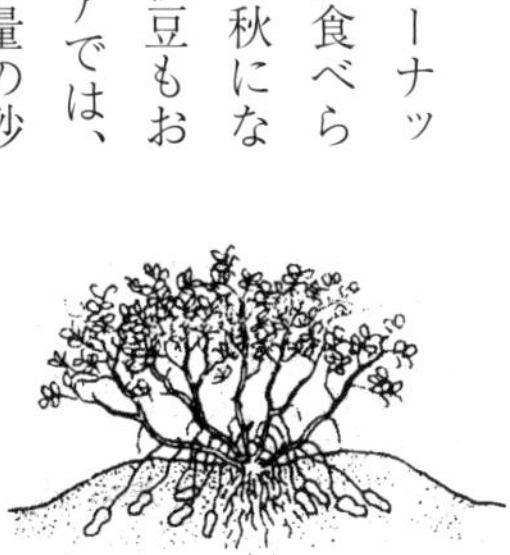

（奈津江／第二七号）

おわりに

本書は約二〇年間「共生庵便り」で発信してきた純太郎のメッセージと奈津江レポートを二人の共著という形でまとめたものです。全体を通して「十字架のない教会」の在りようを試行錯誤しながら提示しています。現代社会におけるキリスト教やその教会がどうあるべきなのか少しチャレンジャブルに展開しているつもりです。根底にあるものをくみ取っていただければ幸いです。

編集作業中にずーっと悩み続けてきたことは、これを世に出していいものか、出版物として耐え得るものなのかという問いかけでした。何かにつけ絶えず励まされ深く指導を受けてきた尊敬する前島宗甫先生と小柳伸顕先生のお二人にこの度出版に際して推薦文をいただけたことはたいへん光栄でした。特に前々から本にして遺さないとやがて忘れ去られることになるからと、出版に対して強く背中を押されてきて何とか形になった次第です。

一〇〇号まで続けて書き残してきた「共生庵便り」の二人の原稿とそれ以外の著作をデータに出してみると、全体で五〇〇頁を超えるものになりました。これを半分くらいに整理削除することにも多くのエネルギーが必要とされました。大幅削除した便り、各誌に掲載してきた寄稿文、取材記事、論文、エッセー、説教等を合わせるともう一冊本ができるほどですが、すべて削除しスリムにしました。

すでに「こだわっとる農《のう》この人」や「ロケットストーブ（マニュアル本）」など好評を博した素敵な本のデザインを手掛けてこられた身近な友人の石岡真由海さんにたいへんお世話になり、出版の実現に大きな貢献をして下さいました。最初からご自身の難病と闘いながら体調不良の中を奮闘下さったことに深く感謝しています。

その本書が紆余曲折を経て、かんよう出版代表の松山献氏の暖かいご配慮をいただいて同社から出版される運びとなり、たいへん喜んでいます。

本書はわたしたちが中山間地域で農的暮らしを営みながら、共生庵においで下さったりいろいろな関わりを下さった方々から学ばせていただいたことによって生み出されました。ここに改めて皆様に心より感謝申し上げます。

またそれらの中で具体的にどんなことをしてきたのかが短く「できごと」（各章はじめの右頁に掲載）の中に記録として残されています。これらは詳細にはすべて書けなかったのですが、時間的に前後したり、書き落としたり少し異なる部分があるかもしれないことをご了解いただければ幸いです。また文字が小さくなってしまい申し訳なく存じます。

長年願い続けてきた三冊目の出版がここに共著という形でやっと実現しました。実際に手掛けるとたいへんな作業になり、予定が遅れに遅れてここまで引きずってしまいました。待ちわびていてくださった方々にお詫びと感謝を込めてお届けします。内容の重複や誤りもあるかと思いますがご容赦下さいますように。ご一読の上、感想、批判、ご意見など届けて下されば幸いです。

荒川純太郎

〈著者紹介〉

荒川純太郎（あらかわ・じゅんたろう）

1942 年西宮市生まれ 1961 年関西学院大学神学部入学、「筑豊の子供を守る会」キャラバン隊に参加（6 年間）。1967 年同大学卒業後、関西を中心に牧会（島之内教会→大正区伝道所→＊アジアへ→大阪聖和教会→ 1985 年広島牛田教会→ 1998 年 共生庵）＊ 1982 年 マレーシア・サラワク州の少数先住民のイバンメソジスト教会へ協力牧師（日本キリスト教団在外派遣教師）として家族と共に赴任。
関西赴任中は関西労働者委員会のインターン・釜ヶ崎越冬闘争支援活動・関西都市産業問題協議会（KUIM）事務局担当などでの経験に多くを学ぶ。
広島牛田教会牧師・あやめ幼稚園園長として 13 年間勤務。その間広島におけるNGO 国際支援活動・平和活動・森林ボランティア活動等に関わる。
1998 年 3 月末牧師・園長を辞職 。4 月初め広島県中山間地域（豊栄町）へ移住。「共生庵」（地球市民共育塾）を連れ合いと開設（共同主宰）。1999 年 11 月双三郡（現三次市）三和町敷名に農家と山林を取得し移住、現在に至る。2016 年 3 月、日本キリスト教団教師隠退。
著書として『アジアの地下水―サラワクの自然と人々―』新教出版社、『アジアの種子』日本基督教団出版局、共著として『日本はアジアの隣人か』東研出版、『まちづくり曼陀羅』大学教育出版、『宣教における連帯と対話』キリスト新聞社など。
現住所：〒 729-6702 広島県三次市三和町敷名 126　共生庵（地球市民共育塾）
電話 & ファックス 0824-52-7038　juntaroarakawa@gmail　http://www.pionet.ne.jp/kyoseian

荒川奈津江（あらかわ・なつえ）

広島市生まれ。広島市内にて被爆。広島女学院高校卒業。神戸女子薬科大学卒業後、東洋工業（株）付属病院勤務。結婚後、大阪市にて子育てをしながら石井記念愛染園病院、谷口小児科病院に勤務。その後家族と共にマレーシア・サラワク州シブにて宣教活動に参加する（3 年 3 ヶ月）。帰国後、大阪、広島の教会や市民グループに参加をして活動する。共生庵活動に入ると共に薬剤師として里仁会白龍湖病院勤務（大和町）。定年退職、母親の介護後、現在に至る。結婚後フラワーデザインを学び、大阪、広島などで教室を開催、また教会での結婚式やティーパーティーのフラワーアレンジメントを数多く手がける。

十字架のない教会　—共生庵の歩み—

2019年9月20日　発行

著　者　荒川純太郎
荒川奈津江

発行者　松山　献

発行所　合同会社 かんよう出版
〒550-0002 大阪市西区江戸堀 2-1-1　江戸堀センタービル 9 階
電話 06-6556-7651　FAX 06-7632-3039
http://kanyoushuppan.com

協　力　石岡真由海

装　幀　堀木一男

印刷・製本　有限会社 オフィス泰

ISBN 978-4-910004-00-6　C0016　Printed in Japan